米国信託法に学ぶ理論と実務

10年先の日本の民事信託の姿を見据えて

弁護士／西片和代 編著

民事法研究会

はしがき

わが国における民事信託をめぐる法と実務は、ここ20年足らずの間に大きな発展をみせている。2006年の信託法改正で遺言代用信託や受益者連続型信託が明文で認められ、2010年代初頭から徐々に民事信託の利用が始まった。信託業法や兼営法の下、免許または登録を受けた金融機関でなければ業として信託を受託することができないため、民事信託の多くでは委託者の家族や親族が受託者を務め、司法書士や弁護士をはじめとする専門家は、受託者に助言を与える形で関与している。民事信託の利用が広まるとともに、信託による法の潜脱と思われる事例や、信託をめぐる紛争も現れ、2010年代後半から下級裁判所で注目すべき判決が下されつつある。こうした状況で生ずる法的、実務的、倫理的諸問題に対応すべく、日本弁護士連合会により2020年に「信託口口座開設等に関するガイドライン」、2022年に「民事信託業務に関するガイドライン」が公表されている。この間も民事信託の件数は着実に増加し、信託をあつかう実務家と研究者の間で議論が活発化するとともに、高齢化の進行を背景に社会的な関心も高まりつつある。

今後のわが国における民事信託や家族信託の行方を占うことは難しい。今後の信託法と実務のあるべき姿を描くことも容易でない。こうしたところで、民事信託の長い歴史を有する米国の経験は貴重であり、信託にかかわる法的・実務的諸課題から倫理的問題に至るまで、有益な示唆を導く手がかりを提供してくれる。米国信託の法と実務を包括的に研究し、そこから我が国の信託の今後を考える示唆を得よう、というのが『10年先の日本の民事信託の姿を見据えて』と題した本書のめざすところである。同時に、米国と日本との間には、文化的・制度的な差異もある。たとえば、財産を保有する委託者による自由な財産処分が重視される米国と、伝統的に家族の財産を代々受け継ぎ、相続人の期待が実質的に重視される日本とで、どのような財産承継のあり方をめざすべきかは、さまざまな考慮を要する課題である。さらにいえば、米国自身も、英国の伝統とは異なる信託利用と信託法を発展させてきた。遺言代用信託として用いられる撤回可能信託は、英米の差異が顕著に表れる場面でもある。本書で扱う米国の知見は、直ちに日本に引き直すべきとは限らないが、わが国の民事信託の10年先を考えるにあたって豊かな素材を提供するものと期待する。

本書は、2021年11月から2023年５月までの16回にわたる研究会を通じた研究と議論の成果である。研究会には、信託銀行で商事信託の時代から信託にかかわってきた田中和明さん、長屋忍さんと松田和之さん、堀田あずささん（ワシントンD.C.の弁護士資格もある）に加え、信託協会の工藤慶和さんと河西遥さん、弁護士として信託実務にかかわってこられた冨田雄介さん、中野竹司さん（公認会計士でもある）と西片和代さん、信託と情報についての著書もある弁護士の後藤出さん、さらに中国出身で、中国、米国、日本の信託法と実務に知見をおもちの丁相順さんと楊林凱さんが加わっておられる。米国の信託法や実務から示唆を導くにあたって、本書に収められた論稿では、米国を中心として多様な一次文献や二次資料を検討している。米国における信託法の判例やリステイトメントに加え、統一信託法典（Uniform Trust Code）や統一財産管理信託法典（Uniform Custodial Trust Act）などの信託関係の統一法典、税法を含めた幅広い制定法、さらに銀行規制、全米法律家協会の倫理綱領や米国ワシントン州・シアトルでの実地調査など、幅広い資料が検討の対象とされる。ここまで広汎な調査はわが国でもこれまでなかったように思われるが、信託の法律だけでなく実務の変化を総体として検討するには、こうした作業は極めて重要である。

中国出身の研究者による日・中・米の比較研究をも収めていることも、本書の重要な特徴である。中国も、日本と同様に商事目的を中心に信託を活用してきたが、近年は民事信託を重視する方向へと政策転換を図りつつある。そこには、社会の高齢化が進む中での信託の活用という日本と共通の関心が存在し、また同時に信託業がすでに日本の民事信託をしのぐ規模に達していることも事実である。中国における信託の法と実務の変容は、民事信託の今後を考えるという本書の関心に照らしても、極めて興味深い。

＊

本書を大まかに紹介しよう。

序章では、西片和代さんにより、米国と日本における民事信託の現況が簡潔かつ的確に対比される。両国で人々が信託を利用する動機から信託利用を促進する事情、そして信託を担う専門家の役割まで、日本での実務経験と米国現地調査の成果を踏まえ、日米比較検討の視点が提示されている。

第1章では、田中和明さんが米国の統一信託法典とわが国の信託法とを包括的に比較検討している。日本の信託法改正の経緯に深く携わってきた視点からの洞察も随所に織り込みつつ、信託法のデフォルト・ルールと裁判所の役割、信託の設定から受託者の権利・権限・義務・責任、受託者の変更、信託の変更・終了に至るまで検討し、統一信託法典の撤回可能信託と日本信託法の遺言代用信託の対比で締めくくっている。

第2章は、高齢者の財産管理・承継に関係する日米比較の論文3篇を収める。西片和代さんによる米国の持続的代理権制度・成年後見制度と日本の代理・成年後見制度の比較検討に引き続き、長屋忍さんによる米国の統一財産管理信託法典とわが国の民事信託との比較検討がなされ、楊林凱さんにより信託財産に属する金銭の投資にかかわる受託者の権限・義務について、米国のプルーデント・インベスター・ルールを中心とした検討がなされる。

第3章は、民事信託の受託者の義務を扱う。後藤出さんの忠実義務の分析は、受託者が信託事務の遂行の過程で得た情報を利用して利益を得た場面を中心に、米国のリステイトメント、統一信託法典、判例および学説を詳細に検討している。そのうえで、英国の判例にも触れつつ、情報の利用による利益取得が、競合行為など利益相反にあたる場合に忠実義務違反が成立し、またその場合に不当利得法理による利得の信託への帰属（利得の吐き出し）の可能性が検討されている。冨田雄介さんの善管注意義務と公平義務の検討は、受託者の免責条項と公平義務について、リステイトメントと統一信託法典を参考としつつ、今後の日本における民事信託の実務への示唆が導かれる。

第4章は、専門家の受託者への助言業務にかかわる諸問題を扱う。溜箭の論稿では、信託設定時から、受託者による信託事務の遂行の期間、信託違反が生じた場合、と段階を追って民事信託の受託者に助言する専門家の法的・倫理的な責任を検討している。そこでは英米の判例や統一信託法典、さらに米国法律家協会の倫理綱領を参照しているが、これに続く西片和代さんの論稿では、日本弁護士連合会の「民事信託に関するガイドライン」を、起草に携われた立場から概観したうえで、これまでの実施の状況を踏まえて今後の課題を提示している。

第5章は、民事信託の共同受託という、米国で一般的でありながら日本では行われていない信託実務を検討している。松田和之さんの論稿は、共同受託者を指定することの利点と欠点を踏まえ、統一信託法典と統一指図型信託法典の規定を追いつつ法的規律の変遷を明らかにし、米国の判例とともに詳細に検討している。こうした知見を日本における信託法を含めた法制の状況にあてはめ、今後の共同受託の活用に向けた具体的な提言が導かれている。

第6章は、米国の金融機関と民事信託のかかわりを検討する。工藤慶和さんは、米国の通貨監督庁（Office of the Comptroller of the Currency）の個人受認者業務ハンドブックを包括的に検討している。米国の金融機関にとって民事信託に特有のリスクの分析と、そうしたリスク管理のためのデュー・ディリジェンスは、日本で今後民事信託が広がり、金融機関がこれにかかわっていくことになった場合、非常に参考になり、示唆的である。

第7章は、民事信託にかかわる信託税制を扱う。中野竹司さんは、米国の税制を判例とあわせて概観し、これに照らして日本の信託税制を批判的に分析し、教育資金の税制上の扱いを検討する。第8章は、パンデミック下の米国における資産承継の実務対応を扱う。堀田あずささんは、米国の遺産管理手続（プロベイト）と遺言代用信託の規律を概観し、これを踏まえてパンデミック下の隔地間の証人による遺言の署名や電子遺言などの臨時措置を紹介している。一連の臨時措置の多くはコロナ禍の終息とともに終了したが、こうした短期的な変化とは別に、パンデミックを通じてあらためて遺言代用信託をはじめとした資産承継のあり方が見直されたとする観察は興味深い。

第9章は、中国民事信託法の発展と転換を扱った論稿である。中国の信託業は、改革開放政策が始まって以来、不動産開発を行う地方政府の資金ニーズと外資獲得という資金供給源をつなぐチャネリング業務を中心に、商事信託の分野で急速に拡大してきた。丁相順さんは、民事領域での財産管理制度へと「本源回帰」する近年の中国における信託業・信託業規制のダイナミックな変化を踏まえ、今後の中国における民事信託の発展を展望しつつ課題を提示する。

＊

私が研究会に加えていただいたのは2022年１月からである。当初はゲスト・スピーカーとして講演の依頼を受けたが、こちらからお願いして加えていただいた。米国信託法は、わが国においても、これまでも民法・商法・比較法などの分野の研究者によって検討されてきた。しかし、本書における実務家を中心とした研究は、現実のわが国における実務に根差した具体的な問題関心に根差しており、従来の学者を中心とした研究とは異なる視座と視野の広さから、米国における信託法と実務の個別の論点について深く掘り下げたものとなっている。研究会における報告と議論は、私自身にとって刺激的であり、発見に満ちていた。本研究会の成果が公刊されることは、非常に意義の大きなものであり、本書が実務家と研究者の別を問わず広く読まれることを願っている。

＊

謝辞は巻末に西片さんの記されたものがあるので、屋上屋を架すことはしない。それでも、この本の出版が多くの方のご尽力と好意によって実現したことはいうまでもない。謝辞に掲げられた方々には私からも御礼申し上げたい。そのうえで、研究会を取りまとめられ、本書の刊行に向けて多大な尽力をなさった西片和代さんと田中和明さんには、私としても心より御礼申し上げたい。

2024年11月

東京大学大学院法学政治学研究科教授　溜箭将之

『10年先の日本の民事信託の姿を見据えて』

目　次

序章 米国と日本における民事信託の現況

第1章 米国のUTCとわが国の信託法との比較

第2章 わが国の高齢者の財産の管理・承継に関する提言

第3章
わが国の民事信託の受託者の義務に関する提言

第4章 わが国の民事信託の専門家の助言業務に関する提言

第5章　わが国の民事信託の担い手としての共同受託の活用

第6章
米国の金融機関と民事信託のかかわり
——OCCの個人受認者業務のハンドブックを手がかりに

第7章 米国とわが国の信託税制の概要――民事信託を中心に

第8章 パンデミック下の米国における資産承継の実務対応

第9章 中国民事信託法の発展と転換

序章

米国と日本における民事信託の現況

本稿は、2021年11月～2023年５月まで16回にわたり開催された本研究会の一環として、筆者および共同研究者堀田あずさ氏が米国ワシントン州シアトルで行った現地調査（2022年９月６日～８日）の結果を基に、米国における信託実務をわが国の民事信託の発展に活かすという観点から、筆者の実務的考察を加えたものである。

日本で利用が盛んになりつつある民事信託との比較において、米国で普及している信託の際立つ特徴としては、以下の３点をあげることができる。

① 信託利用の主たる動機が、財産処分の自己決定としての「遺言代用」であること

② 資産承継のための信託利用を促進する環境要因があること

③ 信託の担い手として専門家（弁護士、専門受託者）が大きな役割を果たしていること

そこで、この三つの観点から、わが国の民事信託の現況と、さらなる発展可能性について検討することとする。

1 信託利用の動機

わが国で利用が始まった民事信託は、超高齢社会を背景に、信託の「後見代用」としての機能が注目され、高齢の委託者が認知症等になった場合の財

産管理の不安を動機とするものが優勢を占めるところに特徴がある[1]。

米国においても、社会の高齢化が進むにつれ、財産管理能力低下の備えとして信託の後見代用機能が注目されてはいるが、それが信託利用の主たる動機とはなっていない。米国における信託は、「デッドハンド・コントロール」といわれる死後も含めた財産処分の自己決定、すなわち遺言代用としての利用が中心である。そして、信託を遺言代用として利用する動機として、「プロベイト回避」と「節税」という、日本にはない特徴がある。

(1)　プロベイト回避を動機とする信託

(ア)　プロベイト

プロベイト（probate）とは、英米法上、被相続人の遺産を分配する一連の手続である。

「検認」とも訳されるが、日本における遺言書の検認とは全く異なり、遺言執行者（遺言による指定がある場合）ないし遺産管理人の選任に始まり、法定相続人や遺産の調査、債権調査と弁済、遺産の分配、清算に至るプロセスを通じて、時間と費用がかかるうえ、プライバシーを侵害しかねない、やっかいな法的手続と認識されている。

まず時間がかかる点については、プロベイトの終了までは順調に進んでも6カ月～1年程度かかるといわれる。日本のように整備された戸籍制度のない米国においては、法定相続人の範囲を調査するのも面倒である[2]。手続の

1　第22回弁護士業務改革シンポジウム（2022年9月3日開催）に先立って弁護士向けの「民事信託及び任意後見に関する実態アンケート」の最終集計結果（以下、「日弁連アンケート」という）によると、直近10年間で設定した民事信託の動機（複数回答可）は、①高齢者の財産管理への不安（46.4%）、②財産承継（37.2%）、③法定後見のデメリット回避（10.8%）、④資産活用（4.4%）であった。後見代用としての動機（①+③）が6割近くを占める。

信託対象財産の規模は、総数289件のうち、①3000万円未満が27.3%、②3000万円以上1億円未満が39.1%、③1億円以上3億円未満が27%、④3億円以上が6.6%であった。このうち居住用不動産を信託財産に含む信託が21.1%もあり、収益用不動産23.9%と匹敵して比率が高い点も、信託が後見代用として利用されていることの表れといえる。

2　たとえば筆者が日弁連信託センターの派遣団の一員として2019年2月にハワイ州で行った現地調査では、新聞広告を見て「(自称) 相続人」と名乗り出る怪しい人物に対して早期解決のためにやむをえずお金を支払ったという話もある（2019年9月7日開催

過程で、遺言の有効性（意思無能力や不当影響などが理由とされることが多い）や遺言の文言解釈について争いがあると、Contested probate あるいは Formal probate となってさらに1年～2年かかることになる。

次に、費用がかかる点については、裁判所に対する申立費用や事務費にとどまらず、財産管理に弁護士が関与する場合、かかる時間に応じてタイムチャージが嵩む分だけ、相続人が受け取る遺産が目減りする。

さらに、裁判所を通じた公開手続であることから、遺産の中身や身分関係などのセンシティブな個人情報が公になることで、プライバシー保護にも欠ける。

(イ)　プロベイト回避の動機

このようなやっかいなプロベイトであるが、遺言を作成しただけでは、遺産の処理手続であるプロベイトを避けることができない。また、州によって手続の厳格さには違いがある。たとえばカリフォルニア州、フロリダ州、ハワイ州等は、米国でも比較的厳格なプロベイトが要求されるといわれている。こうした地域では、プロベイトにかかる時間と費用を回避したい動機が強く働く[3]。他方、筆者らが訪問したワシントン州のプロベイトは、比較的簡素化されているため[4]、時間と費用という点ではプロベイトを回避する動機が強く働くわけではない。しかし、プロベイトのデメリットである、裁判所を通じた公開手続であってプライバシー保護に欠ける点については、現代

の第21回弁護士業務改革シンポジウム第10分科会基調報告「民事信託の実務的課題と弁護士業務」〈https://www.nichibenren.or.jp/library/pdf/document/symposium/gyoukaku_sympo/21th_keynote_report_10_tr.pdf〉282頁）。

3　たとえばカリフォルニア州では、遺産管理人・遺言執行人の選任には書面申請と聴聞会が必要で、コロナ禍においては申立てから聴聞会までに6か月～9か月を要したこともあったという。inventory といわれる遺産の査定、遺産目録の作成も必要で、分配には裁判所の許可を要するなど裁判所の関与の度合いが大きく、その分、時間と専門家の費用がかかる。

4　ワシントン州では、①遺産管理人・遺言執行人の選任申立てに E-filing が認められて数日で許可が出る、②聴聞会は異議が出された場合のみ開かれ、関係者への通知は必要であるが目録の提出や分配にあたっての裁判所の許可は原則不要であるなど、遺産税の申告にかかる期間を別とすれば、最短で4か月～6か月でプロベイト手続を終えることが可能といわれる。

の情報社会ではかつてないほどリスクが高まっている。そこで、プロベイトが簡素化されている地域でもプロベイトを回避する動機は依然として強い。[5]

また、不動産を複数の州で保有する場合は、その所在する州ごとに異なるプロベイトが必要になって煩雑さが増すため、プロベイトを避けることは必須の要請になる。

(ウ)　信託の利用

そこで、プロベイトによる遺産処理を避ける方法の一つとして、信託が利用される。[6] この場合に利用される信託のほとんどは「撤回可能信託」といわれるもので、設定当初は、設定者が受託者・受益者を兼ねることが多い。信託された財産は、信託設定者の固有財産ではなくなるため、死亡時には遺産の枠外におかれることから、プロベイトによらず、信託で決められた方法で管理・分配することができる。

もっとも、生前にすべての財産を信託するとは限らない。信託設定者の死亡時において信託財産に含まれていない同人名義の遺産があれば、これについてのプロベイトが避けられない。そこで、信託と併用して、「注ぎ込み遺言」（Pour over Will）を作成しておき、この遺言によって死亡時の遺産も信託に注入して、一括して信託から分配する方法がとられる。[7] この際、遺産を信託に注ぎ込む過程でのみプロベイトを介在するが、その他の財産は信託に基づいて処理されるので、プロベイトにかかる時間と費用を大幅に節約で

5　今や裁判所に提出された公開対象書類は、わざわざ裁判所に赴かなくても、インターネットで誰でも閲覧できるので、たとえば営業目的の業者が情報収集することも可能であるし、あるいは受遺者の生年月日の情報を利用してなりすましをしたり、パスワードを推測したりする「情報の悪用」も懸念される。

6　プロベイトを避けて資産を承継する方法は、信託に限られない。死亡時に指定した人に払戻しされる預金口座（PODA）や、死亡時に指定した人に名義を移転する不動産譲渡証書（TODD）、受取人指定の保険なども活用され、これらは死亡証明書の提出によって財産の移転が可能となる。“Joint With Rights of Survivorship”（JWROS）として設定される不動産の合有（Joint Tenancy）や預金の合有（Joint Account）の場合も、登録機関や金融機関に死亡証明書を提出することにより、生き残ったほうの名義人が完全な所有権を取得する。

信託は、そうした他の手段ではカバーしきれない財産を保有する人や、より柔軟な財産管理と財産承継のニーズに応えることができる。

き、資産の全容や受益者への分配などのプライバシー情報の公開も避けることができる。

このように、注ぎ込み遺言は、プロベイト回避という信託を利用した動機を貫徹させるためにとるべき重要な手段である。エステートプランの専門家である弁護士が、依頼者に信託だけをアドバイスして注ぎ込み遺言をアドバイスしなかった結果、信託外におかれた遺産の処理について依頼者の望まないプロベイトが必要になったときは、プロベイト回避という依頼者の意図を完全に実現できなかった債務不履行となり、専門家の注意義務違反が問われることもある。

(エ)　日本との比較と考察

さて、相続に際して包括承継制度をとるわが国では、以上に述べたような**やっかいな**プロベイト自体は存在しない。そのこともあって、冒頭で述べたとおり、わが国で現在利用されている信託の多くは、高齢になってからの財産管理の不安を主たる動機とする後見代用として機能しており、死後の財産承継のための遺言代用機能は、米国ほど不可欠なものとして期待されていない。

しかし、設定者の死亡にあたり、時間と費用をできるだけ節約して迅速に財産の分配を完了させるという信託の遺言代用機能は、日本の相続の場面でも十分発揮されることが期待できる。

たとえば、米国とは異なる税制と戸籍制度をもつわが国の特徴に照らして、以下の二つの観点から相続の場面を検討してみたい。

(A)　税務処理の関係

遺産に対して課税する制度をとる米国では、各相続人に遺産が分配される前に、遺産財団において納税を完了させる必要があるところ、信託も遺産財団と同様、独立した納税主体となる。

受託者には、信託に対する遺産税の申告（9カ月以内）義務もあるほか、

7　典型的には、"I give all my property to the Trustee of the trust." と指示する。このような注ぎ込み遺言による財産の信託への組入れは、当該遺言と同時か遺言以前に作成された信託に限らず、当該遺言の作成後に作成・修正された信託に対しても可能である（UPC §2-511）。

遺産税がかからないケースでも、少なくとも信託設定者の死亡の翌年４月15日を期限とする信託の収益に対する所得税の申告が必要になる[8]。このため分配の完了までには、早くとも故人の最期の所得税の申告までは待たなければならない。受託者は、追徴リスクに備えて税務当局（IRS）から申告書確認の終了通知書（Closing Letter）を受領するまでは一定の財産を信託に保有しておくのが通常のため、最終分配までには２年～３年かかる場合もある（この間、中間分配が行われることもある）。

このように米国では、信託に関する税務処理に時間がかかるため、信託の利用によってプロベイトを回避できても、それだけで財産の分配が迅速に完了するとは限らない。

これに対して、相続人に対して課税する制度をとる日本では、信託設定者の死亡にあたって受託者に信託財産独自の相続税の申告義務があるわけではなく、納税義務は、信託による財産の分配を受けた受益者（ないし残余財産帰属権利者）に対して生じる。このため、受託者が税務申告や追徴に備えて信託財産を一定期間確保しておく必要はなく、むしろ、速やかに信託に従って財産の分配を完了させることが求められる。

このようにわが国においては、迅速に遺産の分配を完了させるという信託の実務的機能は、米国よりも発揮しやすいということができる。

(B)　受益者の特定の容易さ

米国では、プロベイトの過程では法定相続人の調査が必要になり、そのための時間や費用がかかるのに対し、信託の場合は、設定者死亡時の受益者をあらかじめ指定しておけば、その者に分配するだけで済むという受益者特定の容易さも、信託を遺言代用として利用することの実務的優位性の一つといわれる。

この点、戸籍制度の整備されたわが国では法定相続人の調査は比較的容易であると考えられているが、これは、戸籍に搭載される日本人だけが被相続人および法定相続人の場合に限られる。しかし、国際化の進展により、日本人以外がかかわる相続は増加しており、今後も増加が見込まれる。たとえ

8　ワシントン州には個人・法人対する州の所得税はないが、連邦の所得税は免れないため、信託に対する連邦所得税の申告は受託者の義務となる。

ば、日本人が海外に移住したり、その国で新たな家族をつくったり、日本にいながら国際結婚したりするケースなどでは、相続人の国籍も被相続人の国籍も多様化し、日本の戸籍だけで相続人関係を確定することはできない。

遺言の場合、遺言執行者は、受遺者や受贈者として指定された者以外の法定相続人に対しても、遺言の内容を通知する義務（民法1007条２項）があるところ、外国人を含む法定相続人の調査は容易ではない[9]。

これに対して信託の場合、受託者は、あらかじめ指定された受益者に対して信託で定められた分配を行えばよく、あえて死亡した設定者の法定相続人を調べ上げて通知するまでの義務はないから、具体的に受益者が特定されてさえいれば、遺言より迅速な分配が期待できる。

(2)　遺産税の節税を動機とする信託

(ア)　連邦遺産税

米国は連邦レベルでは、その人の生涯にわたる累積贈与額と遺産額に対して遺産税を一体的に課税する生涯累計課税制度をとり、これらを一体的にみて生涯非課税枠がある。連邦遺産税（Federal Estate Tax）の非課税枠は$5million（インフレ調整あり）とし、これを超える遺産に40％課税することが2013年の議会で決議されているが、トランプ大統領による税率削減政策で2017年から2025年までの相続に関しては非課税額が $10million に倍増され（インフレ調整あり）、2024年時点の連邦遺産税の非課税枠は $13.61million である[10]。

さらに、連邦遺産税の非課税枠とは別に、連邦贈与税の非課税枠もある。米国人夫婦間の贈与・遺贈は制限なく無税だが、それ以外の場合の連邦贈与税の年間非課税枠は、受贈者一人に対して $18,000あり[11]、この枠内の贈与で

9　遺言執行を主要な業務の一つとする信託銀行ですら、外国人が相続人に含まれる場合は困難を伴う場合があるとして、遺言執行の引受けには慎重といわれる。

10　議会が動かなければ非課税額は2026年の相続から $5million に戻ることになる（IRS ウェブサイト「Estate Tax」〈https://www.irs.gov/businesses/small-businesses-self-employed/estate-tax〉参照）。

11　2024年度の額。2022年度の $16,000、2023年度の $17,000から増額された。贈与の時点で贈与者側に申告義務はあるものの、贈与税の非課税枠を超えても納税はしなくてよく、贈与が積み重なり、遺産と合わせてあわせて、その人の生涯において最終的に連邦

あれば、前記遺産税の非課税枠に含ませないで贈与することができる。しかも、教育費や医療費を教育機関や医療機関に直接支払う場合は、そもそも贈与税の対象に含ませないことができる。

また、連邦とは別に、州によっては独自に州遺産税ないし州相続税を導入しており[12]、たとえば筆者が訪問したワシントン州は独自の州遺産税を課し、非課税枠は $2.193million で（2018年～2024年[13]）、連邦遺産税よりもかなり小さいため、連邦遺産税は免れても州遺産税は免れない場合がある。

(イ)　撤回不能信託

そこで、このような非課税枠を念頭に、節税を主な動機として利用されるのが「撤回不能信託」（Irrevocable Trust）である。設定すると撤回不能となり、指名された受益者に確定的に財産を移転させる効果を生じるため、生前贈与となる信託である。遺産税の非課税枠に収まりきらない財産をもつ設定者が、子や孫に信託贈与し、非課税枠を超える額に対して最高税率40％の贈与税を設定者自ら外税として生前に支払うことにより、資産額（＝将来の遺産）を減らせば、結果として遺産税の計算に有利に働く。

また、米国人夫婦の場合、連邦遺産税に関しては二人合わせて25million超の免税枠があるが、これを超える資産家には、Marital Trust, Credit Shelter Trust, Bypass Trust 等と呼ばれる撤回不能信託が、遺産税の繰り延べや最小化に利用される[14]。このほか、複数世代にわたる遺産税の回避を動機とする、かなり長期間にわたる撤回不能信託も利用される。

遺産税の非課税枠に収まれば、結果的に贈与税も遺産税も免税されることになる。

12　たとえばハワイ州にも独自の遺産税があり、2023年の非課税範囲は $5.49million（約7億円）で、最高税率20％である。

13　ワシントン州の税務当局のウェブサイト「Estate tax tables」〈https://dor.wa.gov/taxes-rates/other-taxes/estate-tax-tables〉参照。

14　たとえば、夫が $12million を残して亡くなった時点で遺産税はかからないが、妻にも資産があって妻の死亡時に $16million を子に残したら、免税枠を超過した部分に遺産税がかかる。そこで夫婦間信託を設定し、一方が死亡時に信託財産の一定額を撤回不能信託となる Credit Shelter Trust（CST）として副次的に組成することをあらかじめ信託条項に組み込むことで、CST の資産は、妻の死亡時の遺産から隔離できる。夫婦合わせて最大 $27million 超まで子に残しても連邦遺産税を免れることができる。

(ウ)　日本との比較と考察

このように、節税や納税計画が信託の動機となっているところに、米国の特徴がある。すなわち、連邦遺産税の非課税枠を超える資産家については、生前贈与から数次相続に至る長期の計画的な財産承継において節税を可能とするために、信託は欠かせない制度として利用される。また連邦遺産税の非課税枠に収まる資産規模でも、州によっては遺産税がかかる場合があり、当該州の税制を考慮したエステートプランにおいて信託が利用される。

これに対してわが国では、民事信託によって一般的に節税は行えないとされ、信託を利用する動機とはなっていない。むしろ、相続課税と比較した場合の不公平や、信託課税に予見可能性がないことが、信託の利用を躊躇させる原因の一つとも指摘される。

その一方で、孫や子一人あたり1500万円を限度として教育資金を一括贈与する「教育資金贈与信託」や、障害のある子ども等に障害の程度に応じて3000万円ないし6000万円まで生活費や医療費を給付するために一括贈与する「特定贈与信託」といわれる、信託銀行が取り扱う定型的な民事信託型商品（営業信託）については、政策的に節税効果が認められている。特に前者は、近時、利用が増えて受託規模も大きくなっている[15]。

専門家が個別に相談を受ける民事信託においても、子や孫の教育資金の確保や障害のある子のための生活資金の確保など、教育資金贈与信託や特定贈与信託と同じ目的で検討され、信託銀行による受託ではカバーできない柔軟な受託業務を期待するものはある。しかし、委託者の生前に他益信託として設定した場合はその時点で贈与税が課されることが障害になって利用が進んでいない。営業信託に限らず、個別に設定される民事信託についても、一定の目的と要件を満たした他益信託に節税効果が認められるようになれば、信託の利用の大きな動機づけになることは間違いない。

15　一般社団法人信託協会によると、2023年９月末現在、①教育資金贈与信託の契約数（累計）264,507件、②信託財産設定額合計（累計）２兆59億円とされ（同協会ウェブサイト「信託の受託概況」〈https://www.shintaku-kyokai.or.jp/data/trust/〉のうち「信託の受託概況（令和５年９月末現在）」参照）、③特定贈与信託の契約件数2687件、④受託残高592億円とされている（(同協会ウェブサイト「信託統計便覧」〈https://www.shintaku-kyokai.or.jp/data/statistics_list/〉のうち「９．特定贈与信託受託状況」参照）。

⑶　債権者からの隔離を動機とする信託

㈠　浪費者信託条項・裁量信託

米国では、未成年の子、障害者、浪費者など、財産管理能力の劣る受益者を保護する動機で利用される信託もある。

ここでは、受益者の債権者から受益権を隔離し、信託からの給付が確実に受益者の扶養や必要な費用にあてられることが求められる。そのための手当てとして、浪費者信託条項（Spendthrift clause）すなわち受益権の譲渡や受益権に対する差押えを禁止する条項が利用されることがある。あるいは、受益権の内容を特定せずに受託者の裁量に委ねる「裁量信託」にすることによっても、浪費者信託条項と同様の債権者隔離効果が期待できるといわれる。[16]

さらに、受益者の債権者からの隔離のみならず委託者の債権者からも信託財産を隔離して受益者を保護するためには、上記の信託が撤回不能信託として設定される。[17]

㈡　日本との比較と考察

日本では、教育資金贈与信託や特定贈与信託が、比較的多額の一括贈与に対する免税効果と相まって利用が増えている。[18]これらの信託は、基本的に解約不能で、受益権の譲渡や担保提供は禁止されており、委託者の債権者か

16　たとえば、親が急に亡くなった場合を想定し、子が大学を卒業して就職するまでの期間、叔父や叔母等を受託者とし、子の生活費や教育費にあてるとともに資産運用も行ってもらう。給付内容を「毎年〇ドル」と具体化することなく、受益権の内容は受託者の裁量に委ねることで、受益権の内容が特定しないため、浪費者信託条項と同じ効果を期待できる。

17　米国でプロベイト回避のために利用される信託は、ほとんどが委託者によって撤回可能な信託である。撤回可能信託において、受益者の権利は委託者の支配に服するため（統一信託法典（Uniform Trust Code）（以下、「UTC」という）603条⒝項）、委託者の生存中の信託財産は、委託者の債権者の債権の引当てになる（UTC505条⒜項⑴号）。つまり、撤回可能信託では、仮に浪費者信託条項によって受益者の債権者からは受益権が隔離されても、委託者の債権者からの隔離はされない。これに対し、撤回不能信託として設定された場合は、信託財産は委託者の支配を離れ、委託者の債権者からも隔離されることになる。

18　前掲（注15）参照。

らも受益者の債権者からも隔離されている。米国の撤回不能信託と同様の機能を果たしている。

2　信託利用を促進する環境

米国において信託が利用される背景として、プロベイトの回避や節税といったインセンティブが存在し、これらが信託の利用を促進する環境要因であることは、前述したとおりであるのでここでは繰り返さない。

ここでは、それらに加えて、米国において信託の利用を促進する環境として、日本とは違う以下のような要因を指摘することができる。

⑴　相続法制の違い

㋐　相続人間の妥協的解決

米国の相続では一般的に、日本のような遺産分割協議による相続人間の妥協的解決が準備されていない[19]。言い換えると、本人による積極的な自己決定による具体的な財産承継方法の指定がない限り、財産分配は形式的・硬直的な法定分割によるしかない。

たとえば、金融資産だけなら法定相続割合に応じて各自が金銭を分割して受け取れば済むが、不動産があれば、これを法定相続割合で共有するにしても換価して分配するにしても手続は煩雑になる。また、法定相続分が同じきょうだいの間で、各自の意思や事情によって相続分に差を設けたくてもできない。

このような相続法制の下で、資産の種類や複数の相続人の事情に応じた柔軟な財産分配・財産承継を可能にするためには、遺言や信託の利用がどうしても必要になる。

これに対して日本では、本人が具体的な財産承継の方法を何も決めなかったとしても、残された相続人間で合意による遺産分配を行うことが可能である。逆に、遺言がある場合でも、相続人が同意すれば遺言に反する遺産分割協議が可能である。こうした相続法制の下では、「死後の遺産分配は子どもた

19　ハワイ州では、州法（HRS Section560:3-912）で相続人間の遺産分割協議書（Family Settlement Agreement）に基づく分配が認められているが、不動産が所在する州がこれを認めていない場合は、相続人間の贈与と扱われる可能性がある。

ちの話合いに任せる」ことも、消極的ながら一種の自己決定とみなされる。

(イ)　財産処分の自由の制約

日本では、遺言であれ信託であれ、遺留分の適用を受けることから、自己決定による財産処分の自由は一定の制約を受ける。これに対して米国では、残された配偶者のための最低限の保障はあっても[20]、日本のように、成人した子一般に対する遺留分はないため[21]、遺言や信託を利用する際の設定者の自己決定の自由度は高い。

さらに、将来において遺言や信託条項の有効性が争われた場合、裁判所は、人種差別や人権侵害といったよほどの公序に反しない限り、設定者の自己決定を尊重して、多少不合理で公平を欠いた内容でも、遺言や信託条項を有効に解釈する傾向にある。

このような、自己決定の自由を尊重する法制度や司法の姿勢が、財産処分に関する自己決定を促進している。

(2)　投資運用の必要性

資産の大半が預貯金に偏りがちな日本と比較して、米国で投資運用を行うことは、より一般的である[22]。少なくとも信託を利用してエステート・プランニングをするだけの資産を保有する人にとっては、信託財産の投資運用を期待するのは当然の要請で、受託者の投資運用に関する注意義務の程度、内

20　夫婦別産制の下で、配偶者に対して elective share（法定相続分の主張、選択的相続分）を認めている州もあり、これが遺留分のようなものである。これに対し、カリフォルニア州やワシントン州など夫婦共有財産制（Community Property）の州では、婚姻後に取得した財産であれば、亡くなった配偶者名義の財産の２分の１の所有権を当然にもつことになる。

21　ルイジアナ州は米国で唯一、遺留分の制度を有するが、その対象は扶養を要する子どもに限られている。すなわち、「被相続人の死亡時に23歳以下である１親等の卑属、または被相続人の死亡時に精神的不能または身体的虚弱のために身辺の世話または遺産の管理が永久にできない１親等の卑属である」（1989年改正 LA Civ Code art.1493A）。

22　富裕層でなくても、非課税制度の401(k)プランの利用をきっかけに投資のすそ野は広がっている。たとえば、日本銀行調査統計局「資金循環の日米欧比較」〈https://www.boj.or.jp/statistics/sj/sjhiq.pdf〉（2023年８月25日）の図表２「家計の金融資産構成」によれば、日本の家計に占める現預金は54.2％であるのに対し、米国のそれは12.6％にすぎず、株式や投資信託の割合が大きい。

容が議論され、UTCにおいては、受託者は「プルーデント・インベスタールール」（以下、「合理的投資家ルール」という）に従うことが明記されている[23]。

相当の資産規模があれば、初めから投資運用の専門家を受託者にするか、自分や家族が受託者の場合でも信託財産の運用に関しては専門家に再委託して、資産価値の維持や増殖を期待する。少なくとも自分の判断能力が低下した後は、自分より適切な運用が期待できる者を後継受託者として資産価値の毀損を防ぐことも、信託の役割となる。

この点、合理的投資家ルールは、家族が受託者の場合には信託条項で免除するのが一般である。ただし、免責されるのはあくまでも合理的投資家ルールからの逸脱であって、受託者としての一般的な義務の一つである「善管注意義務」を免れるわけではない。

たとえば、次世代への資産承継を目的として設定された信託において、信託財産を受託当時のアセット配分のまま漫然と維持・保管した結果、インフレによって信託財産の価値を大幅に目減りさせて信託目的の達成が妨げられれば、受託者の善管注意義務の違反となりうる。また、当該信託が受益者への分配を必要としている場合、ハイリターンだからといって信託財産の大部分を流動性の低い資産に投資した結果、流動資産が不足して現に必要な受益者への分配に支障を来せば、これも受託者の善管注意義務違反になりうる。すなわちこの場合の受託者には、受益者への分配にあてるための現金ニーズに応えつつ、インフレリスクに対処して財産価値を維持するための投資運用を行うという注意義務が課せられている。

このように、投資運用が一般的な米国においては、信託は、自分よりも投資運用能力に優れた者による財産管理を可能とする手段としても、利用が促進されている。

日本においては、投資運用は一般的なものとはなっておらず、投資を「投機」と同視して警戒する向きも多い。他者のための財産管理に投資運用が要請されるという考えとは逆に、2000年に始まった成年後見制度では、投資運

23　このルールについての詳細は、第2章3（楊林凱「米国等の信託財産に属する金銭の投資等における受託者の権限と義務」）参照。

用を禁止する明示のルールはないが、成年後見人があえて投資運用をすることは期待されておらず、むしろ警戒すらされている。成年被後見人の金融資産はできるだけ元本保証のある現預金で保有するのが一般的である。

日本で利用されている民事信託においても、現状では、受託者が信託財産で投資運用を行うことをあえて信託条項で明示的に定めておかない限り、受託者による投資運用について、金融機関は消極的である。受託者に期待される財産管理の内容が、信託財産である金融資産を預金ないし現金同等資産として保管し、そこから受益者のための必要経費を取り崩して支給することで足りるのであれば、成年後見人の財産管理と、実態においてさほど異ならないようにみえる。

しかし、これまで約20年にわたってインフレリスクが顕在化しなかった経済状況とは打って変わり、今や日本においても、インフレリスクへの対処は喫緊の課題である。また、「人生100年時代」において、蓄えた金融資産の元本を取り崩すだけでは、リタイア後の長い人生を支える生活費に不足する可能性すらある。投資運用を含む、より長期的で柔軟な財産管理を行う必要性が高まっている。こうした中、2024年１月から非課税範囲を拡大した新NISA も導入された。米国において、非課税制度の401(k)プランの利用をきっかけに富裕層以外にも投資のすそ野は広がったといわれるのと同様の状況が、わが国においても予想される。

もっとも、ある程度若いうちから投資運用を始めたとしても、高齢になった後まで自分自身で効果的な投資運用を継続できるとは限らず、投資判断ミスによって財産を毀損するリスクも負うことになる。そこで、判断能力低下に備えて誰かに投資運用を引き継ぎたいというニーズに応えるものとして、信託が機能しうる。

このように、投資運用の必要性という観点からも信託の利用が促進される環境が到来している。

3　信託の担い手として専門家が果たす役割

(1)　信託設定にかかわる専門家の役割

米国で信託証書の作成にかかわるのは、エステート・プランニングを行う弁護士である。

米国では、全米弁護士会協会（ABA）の弁護士業務規程モデルルールにより、弁護士はすべての依頼者に対して等しく理解しやすいように法律を説明することが求められるところ、エステート・プランニングに関していえば、弁護士にとっての依頼者とは、設定者（委託者）である。

弁護士は、依頼者である信託の設定者（委託者）から資産状況やプランニングの目的を聞き取り、必要に応じて信託スキームを提案する。場合によっては、依頼者に頼まれて家族会議に参加してエステート・プランのコンセプトを説明することもあるが、弁護士が依頼者以外の家族から指示を受けることはない。

また、判断能力の低下や不当影響を受けた脆弱な状況で信託が作成されたことを理由に、後に信託自体の効力が争われるケースが紛争類型の一つになっている。そのため、弁護士は、依頼者が家族を伴って相談にきた場合には、家族から離れて依頼者と二人きりで話し合い、依頼者の意思や能力の確認に加えて、遺言・信託を無効にする不当影響（Undue Influence）を受けていないか[24]も確認する。不当影響を推認させる考慮要素としては、①感受性(Susceptibility)、すなわち、本人が年齢と心身の健康状態の悪化と結びついて、重要な事項について他人の提案を受け入れやすい状況にあったかどうか、②本人に影響を及ぼす機会（Opportunity）を、設定時の前後にその他人が有していたかどうか、③他人が不公正な利益を受けることに向けた積極的な影響力の行使（Disposition to influence）がしたかどうか、④本人がことさらその他人を有利に扱う理由がなく不自然で不当な結果（Result）を生じているか、といった四つの状況証拠（頭文字をとってSODR）があげられる。依頼者が高齢で、信託の理解が難しいと判断した場合は、信託に代えて、より理解しやすいスキームとして遺言をアドバイスする場合もある。

一方、日本でも、信託を設定にするに際して委託者本人の意思実現を図るべきことが意識され、2022年12月に公表された日本弁護士会連合会の「民事信託業務に関するガイドライン」（以下、「日弁連ガイドライン」という）にお

24　Robert H. Sitkoff “Wills, Trusts, and Estates, Eleventh Edition” 291頁 (Aspen2022).

いて明記されている[25]。しかし、委託者が依頼者であるとの認識が、必ずしも信託の設定にかかわる専門家の間で一般的に浸透しているとはいえない。

また、信託証書の作成にかかわる専門家として、依頼者の意思や能力の確認、家族等からの不当影響の見極めが求められる点は日本も米国と同様である。もっとも、日本においては、高齢である委託者が信託というスキームに明るいことは稀で、受託者候補者でもある家族が主導して専門家に相談にくることがほとんどであるという現状がある[26]。この場合、信託設定の動機づけの段階から家族等の影響があることは否定できない。日本の民事信託は、家族が受託者かつ残余財産受益者（帰属権利者）の一人として契約で設定されるものがほとんどであることから、信託契約の当事者である家族の協力なしには信託契約に至らないという状況において、家族相互の影響力や依存関係に情義も加わり、エステートプランニングにおける依頼者の機微を捉えるのは容易ではない。有利な分配を受けたい家族からの許される範囲の説得と、依頼者の意思決定に不当な影響を与える企みとの境界を見極めつつ不当な影響を排除し、委託者本人の利益を図るスキームを提案するという難しい役割が日本の専門家に求められる。

さらに、信託の普及が進む米国でさえも、高齢の依頼者にとって信託が遺言に比べると理解の難しいスキームであるとの指摘は、80歳代以上の委託者が４割を超えるといわれる日本の現況において[27]、専門家の説明責任の重さも示唆している。

判断能力の低下や不当影響を理由とした信託に関する紛争を予防しつつ、

25　日弁連ガイドラインⅡ第１・１参照。

26　日弁連アンケートによると、直近10年間で、弁護士が民事信託の相談を受けた際の相談者（すべてについて信託が組成されたわけではなく、相談の場面）の属性は、①委託者本人と家族（50.1％）、②委託者の家族のみ（22.8％）、③委託者本人のみ（16.3％）、④委託者の家族と第三者（７％）、⑤委託者と家族以外の第三者（3.9％）である（総数517件）。委託者のみが相談にくるケースは２割にも満たない。

27　日弁連アンケートによると、直近10年間で弁護士が設定にかかわった信託の委託者の年齢層は、①80歳以上（41.5％）、②70歳以上80歳未満（40.3％）、③60歳以上70歳未満（10.9％）、④50歳以上60歳未満（2.9％）である（総数313件）。70歳代以上が８割を占める。

信託の普及を促進するために専門家に求められる役割は、米国以上に難しいといえる。

(2)　受託者にまつわる紛争と予防のための専門家の役割

信託に関する紛争は、前述のような信託設定じたいの効力が争われるケースのほかにも、信託財産の窃取のように深刻な裁判沙汰になるものから、受託者と受益者とのコミュニケーション不足から起こる行き違いまで、幅広い[28]。受託者に対する受益者からのクレームを限定するべく、信託条項で受託者に広い裁量権を与えていたとしても、「裁量権の範囲を越えている」と訴えられる可能性は完全には排除できない。このような受託者にまつわる信託紛争の解決も、弁護士の役割の一つとなっている。

米国では、設定者自ら当初受託者となって撤回可能な自己信託を設定することがほとんどのため、プランニングにかかわった弁護士が、信託作成後も元依頼者である受託者にアドバイスして受託業務を支援することや、当初受託者の死亡後に後継受託者となった子を支援することは、利益相反の問題がないため、依頼者の求めに応じて行われている。

これに対し、元依頼者が認知症になって後継受託者に交代した場合に、受託業務に関するアドバイスを行うことは、存命中の元依頼者に対して負う忠実義務との衝突が問題になる。米国において、かつては「ファミリーロイヤー」として家族全員のための弁護士がいた時代があるが、今や家族内でも、世代や住む場所、生活スタイルの違い等で価値観が異なり、家族の利益を同時に一人の弁護士が代理することは難しくなっており、それぞれの立場を代理する弁護士が求められる。

一方、日本では、信託証書の作成にかかわった弁護士が、「信託監督人」として引き続き信託の運営にかかわり、受託者を監督することが推奨されている[29]。ここで想定する信託は、委託者かつ受益者である親が依頼者となり、受託者を子とし、親の死亡によって終了する財産管理型の信託（後見代用）

28　たとえば、バケーション用の別荘を売るかどうか、どのポートフォリオで投資するか、どの程度の介護や医療を使うかの判断が、受託業務の適正をめぐって争いの理由になる。

29　日弁連ガイドラインⅡ第10・1(4)参照。

である。弁護士にとって、依頼者である委託者かつ受益者（親）の意向を受けて、受託者（子）を監督することは、利益相反も忠実義務違反もないと考えられる。

もっとも、前述のとおり、日本では、受託者となる子が主導して設定者となる親が信託の相談にくることが多く、弁護士と委託者（親）との打合せには、契約当事者として受託者（子）が同席して信託条項の検討に加わることが多い。信託設定後、同じ弁護士が信託監督人に就任した場合、受託者からみれば、自分も依頼者の一人であり、弁護士は自分の味方でもあるはずという認識に傾きがちである。弁護士が信託監督人として受託者業務を友好的にサポートし、受託者がアドバイスに従って受託業務を行っている間はよいが、仮に受託者業務に関して疑念をもつ事態が生じた場合、信託監督人としての立場で厳しい姿勢で臨む弁護士に対して、受託者が違和感をもつことはありうる。

そこで、信託設定にかかわった弁護士が信託監督人に就任する場合、「自分が忠実義務を負うのはあくまで元依頼者である受益者であり、受託者の不正や不適切行為に対しては、厳しく責任を追及することになる」ことを、委託者と受託者双方に説明して理解させる必要がある。これは米国のエステートプランにかかわる弁護士とは異なる、日本独特の実情に伴う専門家の役割といえる。

⑶　信託の受託にかかわる専門家の役割

㈠　米国の状況

信託の運営に不可欠なのは、信頼できる受託者を得ることである。

米国においては、さまざまな規模の信託会社（特定の家族のために設立されるものから[30]、弁護士が個人で運営するもの、法律事務所が子会社として運営するもの、投資と受託を兼ねる大手まで）が、州内でビジネスを行うための資格と

30　信託会社の設立には州ごとの法制や税制が考量される。たとえば、アラスカ、ネバダ、デラウエア、サウスダコタ、ワイオミングの各州は比較的使いやすい信託法制で知られており、一定以上の資産家なら自分の家族のための信託会社をこれらの州につくることは節税になるといわれる。

保証を得て[31]、その役割を担っている。

もっとも、信託会社の受託報酬基準[32]に照らすと、費用対効果を期待するには一定の財産規模が求められ、最低引受額は $3million〜$4million ともいわれるが、大手の信託会社では少なくとも $10million が必要といわれる。比較的小規模の信託を受託する弁護士（個人経営する信託会社）でも、最低 $0.5million の資産規模がないと費用対効果が見合わないとされる。しかも、不動産の受託はリスクを伴うため信託会社があまり引き受けたがらない点は日本の状況と同じで、前記規模のかなりの部分は金融資産が前提となっている。

米国における信託の動機が、主に財産承継や節税にあることからすれば、この規模感は納得できるが、逆にこれだけの規模がないと信託会社の受託には適さないというのが実情である。

そこで信託会社以外の選択肢として、米国において、信託証書を作成した弁護士が自ら受託者になることもある。今でこそ、利益相反の問題や、受託業務が弁護士過誤保険で補償される範囲に含まれるのかといった問題もあって、受託者を務める弁護士は少なくなったが、このようなケースは30年ほど前までは一般的だった。

今でも、感情的になりがちな家族から受託者を選ぶより、弁護士など独立した中立の受託者が適切なケースはあり、ワシントン州の裁判所は、難しいケースで後継受託者として選任される弁護士リストを備えている。

しかし、弁護士が受託する以上はコストがかかり、弁護士を受託者にするほどの経済的規模がないケースで受託者の引き受け手がいないという問題は、残ったままである[33]。

31　連邦の銀行であればOCCチャーターの信託部門の認可が必要である。

32　ハワイ州のある銀行（信託部門）の場合、引き受ける最低資産要件（不動産含め $1.5million〜$2million）があるほか、受託者報酬レート（運用報酬含む）として、最初の $1million につき、撤回不能信託の場合は年間1.6％、撤回可能信託の場合は1.45％がかかる。また州規則（HRS607-18）による合理的受託者報酬は、スタート時報酬（inception fee）として総額の１％、終了時報酬（termination fee）として総額の１％である。

33　現在でも伝統的に弁護士が受託者業務を行っているボストンでは、①銀行よりも先に弁護士が受託業務を行って信託を発展させた歴史的な背景があること、②受託者と弁護

(イ) 日本の状況

日本においては、民事信託の受託者は家族がほとんどで、信託銀行や信託会社が受託するケースは限定されている。

日本における民事信託の信託財産の規模は、日弁連アンケートによれば、１億円未満が全体の３分の２を占め、３億円以上は数％にすぎなかった。[34] 日本における民事信託の動機が、財産承継よりも、高齢者の生前の財産管理リスクへの備え（後見代用）に偏っており、設定者の死亡で終了する信託が多いことの反映ともみてとれる。この規模だけをみると、今後、日本の信託銀行や信託会社が積極的に受託を引き受けるようになることは、ビジネスの観点からはあまり期待できない。[35]

他方、弁護士による受託は、現時点では信託業法規制との関係で躊躇されているが、受託者としての中立性・専門性の観点から、米国でかつて弁護士による受託が信託の普及に貢献したのと同様、日本においても、弁護士が受託者としての役割を担うことで信託が普及する可能性は十分ある。

専門受託者の必要性とそれに付随するコストの問題は、今後、日本において普及する信託の受託業務の内容次第であろう。受託者業務が、信託された金融資産を取り崩して定期的に定額を受益者に配分するといった成年後見における財産管理と同等の内容なら、日本の信託銀行や弁護士は適任で、その

士との個人的信頼関係（プライバシー保護や担当者の固定を含む）があること、③弁護士に対する規制が金融機関への規制よりは柔軟であることなどの優位性が語られる。しかし、そのボストンですら、弁護士が個人で受託する場合の信託財産規模は最低限$0.5million 程度で、これより小規模の信託を弁護士が積極的に引き受けている状況は聞かない。

34　日弁連アンケートによると、直近10年間で組成した民事信託の信託対象財産の規模は、①3000万円未満（27.3％）、②3000万円以上１億円未満（39.1％）、③１億円以上３億円未満（27％）、④３億円以上（6.6％）である（総数289件）。なお、44.2％は金銭を含み、21.1％が居住用不動産、23.9％が収益用不動産、10％が非上場株式を含む。居住用不動産を含む率が米国に比べて高いと思われる。

35　日本のある信託銀行が金銭のみを対象として受託者になるサービスにおいては、3000万円を下限として引き受け金額に応じた引受時報酬（最低110万円～）と定例管理報酬月額１万円～３万円、および運用信託報酬がかかる。利用者にとってはコスト高で、銀行側からみても件数が少ない現状ではコスト倒れで消極的商品と考えられる。

ような業務に対するコストが成年後見人の報酬と比較してさほど高額になることはないと思われる。これに対し、受託者業務の内容が、合理的投資家ルールに従った投資運用によって資産価値の維持、増殖を図り、受益者への配分にあたっては、債権者隔離や節税を図りつつ受益者のニーズを満たすよう裁量権を適切に行使し[36]、さらには、複数の受益者間の利害調整や受益者からのクレーム対応などの感情労働も含めて、米国における専門受託者と同等の業務が求められるなら、このような業務は、弁護士であれ信託銀行であれ、単独で担うのに容易な業務とは言えず、相応のコストも伴うであろう。

日本の民事信託は、現状では後見代用として普及している。当面、受託者に期待される業務の内容は、成年後見における財産管理と同等といえるかもしれない。この段階では、件数が増えてコストが低減できれば、信託銀行や信託会社による受託が増えるかもしれない。より小規模の信託を弁護士が受託できるようになれば、信託の普及が進む可能性がある。専門受託者が民事信託の受託業務の経験を積むと同時に、信託財産を投資、運用できる環境的要因が整わない限り、日本の民事信託はより複雑な受託業務が要求される次の段階に備えることはできない。

（西片和代）

36　内国歳入庁 IRS の「保健、教育、生活費または扶養に関する基準 HEMS（Health, Education, Maintenance, and Support）」に従った裁量受益者は贈与税および遺産税を免除される。受託者は、客観的に受益者の利益状況を判断し、この基準を理解して、裁量権を行使して分配を行うことが求められる。

第1章

米国のUTCとわが国の信託法との比較

米国では、一部の法律を除き、州ごとに異なる法を判例法によりつくり上げており、信託法についても、同様に州ごとの判例法が存在していたが、2000年に、信託法における全国的な規模でつくられた最初の法典化の試みである統一信託法典（Uniform Trust Code）（以下、「UTC」という）[1]が策定された。

一方、わが国においては、1922年に制定された旧信託法が、制定当時の内容をほぼ維持していたが、実務からの要請に応えることが難しくなっていたことから、2006年12月8日に、新しい信託法が、第165回臨時国会で成立し、同月15日に公布され、2007年9月30日に施行された。

その制定の際、「現在の社会経済の実務的需要に応えることのできる信託法制の必要性という点において、我が国の現行信託法が抱えている問題点と共通しており、UTCの内容の包含性や最新性、さらには、信託の国際化が一層進んでいる現状にかんがみ[2]」、UTCの規定が参考とされており、影響を受けている。

そこで、本章[3]においては、現在の米国の信託法の代表例としてのUTCとわが国の2006年改正信託法（以下、単に「信託法」という）との比較を行うこ

1　日本語訳については、大塚正民＝樋口範雄編著『現代アメリカ信託法』（有信堂高文社、2002年）掲載の条文訳（207頁～227頁）に全面的に依拠している。

2　平成16年10月1日信託法制研究会報告書238頁～239頁。

とにより、わが国の信託制度のあり方の参考としようとするものである。

なお、本章における意見にかかわる部分については、筆者の個人的見解であり、筆者が所属する会社・組織等とは、関係のないことをあらかじめご承知おきいただきたい。

1　UTCと信託法との主な類似点と相違点[4]

(1)　UTCと信託法との主な類似点

UTCと信託法との主な類似点としては、第1に、民事信託だけではなく商事信託をも適用対象とした包括的・体系的な成文法であることがあげられる。ただし、UTCは、民事信託に、わが国の信託法は、商事信託に軸足をおいたものとなっている。第2に、デフォルト・ルールを基本にしていることがあげられる。ただし、UTCは、デフォルト・ルールを原則とし、例外である強行規定だけをまとめて規定しているが、わが国の信託法は、条文ごとに信託行為に別段の定めを認めることでデフォルト・ルールである旨を明示している。

(2)　UTCと信託法との主な相違点[5]

次に、UTCと信託法との主な相違点は、第1に、信託行為の法的性格について、UTCでは、信託の設定の方法にかかわらず、すべて委託者の単独行為としてとらえているが、信託法では、信託の設定の方法ごとに、契約、遺言および自己信託としてとらえている。第2に、UTCでは、受託者の権限・義務をはじめ一般的な規定だけではなく、個別的な条項が多いが、信託法においては、基本的には、一般規定のみであることがあげられる。第3に、忠実義務について、UTCでは、忠実義務違反を類型化するような形で規定化していないが、利益取得行為を忠実義務違反ととらえ（no profit rule)、その違反の効果として、利益吐き出し責任を認めている。一方、信

3　本章は、田中和明「アメリカ統一法典とわが国の信託法との比較」樋口範雄＝神作裕之編『現代の信託法――アメリカと日本』(弘文堂、2018年) 286頁～319頁について加筆・修正したものである。

4　立案担当者のとらえ方は、寺本昌広『逐条解説　新しい信託法〔補訂版〕』(商事法務、2008年) 26頁～29頁参照。

5　寺本・前掲（注4）29頁～30頁参照。

託法においては、忠実義務違反の類型として、利益相反行為および競合行為を制限の類型として規定化しているが、利益取得行為を制限する規定はおいておらず、違反の効果としても、利益吐き出し責任もない。第4に、裁判所による監督について、UTC では、従前より低下させているものの、信託の全般にわたって後見的な監督が行われているが、わが国の信託法では、裁判所による一般的な監督を廃止しており、関与することができる部分は少ない。

2　UTC と信託法におけるデフォルト・ルールと裁判所の関与

(1)　UTC と信託法におけるデフォルト・ルールの比較

(ア)　UTC におけるデフォルト・ルールの範囲

UTC105条では、信託条項に別段の定めのない限り、本法典が、受託者の義務および権限、複数の受託者間の関係、並びに、受益者の権利を確定すると規定したうえで（(a)項)、「信託条項の定めは、本法典の規定に優先する」と規定し（(b)項)、UTC の条項は、デフォルト・ルールであることを明示している。ただし、(b)項では、以下の①〜⑭の例外を規定している。すなわち、これらの規定だけは、限定的に強行規定としている。

① 信託設定の要件

② 受託者が誠実に、かつ、信託条項、信託目的および受益者の利益に適合するように行為する義務

③ 信託および信託条項が受益者の利益のためのものであるという要件、および信託が適法な目的を有し、公序に反せず、目的達成が可能であるという要件

④ 410条ないし416条に基づき、信託に変更を加え、または信託を終了させる裁判所の権限

⑤ 第5編の定める浪費者信託条項の効果および一定の債権者並びに債権譲受人が信託に対して有する権利

⑥ 702条に基づき、保証証書（ボンド）を要求し、不要にし、変更し、または終了させる裁判所の権限

⑦ 信託条項の定める受託者の報酬が不当に低額または高額である場合

に、708条(b)項に基づき、それを調整する裁判所の権限

⑧　813条(b)項(2)号および(3)号に基づく撤回不能信託の適格受益者であって25歳以上の者に対し、その者のための信託の存在、誰が受託者であるか、並びに受託者からの報告書を請求する権利があることを通知すべき受託者の義務

⑨　撤回不能信託の受益者が、受託者に対し、報告書およびその信託の管理に合理的に関連するその他の情報を求めた場合に、813条(a)項に従い、請求に対応すべき受託者の義務

⑩　1008条に定める免責条項の効果

⑪　受託者および受益者以外の者の1010条ないし1013条に基づく権利

⑫　司法手続を開始すべき出訴期限

⑬　正義の実現のために必要とされる行為を行い、手続を遂行する裁判所の権限

⑭　203条および204条に定める裁判所の事物管轄権および手続を開始する土地管轄

樋口範雄教授は、「ここでの任意法規（default rule）・強行規定（mandatory rule）の意味に注意する必要がある。……強行規定といっても、14項目の中には、受益者の判断によって、結果的に有効とされる場合のあることがわかる。ただし、裁判所の権限にかかわる強行規定は、受益者・受託者間の合意で排除できるかは疑問である。言い換えれば、14項目におよぶ強行規定にもさまざまな性格のものが含まれているということである」と指摘され、さらに、「ラングパイン教授がこれらの強行規定の内容を検討した後、それらが全体として当事者の自由を大きく制約するものでは決してないと強調している点にも注目すべきである」と述べている。[6]

(イ)　信託法におけるデフォルト・ルールの範囲

一方、わが国の信託法では、受託者の義務や複数受益者の意思決定等において、原則としてデフォルト・ルール化しているものの、条項ごとに、「信託行為による別段の定め」を認める方法がとられている。したがって、「信

6　大塚＝樋口編著・前掲（注1）13頁～15頁〔樋口範雄〕。

託行為による別段の定め」の文言のないものは、強行規定であるとも考えられる。しかし、信託法92条の受益者の単独受益者権など、個別の条項に「信託行為の定めにより制限することができない」との文言が明記され、強行規定であることを明示している規定もある。

したがって、結局、「信託行為による別段の定め」または「信託行為の定めにより制限することができない」の記載がない場合については、個別に解釈をすることになるが、ここにいう強行規定についても、受益者の合意により、排除（放棄）できるものとできないものがあり、他方、「信託行為による別段の定め」の記載があり、一見、デフォルト・ルールであると考えられるものについても、解釈上、制限されているものもある。

また、信託法は、公序良俗や権利の濫用等の民法の一般規定の適用を受けるだけではなく、遺留分等相続法の適用を受けることが多い。したがって、実際に自由に規定することができる事項は、UTCと比較すると少ないのではないか。

㈦　UTCと信託法におけるデフォルト・ルールの意義

UTCと信託法の類似点として、デフォルト・ルール化をあげたが、上記のとおり、規定の方法が異なる。そして、その目的も異なるものと考えられる。

その違いは、UTCは、非営業信託を中心とする民事信託に、信託法は、営業信託における商事信託に軸足をおいていることに起因していることにあると考えられる。

すなわち、UTCにおけるデフォルト・ルールは、法的専門知識のない一般の個人が、信託を利用する際の契約書の代替の役割を果たすことを目的としており、そのために、規定の数が多く、かつ、個別具体的な規定が多く含まれているものと考えられる。したがって、基本的には、信託設定の指針として、さらには、信託契約書の代替として、そのまま、デフォルト・ルールを使うことに意義があるのではないかと考える。

一方、信託法におけるデフォルト・ルールは、第1には、旧信託法が、制定された当時の悪質な信託業者の取締りを主眼とし、受託者の義務が厳しく規定され、強行規定が多く硬直的であったことから、受託者の義務の緩和のために導入されたものであり、第２には、旧信託法が、受益者が単独または少数のものを想定してつくられており、その意思決定が、強行規定で、全員一致という硬直的なものになっていたことから、受益者が複数の場合などの意思決定方法について、信託行為による私的自治を尊重し、デフォルト・ルール化することにより、受益者の権利行使を容易なものとし、さらに、意思決定を受益者集会で行う場合の詳細な規定をモデル規定としておいたものである。

すなわち、信託法におけるデフォルト・ルールは、商事信託の円滑な運営を主たる目的として導入したものであり、さらにいえば、信託設計の自由度を高めることをめざしていたものと考えられる。したがって、デフォルト・ルールをそのまま、契約書の代替として使うのではなく、商事信託のアレンジメントのために、契約の定めにより、デフォルト・ルールを変更することに意義をもたせようとしたものと考えられる。

⑵　UTCと信託法における信託に対する裁判所の関与

㈠　UTCにおける信託に対する裁判所の関与

UTC201条では、裁判所は、その管轄権が利害関係人によりまたは法律の規定により発動される限度で、信託の管理に介入することができること（(a)項）、信託は、裁判所による命令のない限り、継続的司法監督に服さないこと（(b)項）、信託に関する司法手続は、信託の管理についてのあらゆる問題に及び、裁判所の指示を仰ぐことおよび権利を宣言する訴訟も含むこと（(c)項）が規定されている。

UTCでは、「裁判所による命令のない限り、継続的司法監督に服さない」ものの、広範な監督が認められているほか、ほとんどの分野で、裁判所の関与が規定されている。その理由としては、裁判所による信託の監督は、英米における伝統的な制度であり、それを踏襲しているということはいうまでもないが、UTCは、非営業信託を中心とする民事信託に軸足をおき、法的専門知識のない一般の個人が、信託を利用する際に、必要であるからであるように思われる。

㈡　信託法における信託に対する裁判所の監督

わが国においても、旧信託法41条１項においては、「信託事務ハ営業トシテ信託ノ引受ヲ為ス場合ヲ除クノ外裁判所ノ監督ニ属ス」と規定され、営業信託を除く信託には、裁判所による一般的な監督が及ぶものとされていたが、この点については、旧信託法制定時の悪質な業者を規制するためのものであったといわれている。

一方、信託法においては、信託制度に対する社会的認知度が高まり、状況に大きな変化が生じていること、また、裁判所が監督を行ううえで必要な制度がないこと、さらに、信託という私的な関係に裁判所の一般的監督が常に及ぶことは適当ではないこと等から、旧信託法41条1項の裁判所の監督の規定を削除している。

また、旧信託法41条2項では、「裁判所ハ利害関係人ノ請求ニ因リ又ハ職権ヲ以テ信託事務ノ処理ニ付検査ヲ為シ且検査役ヲ選任シ其ノ他必要ナル処分ヲ命スルコトヲ得」と規定され、裁判所による信託事務の処理に対する直接の検査およびその他必要な処分をすることができるものとされていたが、信託法においては、裁判所が直接に検査を実施することは困難であることから、この規定についても検査役の選任を除き削除している。

わが国においては、信託銀行等による営業信託が大半を占め、金融当局による強力な監督が存在している。すなわち、信託業法、金融機関の信託業務の兼営等に関する法律、金融商品取引法等の法令が制定されていることに加え、信託会社等に関する総合的な監督指針等による詳細な規制が整備されていたことから、裁判所による監督の必要性はあまりなかったといえる。また、一般的な監督以外でも、実際に、裁判所が職権で信託に介入したことはなく、さらに、裁判所に対する申立てを行うこともほんどなく、今後も、営業信託に限っていえば、裁判所の監督は不要であるといえよう。

こまって　また、信託関係から生じる具体的な問題を完結するために、信託の変更・終了や受託者の解任・辞任など非訟事件として関与しているほか、公益を確保するため信託の存立を許すことができないと認めるときは、法務大臣または委託者、受益者、信託債権者その他の利害関係人の申立てにより、裁判所は、信託の終了を命じることができるなどの手当てをしている。

ただし、これらの裁判所の関与についても、受益者等の信託関係者からの申立てを前提としており、職権では実施できない。すなわち、これらの裁判所の関与は、信託行為の定めと信託関係者による合意では解決できないような場合になって初めて実施される最終的かつ受働的な関与であるといえる。

(3)　わが国における信託に対するデフォルト・ルールと裁判所の関与の必要性

近年、一般の個人が受託者となって設定される非営業信託（民事信託・家族信託ともいわれる）が急激に広がり、対応に迷う場面や不正等も発生し始めている。非営業信託の普及は、2006年の信託法改正の狙いの一つでもあったが、改正時点では、ほとんどの関係者が、ここまでの急速な広がりは想定しておらず、また、弊害の発生も予見していなかったものと思われる。

信託銀行等が受託者となっている信託では、前述した金融当局の監督と詳細な法令等の定めの下で、信託契約書等が作成される。一方、非営業信託における信託契約については、弁護士や司法書士等の専門家がアドバイザーとなることにより精度は向上してきているものの、信託契約については、委託者の意向を反映していないものや、ある事象の発生の可能性が高いにもかかわらず、それらの事象の発生を想定しておらず、対応する条項をおいていないものも見受けられる。そのため、争いとなり、訴訟に至ったものもある。

このような状況に鑑みると、UTCにおけるような詳細で具体的なデフォルト・ルールの法制化の必要性もうかがえる。しかし、現在の信託法は、営業信託、非営業信託、商事信託、民事信託にかかわらず、すべての信託に適用されることを前提としていることから、詳細なデフォルト・ルールの立法化は困難ではないかと考える。

そのため、私見として、個人が受託者となって行う信託については、法律としてのデフォルト・ルールに代わるようなソフトロー的な規範、たとえば、弁護士会や司法書士会等の公的立場に近い機関によるガイドラインやモデル契約書の作成とそれらの公表等についての必要性を述べてきたが、近年実践されつつある[7]。

7　2022年12月に、日本弁護士連合会が「民事信託業務に関するガイドライン」を作成して公表しており、司法書士会においても、ガイドライン策定を検討しているとのことである。また、日公連民事信託研究会＝日弁連信託センター「信託契約のモデル条項例(1)(2)」判タ1483号27頁以下・1484号5頁以下が策定され公表されている。

次に、UTC における裁判所の関与の必要性もうかがえる。

従前、営業信託だけではなく、非営業信託においても、裁判所の監督や関与は求められていなかった。その理由としては、裁判所が監督を行ううえで必要な制度がなく、実態上対応できなかったことが一因として考えられるが、何よりも、非営業信託の絶対数が極めて少なかったことが主たる理由である。

信託法において、裁判所の一般的監督が廃止され、監督のための必要な制度がなく、実態上対応できない現状では、それに代替する何らかの制度が必要ではないかとも考えられる。

一方で、近年、信託が成年後見制度の代替として活用されることが多くなっており、その際の信託を選択する理由の一つが裁判所の関与のない柔軟な制度であることがあげられる。

したがって、この点については、実効性の問題も含めて、慎重な検討が必要ではないか。

3　UTC と信託法における信託設定

(1)　UTC と信託法における信託設定の方法

UTC401条では、委託者の生存中または遺言その他の死因処分によって、受託者たる別の者に財産を移転すること（(1)号)、財産の所有者が、特定された財産を今後は受託者として保有すると宣言すること（(2)号)、受託者のために、指名権を行使すること（(3)号）により信託を設定することができることが規定されている。

(1)号および(2)号は、わが国の信託法 3 条における契約信託、遺言信託および自己信託に対応するものであるが、(1)号の委託者の生存中の設定については、契約で設定されるとは明記されておらず、また、(2)号の信託宣言については、信託法における自己信託と比較すると要式が異なる。ただし、その信託設定の方法は、実質的には、ほぼ同じものと考えてよいのではないか。

なお、(3)号の受託者のために指名権を行使することにより信託を設定することは、わが国の信託法には対応する制度はない。

(2)　UTC と信託法における信託設定の要件

(ア)　信託関係者に関する要件

UTC402条(a)項では、信託設定の要件として、委託者が信託を設定する能力を有すること（(1)号)、委託者が信託設定の意思表示をすること（(2)号)、信託が明確に特定された受益者を有するか、または、公益信託、408条で定める動物の世話のための信託、もしくは、409条の定める非公益的目的のための信託であること（(3)号)、(受託者が履行すべき義務を負うこと（(4)号)、同一人が唯一の受託者で唯一の受益者ではないこと（(5)号）が規定されている。

わが国の信託法においては、信託設定の要件として明文の規定はないものの、基本的には、信託設定の要件としては、UTC とほぼ同じものと考えることができる。ただし、委託者は、契約により信託を設定する場合には、行為能力が、遺言信託の場合には、遺言の能力が求められる。また、受託者が未成年の場合については無効となる（信託法７条)。

また、UTC402条(a)項(5)号の同一人が唯一の受託者で唯一の受益者ではないことについては、わが国の信託法においては、信託設定の要件として位置づけられておらず、信託法163条２号において「受託者が受益権の全部を固有財産で有する状態が１年間継続したときに終了する」ものとされている[8]。米国の撤回可能信託は、一般に信託宣言で設定されていることが多いようであるが、この(5)号の要件はクリアされていると考えられている。

(イ)　受益者の特定・信託期間に関する要件

UTC402条(b)項では、信託設定の要件として、現在あるいは将来において受益者が確定できるのであれば、受益者は明確に特定されているものとする。ただし、永久拘束禁止則（Rule against perpetuities）の定める期間に服するものと定められている。

8　旧信託法においては、受託者が共同受益者の一人である場合を除いて、何人の名義によっても信託の利益を享受することができない旨が規定されていたが（同法９条)、信託法では、「受託者は、受益者として信託の利益を享受する場合を除き、何人の名義をもってするかを問わず、信託の利益を享受することができない」ものとし（同法８条)、受託者が、受益権の全部を保有することになっても直ちには信託が終了しないものとされている。

わが国の信託法においても、現在あるいは将来において受益者を確定することができるのであれば、信託は有効に成立すると解されていることから、信託設定の要件としての受益者に対するとらえ方は、同じ考え方をとっているものと考えられるが、永久拘束禁止則は導入されていない。

UTCは、伝統的な英米の永久拘束禁止則を踏襲しており、私益信託については、現に存在している受益者のうち最後に生存している者の死後21年まで存続できるものとされている。

この永久拘束禁止則は、わが国の信託法の後継ぎ遺贈型の受益者連続信託の規定の参考とされたが、導入は見送られ、後継ぎ遺贈型の受益者連続信託の規定は、わが国特有の規定となっている。

すなわち、受益者の死亡により他の者が新たに受益権を取得する旨の定めのある信託の規定としては、信託法91条で、「受益者の死亡により、当該受益者の有する受益権が消滅し、他の者が新たな受益権を取得する旨の定め（受益者の死亡により順次他の者が受益権を取得する旨の定めを含む。）のある信託は、当該信託がされた時から30年を経過した時以後に現に存する受益者が当該定めにより受益権を取得した場合であって当該受益者が死亡するまでまたは当該受益権が消滅するまでの間、その効力を有する」ことが定められている。

㈢　受託者による受益者の選択に関する要件

UTC402条(c)項では、不特定のクラスから受益者を選択する権限を受託者に認める場合、この権限は有効なものとし、当該権限が合理的期間内に行使されないときは、権限は消滅し、権限の対象となった財産は、当該権限が与えられなかったならば財産を取得したされる者に移転するものとされている。

わが国の信託法では、受託者による不特定のクラスからの受益者を選択する権限の有効性については、信託法89条６項で、受益者指定権者が受託者である場合の指定権の行使方法が規定されていることから、有効であるものと考えられる。また、受託者が指定権者の場合、指定権を行使することなく死亡した場合には、当該信託は、信託法163条１号の「信託の目的を達成することができなかった」とされて終了し、財産は帰属権利者（帰属権利者が定められていない場合には法定帰属権者たる委託者またはその相続人その他の一般承継人）に移転することになるのではないか。

(3) UTCと信託法における受託者として指名された者に対する就職の諾否の催告権

UTC701条(b)項では、受託者として指名されていても、いまだ受託者としての職務を引き受けていない者は、受託者としての職務の引受けを拒絶することができるとされている。指名された受託者で、指名されたことを知った後に、合理的期間内に受託者としての職務を引き受けない者は、受託者としての職務の引受けを拒絶したものとみなすことが規定されている。

わが国の信託法においては、遺言信託においては、その信託が引き受けられるのか否か決定されないまま長期間経過することは、受益者等の地位が不安定な状態におかれることになることから、このような状態を解消するために、遺言に受託者となるべき者を指定する定めがあるときは、利害関係人は、受託者となるべき者として指定された者に対し、相当の期間を定めて、その期間内に信託の引受けをするかどうかを確答すべき旨を催告することができるものとしている（同法5条1項）。また、その場合に、受託者となるべき者として指定された者が、その期間内に委託者の相続人（相続人が存在しなかった場合は、受益者または信託管理人）に対し確答をしないときは、信託の引受けをしなかったものとみなすものとしている（同条2項）。民法1008条においては、遺言執行者就職の催告について、遺言執行者への就任を純粋の私法関係ではなく一種の公的意味を含んだ義務的なものと考えて、回答がない場合には就職を承諾したものとみなすものとしているが、私益信託についてはあてはまらないことから、UTCに倣って確答をしないときは、信託の引受けをしなかったものとみなすものとしたのである。

(4) UTCと信託法における信託目的

UTC404条では、信託は、その目的が適法で、公序良俗に反することなく、かつ達成が可能な場合にのみ設定することが可能であり、信託およびその条項は、受益者の利益のために存在しなければならないことが規定されている。

わが国の信託法においては、信託目的について直接言及した規定はないが、わが国の民法における一般的公序良俗違反の禁止は、信託においても適用されることから、「その目的が適法で、公序良俗に反することなく、かつ達成が可能な場合にのみ設定することが可能である」といえる。また、信託法固有の規定として、脱法信託（同法9条）、訴訟信託（同法10条）および詐害信託（同法11条）を禁止した規定が存在する。

(5)　UTCと信託法における口頭信託

UTC407条では、この法典以外の法律に別段の定めがある場合を除き、信託は、信託証書によって立証される必要はないが、口頭による信託の設定およびその条項は、明白かつ説得力ある証拠によってのみ証明できることが規定されている。

わが国の信託法においては、契約信託の場合は、諾成契約であることが規定されていることから（同法4条1項）、口頭による信託契約の締結は可能であるが、上記の「明白かつ説得力ある証拠によってのみ証明できる」との規定はない[9]。

4　UTCと信託法における受託者の権限・義務・責任

(1)　UTCと信託法における受託者の権限

UTC815条(a)項では、受託者の一般的権限として、裁判所の許可がなくとも、信託条項で認められた権限（(1)号）および信託条項で制限されている場合を除いて、①個人で所有する財産に関し、能力のある未婚の所有者が有するものと同一のすべての権限、②信託財産の投資・管理・分配を行うために適切なその他の権限、③本法典で認められるその他の権限を行使することができるものとされており（(2)号）、わが国の信託法26条の「受託者は、信託財産に属する財産の管理又は処分及びその他の信託の目的の達成のために必要な行為をする権限を有する。ただし、信託行為によりその権限に制限を加えることを妨げない」との規定と比べて、規定ぶりは異なるものの、ほぼ同一の権限を有しているものと考えられる。

ただし、UTCでは、816条において、受託者の個別的権限が状況に応じ

9　信託業法26条では、信託契約締結時の書面交付が規定されている。

て、具体的に詳細に規定されており、信託法にはない規定である。

⑵　UTCと信託法における受託者の義務

㈠　UTCと信託法における受託者の信託事務遂行義務

UTC801条では、受託者は、その職務を引き受けたときは、誠実に、信託の文言並びに目的および受益者の利益に従い、本法典に則して、信託を管理・運用しなければならないと規定されており、信託法29条１項における「受託者は、信託の本旨に従い、信託事務を処理しなければならない」との定めと基本的な趣旨は同じであると考えられる。

㈡　UTCと信託法における受託者における善管注意義務

UTC804条では、受託者は、信託目的、信託条項、分配要件およびその他当該信託にかかわる諸事情を考慮し、注意深い合理的な人ならばそうするように、信託を管理運用しなければならず、この基準を満たすにあたり、受託者は、合理的な注意、技能および配慮を払わなければならないことを規定しており、信託事務の遂行における受託者の善管注意義務に関する総論的な規定をおいている。

また、特に、投資に関しては、1994年に採択されていた統一プルーデント・インベスター法（Uniform Prudent Investor Act）を取り入れる形で、まず、UTC901条で、プルーデント・インベスター・ルールの総論として、次の⒝項による別段の定めのある場合を除き、信託財産の投資運用を行う受託者は、信託の受益者に対し、本法の定めるプルーデント・インベスター・ルールを遵守する義務を負う旨（⒜項）、（プルーデント・インベスター・ルールは任意規定であり、信託条項によって、その内容の拡大・縮減・排除その他の変更を加えることができる旨（⒝項）の総論的な規定をおくとともに、信託事務の遂行における受託者の善管注意義務に関する総論的な規定をおいたうえで、902条以下において、この義務を個別的に具体化した規定や関連規定をおいている。

信託法部会においては、受託者の注意義務について、一般的な規定だけではなく、受託者の信託事務処理に際しての行動基準の明確化のために有用であることから、個別具体的な内容の規定を設けるべきであるとの意見があったものの、信託が有する柔軟性を損なうことなく、個別具体的な規定をつくることに限界があること、さらには、一般規定で対応が可能であることから、規定化が見送られた。

私見としては、プルーデント・インベスター・ルールのうち、信託に適した合理的なリスクとリターンを考慮した投資を行うべきとした902条の「注意義務の基準・ポートフォリオ戦略・リスクとリターンに関する目標」の規定と、受託者の分散投資義務を明確化した903条の「分散投資」の規定は、今後、わが国の信託法下における善管注意義務の個別具体的解釈に大きな影響を与える可能性があると考える。

㈦　UTCと信託法における忠実義務[10]

(A)　忠実義務の一般規定

忠実義務の規定は、まず、UTC802条(a)項で、「受託者は、もっぱら受益者の利益のためだけに信託の管理運用を行わなければならない」との忠実義務の一般規定がおかれており、この点は、信託法30条の「受託者は、受益者のため忠実に信託事務の処理その他の行為をしなければならない」との規定とほぼ同じである。

(B)　忠実義務違反の類型と対象

UTC802条(b)項では、利益相反行為に関し、受託者の行う信託財産の投資並びに管理に関する売却、担保設定その他の取引であって、受託者個人のために行われるもの、またはその他何であれ受託者の信認義務と個人的利益の間で利益相反の要素が存在しその影響を受ける受益者は、(1)号～(5)号のいずれかの要件（後記(E)参照）を満たさない限り、取り消すことができる。ただし、受託者と取引を行う者または受託者の補助をする者が、1012条によって有する所定の権利を妨げることができないことが規定されている。

また、UTC802条(c)項では、受託者の行う信託財産の投資並びに管理に関して行われる信託財産の売却、担保設定その他の取引について、受託者と、受託者の配偶者（(1)号）、受託者の子孫、兄弟姉妹、親、またはそれぞれの配偶者（(2)号）、受託者の代理人または弁護士（(3)号）、受託者または受託者につき重要な利益を有する人（(4)号）が、受託者による最善の判断を下す際

10　田中・前掲（注３）289頁～296頁参照。

に影響を与える可能性をもつ利害関係にある法人その他の人または事業体のいずれかの者との間の取引である場合、信認義務と個人的利益の間で利益相反の要素が存在しその影響を受けるものと推定されるものと規定されている。

わが国の信託法と比較すると、忠実義務違反の類型化はしていないものの、信託法の制限類型である利益相反行為および競合行為のすべてを包含した行為よりもさらに広い制限が個別具体的になされており、また、その対象もより幅広いものになっている。

(C)　受益者と受託者との間の受益権に関する取引

UTC802条(d)項では、受託者・受益者間の取引であって、信託財産には関係しない取引であるが、信託の関係にある間に生じたもの、または受託者が受益者に対し相当の影響力を行使しうる間に行われたものであり、当該取引から受託者が利益を得ているものについては、忠実義務違反の問題とし、受託者が受益者にとって公正な取引であったことを立証しない限り、受益者によって取り消すことができるものとしている。したがって、受益者と受託者との間における受益権に関する取引についても、この要件を満たしており、UTC上は、受託者の忠実義務違反の問題となることから、信託法においても、導入を検討すべきであるとの指摘がなされた。

しかし、わが国においては、受益者と受託者との間における受益権の取引は、受益権に対して受託者が質権を設定した行為は、旧信託法22条違反ではないとの判例（大審院昭和8年3月14日判決（民集12巻350頁））があることもあり、忠実義務の問題としてとらえてこなかったことから、通常の取引として一般的に行われており、特段の弊害も生じていないことから、制限の類型として導入することは見送られたが、なお、信託法30条の一般的な忠実義務違反となる場合が考えられる。

(D)　競合行為の制限

UTC802条(e)項では、信託財産に関係しない取引であって、受託者が個人の資格で行っている場合であっても、当該取引が、信託に属するとみるのが適切な機会に関する場合、そこには個人的利益と受認者としての義務との間での利益相反関係が存在するものと規定されている。この規定は、わが国の信託法では、32条1項の競合行為の制限の規定に該当するものと考えられる。

信託法部会において[11]、当初、競合行為については、受託者が「受益者の利益を犠牲にして自己または第三者の利益を図る目的」を有しているか否かを判断の基準とする、すなわち、受託者の主観を要件とする旨の提案がなされたが、この検討に際して、UTC802条(e)項における「当該取引が、信託に属すると見るのが適切な機会に属する場合に、個人的利益と受認者の義務との間での利益相反関係が存在する」との規定が考慮され、信託法32条においては、「受託者は、受託者として有する権限に基づいて信託事務の処理としてすることができる行為であってこれをしないことが受益者の利益に反するものについては、これを固有財産または受託者の利害関係人の計算でしてはならない」との客観的で厳格な規定となったものと考えられる。

(E)　忠実義務違反の例外

UTC802条(b)項では、忠実義務違反の例外の要件として、当該取引が信託条項によって認められていること（(1)号）、当該取引が裁判所の承認を受けていること（(2)号）、1005条によって認められる期間に、受託者が司法手続を開始しなかったこと（(3)号）、受益者が受託者の行為に同意を与えたこと、当該取引を追認したこと、または1009条に従い受託者の責任を免除したこと（(4)号）、当該取引が受託者就任前に受託者の締結した契約または取得した請求書を含む取引であること（(5)号）が規定されている。

(1)号および(4)号については、信託法の忠実義務違反の例外の要件（信託法31条2項1号・2号・3号、32条2項1号・2号、42条）とほぼ同一であり、(3)号および(5)号については、受託者の責任の時効（同法43条）と責任の免責（同法42条1号）とほぼ同一であるといえる。なお、(2)号については、旧信託法22条1項において規定されていたが、信託法においては廃止されている。

なお、UTC802条(h)項では、受託者の選任または報酬に関する受託者・受益者間の合意（(1)号）、受託者に対する合理的な報酬の支払い（(2)号）、信託と別の信託、遺産、または財産管理の下におかれた財産間の取引であって、

11　法制審議会信託法部会第12回会議（2005年3月25日開催）。

後者につき、受託者が受認者として関与しているか、または、受益者が利益を有しているもの（⑶号）、受託者が行っている規制金融機関のサービスの下に、信託財産を預金することについて、受益者に対し公正なもの（⑷号）、信託の保護のために受託者が金銭を前払いすること（⑸号）である限り取引を認めている。⑴号および⑵号は、わが国においては当然のことのように考えられるが、⑶号および⑷号については、信託法31条２項４号に類似している。

⒡　プルーデント・インベスター・ルールによる忠実義務違反の例外

UTC802条⒡項において、投資会社または投資信託の発行する証券に受託者が投資する場合、当該投資会社または投資信託に受託者以外の資格でサービスを提供していることは、投資がプルーデント・インベスター・ルールに従っている限り、受託者の個人的利益と受託者の義務との間の利益相反によって影響を受けるものとは推定されず、また、受託者がこれらのサービス提供に対し投資会社または投資信託から報酬を受け、それが信託の負担となる費用とされても、813条の下で受託者の報酬に関し年次報告書を受領する資格のある受益者に少なくとも年に一度通知している限り、問題とならないものとされており、わが国には、導入されていないプルーデント・インベスター・ルールに従っている限り、忠実義務違反にはならない推定を受ける旨の例外規定を設けている。

この規定は、わが国においては、信託法31条２項４号の忠実義務の例外の要件の一つである「受託者が当該行為をすることが信託の目的の達成のために合理的に必要と認められる場合であって、受益者の利益を害しないことが明らかであるとき、又は当該行為の信託財産に与える影響、当該行為の目的及び態様、受託者の受益者との実質的な利害関係の状況その他の事情に照らして正当な理由があるとき」の規定の一類型であるともいえるのではないか。

⒢　忠実義務違反の効果

忠実義務違反の効果としては、UTC802条⒝項で、影響を受ける受益者は、第三者の権利を侵害する場合を除いて取り消すことができることが規定されているが、受託者と取引を行う者、または受託者の補助をする者が、

1012条[12]によって有する所定の権利を妨げることはできないものとされている。この取扱いは、信託法における利益相反行為の間接取引の場合の取扱いと同じであるが、直接取引においても無効という形式は異なるものの、実質的には同様の効果を与えるものであると考えられる。

また、UTC802条(a)項は、もっぱら受益者の利益のためだけに行動すること（受益者に対する不可分の忠実性）を明らかにしており、この規定の趣旨は、受託者が受益者以外の者の利益を図って信託財産に損害を与えたり、受託者自身を含む他の者に不当な利得を得させたりすることを禁止したもの（no profit rule）と解されている。すなわち、受託者の利益取得行為を忠実義務違反行為とし、その違反の効果を、利益吐き出し（disgorgement of profits）としたものである。

この UTC の規律を参考にして、受託者による利益取得行為の禁止とその違反の効果としての利益吐き出し責任の導入の可否が議論され、結局、信託法においては導入が見送られた。

(H)　特別代理人等の選任の必要性

わが国における法人の理事の利益相反行為に関する民法57条の規定、親権者と子の利益相反行為に関する同法826条の規定、および、社債権者と社債管理会社の利益相反行為に関する商法309条の 4 の規定のように、UTC802条(i)項において、受託者が行うと本条に違反することになる取引を行おうとする場合、裁判所は、その決定を行う特別受認者を選任することができるこ

12　UTC1012条では、受益者を除く第三者であって、受託者がその権限を逸脱し、もしくは不当に権限を行使していることを知らずに、善意で受託者を補助し、または善意有償での取引を行った者は、受託者が適正に権限行使した場合と同様に、いっさいの責任を免れる（(a)項）、受益者を除く第三者であって、善意で受託者との取引を行う者は、受託者の権限の範囲または権限行使の適切さにつき、調査する義務を負わない（(b)項）、受託者に対し善意で財産を引き渡す者は、当該財産が信託に帰属されるか否かを確認することを要しない（(c)項）、受益者を除く第三者であって、前受託者の更迭を知らずに、善意で前受託者を補助し、または、前受託者との間で善意有償での取引を行った者は、前受託者がまだ受託者であった場合と同様に、いっさいの責任を免れる（(d)項）、他の法において、商取引や受認者の行う証券の移転に関し、第三者保護の定めがある場合、その定めは本条の保護に優先する（(e)項）とされている。

とが規定されているが、信託法においても、信託法部会において[13]、受託者が、自己取引や信託財産取引等の利益相反行為を行う場合に、利害関係人の申立てにより、裁判所は、特別代理人のような者を選任しなければならない旨の規律が必要ではないかとの提案があったが、特段の議論もなく導入は見送られた。

近年の民事信託・家族信託の拡大に鑑み、利益相反の問題が顕在化しつつあることから、この規定の検討が必要になってくる可能性がある。

(エ)　UTCと信託法における公平義務

UTC803条においては、信託の受益者が複数いる場合、受託者は、信託財産の投資・管理・分配につき、受益者それぞれの利益に適切な注意を払い、公平に行動しなければならないと規定されている。

条文の文言から解される内容は、信託法33条と特段変わりはないが、UTCにおける公平義務は、忠実義務の一種として整理されており、一方、信託法33条に規定されている公平義務は、善管注意義務の問題として整理されており、考え方は少し異なるものと考えられる。

(オ)　UTCと信託法における分別管理義務

UTC810条では、受託者は、信託の管理運用に関し、適切な記録をつけなければならないこと（(a)項)、信託財産を受託者の個人財産と分別して保持しなければならないこと（(b)項)、(d)項による別段の定めのある場合を除いて、信託財産を信託財産として表示し、受託者または受益者以外の第三者が保持する記録上、信託の利益が、実際上可能な限りで、表れるようにしなければならないこと（(c)項)、複数の信託の各別の利益を明らかに示す記録を維持する限り、複数の異なる信託の財産を一体として投資することができること（(d)項）が規定されている。

わが国の信託法と比較すると、財産の種類ごとの分別管理の方法は規定されていないこと、信託の公示の制度が盛り込まれていないこと、旧信託法と同様に固有財産との間で分別管理を義務づけていることについての違いはあるものの、分別管理の基本である適切な記録を義務づけるとともに、また、

13　法制審議会信託法部会第12回会議（2005年3月25日開催)。

他の信託財産との分別管理についても、記録上（信託の公示の機能の一つを記録ととらえればこの点も同様であると考えることもできる)、信託の利益が、実際上可能な限りで、表れるようにしなければならないことが規定されており、ほぼ同様の考え方をとっているように考えられる。

また、UTC810条(d)項は、信託法において条文化が見送られた合同運用に関する規定であり、「各別の利益を明らかに示す記録を維持する」という要件の下に合同運用を認めていることは、分別管理しながら合同運用することを示したものであり、注目すべき点である。

(カ)　UTC と信託法における信託事務の委託

UTC807条(a)項においては、受託者は、同じような能力をもつ合理的な受託者（prudent trustee）なら当該状況において委任するのが適切だと思われる義務につき、委任することができることが規定されている。従前の自己執行義務は、廃止されており、わが国の信託法28条２項における信託事務を第三者に委託することができる要件の一つである「信託の目的に照らして相当であると認められるとき」とほぼ同じ要件である。なお、本条は、任意規定であるため、同条１項の「信託行為の定め」にも該当する。

また、受託者は、代行者の選任（(1)号)、信託目的と信託条項に適合するように、委任の範囲と条件を定めること（(2)号)、代行者の義務履行と委任の条件を遵守しているか否かを監督するべく、定期的に代行者の行動を審査すること（(3)号）に関して合理的な注意・技能・配慮を払わなければならないものとされているが、UTC807条(c)項では、受託者は、任務を委任した代行者の行動につき、受益者または信託に対し責任を負わないものとされている。これらは、信託法35条における受託者の選任・監督責任を定めた規定と類似している。

委託先（代行者）の責任については、UTC807条(b)項において、委任された任務を果たす際に、代行者は、信託に対し、委任の条件を遵守するよう合理的な注意を払う義務を負うものとされており、委任者である受託者に対して義務を負っているのではなく、信託に対して義務を負っている。この点については、わが国においては、旧信託法26条３項で類似する規定がおかれていたが、信託法において廃止されている。

(キ)　UTCと信託法における情報提供義務等

(A)　信託証書

UTC1013条において、受託者から受益者以外の者に対する情報提供に関し、信託の内容に関する秘密保護の観点から、「信託証書」に代えて、信託が存在すること、および、信託証書が作成された日付（(1)号)、委託者が誰か（(2)号)、現在、職務を行使している受託者が誰であり、住所はどこか（(3)号)、受託者の権限（(4)号)、信託が撤回可能か否かということ、および誰が撤回権をもっているか（(5)号)、共同受託者の有する署名その他の手段で権限の真正性を証明する権限、および、受託者の権限を行使するために全員の合手的行動が要件とされているか、全員でなくともよいか（(6)号)、信託の納税者番号（(7)号)、信託財産の権原を取得する態様（(8)号）についての情報を含む「信託証明書」を提供することができるものとされている。

信託法部会において、事務局より、この信託証明書制度の導入の可否について、「受託者の利害関係人に対する権限の証明等の問題は、基本的には、受託者が、個々の取引事情等の下において、善管注意義務を踏まえ、場合によっては受益者等の同意も得た上で対処すべき、個別具体的な問題であるにとどまり、個々の事情を捨象して一般的な規定を設けることを要するほどの問題ではないと思われる」との説明があり[14]、信託法における導入は、早々に見送られた。

(B)　情報提供および報告義務

UTC813条では、(a)項において、受託者は、信託の適格受益者に対し、信託の管理運用および受益者の利益を守るのに必要な重要事実につき、合理的な情報堤供をしなければならないことが定められているほか、(b)項～(d)項において、わが国の信託法にはない以下のような具体的な規定が、受託者の義務としておかれている。

すなわち、UTC813条(b)項では、受託者は、受益者の求めに応じて、速やかに、信託証書のコピーを提供しなければならないこと（(1)号)、受託者に就任後60日以内に、適格受益者に対し、受託者に就任したこと、名前・住

14　前掲（注2）243頁。

所・電話番号を通知しなければならないこと（(2)号）、受託者が撤回不能信託の設定、または、従来、撤回可能信託とされていたものが、委託者の死亡その他の事由により、撤回不能信託に変わったことを知った時から60日以内に、適格受益者に対し、信託の存在、委託者が誰か、信託証書のコピー請求権、受託者の報告書を受領する権利について、通知しなければならないこと（(3)号）、受託者の報酬の定め方や料率の変化につき何らかの変更をする場合には、あらかじめ適格受益者に通知しなければならないこと（(4)号）が義務づけられている。

また、UTC813条(c)項では、受託者は、信託の収益または元本を分配する相手方、および特に請求したその他の受益者に対して、少なくとも年に一度と信託終了に際して、信託財産、信託の負う債務、領収書と、信託からの分配について、受託者の報酬額とそれがどこから支出されているか、信託財産のリスト（可能であれば各財産の市場価値）を含めた報告書を送付しなければならないものとされている。また、受託者が欠けた場合には、共同受託者が残っているときを除いて、前受託者は、適格受益者に対し報告書を送付しなければならない（受託者死亡または能力喪失の場合は、受託者の人格代表者、財産管理後見人、または、成年後見人が適格受益者に対し報告書を送付することも可能である）。

さらに、UTC813条(d)項では、受益者は、受託者からの報告書および義務づけられている情報提供を受ける権利を放棄することができる。その場合でも、将来の報告書およびその他の情報に関しては、以前の放棄を撤回することができるものとされている。

(3)　UTCと信託法における信託違反の場合の受託者の責任

(ア)　UTCにおける信託違反行為に対する裁判所の命令

UTC1001条(a)項では、信託違反について、受託者が受益者に対して負う義務について、受託者が違反することと定義しており、(b)項では、すでに生じた信託違反、これから生ずる可能性のある信託違反に対する救済方法として、裁判所は、受託者に対し、その義務の履行（(1)号）、信託違反行為の差止め（(2)号）、金銭賠償、財産の回復その他の手段による信託違反の除去（(3)号）、計算報告書の提出（(4)号）、特別受認者を選任し、信託財産を特別受認者の下に移して信託の管理運用をさせること（(5)号）、職務の一時停止（(6)号）、706条による受託者の解任（(7)号）、報酬の減額または報酬の支払いの停止（(8)号）、受託者の行為を無効とし、信託財産に対する先取特権もしくは擬制信託の成立を認め、または、違法に処分された信託財産の追及を認めて信託財産もしくはその代位物の回復（(9)号）、その他適切とされる救済（(10)号）を命ずることができるものとされている。

一方、わが国の信託法においては、信託違反の場合の裁判所による救済の規定はないが、UTC1001条(a)項(5)号の裁判所が、「特別受認者」を選任し、信託財産を特別受認者の下に移して信託の管理運用をさせることについては、この特別受認者が、わが国の信託法に導入された信託財産管理者制度の参考とされている[15]。

(イ)　UTCと信託法における信託違反に対する損害賠償

UTC1002条(a)項では、信託違反を行った受託者は、信託違反がなかった場合の価値の回復をするに必要な金額（(1)号）、信託違反によって受託者が得た利益（(2)号）のいずれかのうち大きい額につき賠償責任を負うことが定められている。

UTC1002条(b)項では、複数の受託者が信託違反により賠償責任を負う場合、賠償をした受託者は他の受託者に対し求償権を有するが、賠償をした受託者が他の受託者よりも過失の程度が相当に高い場合、その信託違反が不誠実もしくは信託目的や受託者の利益をまったく無視して行われた場合には、その限りではない。また、信託違反によって利益を受けた受託者は、その利益の限度において、他の受託者から求償を受けることができないものとされている。

なお、信託違反がない場合であっても、UTC1003条において、信託の管理運用から受託者が利益を得た場合については、関連の受益者にその利益を帰属させる責任を負うものとされており、忠実義務違反の効果としての利益吐き出し責任が課せられている。

わが国の信託法40条においては、受益者は、受託者がその任務を怠ったこ

15　法制審議会信託法部会第６回会議（2004年12月３日開催）。

とによって、①信託財産に損失が生じた場合には当該損失のてん補を、②信託財産に変更が生じた場合には原状の回復を、それぞれ請求できることが定められている（同条1項)。ただし、②の場合には、原状の回復が著しく困難であるとき、原状の回復をするのに過分の費用を要するとき、その他受託者に原状の回復をさせることを不適当とする特別の事情があるときは、損失のてん補のみが認められることになっている（同条2項)。

また、信託法40条3項においては、受託者が忠実義務（同法30条・31条1項および2項・32条1項および2項）の規定に違反する行為をした場合には、受託者は、当該行為によって受託者またはその利害関係人が得た利益の額と同額の損失を信託財産に生じさせたものと推定することとされている。UTCの利益吐き出し責任と類似する制度ともいえる。

(ウ)　UTCと信託法における受託者の責任の免除

UTC1008条(a)項では、不誠実になされた信託違反または信託目的もしくは受益者の利益を全く無視してなされた信託違反まで受託者の責任を免責している場合（(1)号)、受託者と委託者との間の信認関係・信頼関係を濫用した結果として当該条項が挿入された場合（(2)号）については、信託違反につき受託者の免責を認める信託条項は、裁判上の効力をもたないものとされている。

また、UTC1008条(b)項では、受託者が起草し、または起草させた免責条項は、受託者が、当該状況に照らして免責条項が公正なものであり、かつその存在と内容につき適切な形で委託者に伝えられていたことを証明した場合を除き、信認関係・信頼関係を濫用するものとして無効としている。

一方、UTC1009条では、受益者による同意、責任免除または追認が、受託者の不当な行為によって実現した場合、受託者は当該受益者に対し責任を負わない。ただし、受益者による同意、責任免除または追認が、受託者の不当な行為によって実現した場合（(1)号)、受益者が、同意、責任免除または追認を行う時点で、受益者の権利または信託違反に関連する重要な事実を知らなかった場合（(2)号）は除かれている。

わが国の信託法においては、これらの点について、「受託者の信託違反行為に関する事前の免責条項の効力が否定又は制限されることについては、民法第90条の公序良俗違反等の一般原則によっても同様の結論を導くことができると考えられるし、また、受益者が事情を十分に知った上で受託者の信託違反を構成する行為について事前又は事後の承諾を与えた場合には，当該受益者が受託者の信託違反行為についての責任を追及することが許されなくなることについても、解釈上当然に認めることができると考えられる」[16]ことから、導入していない。

㈡　UTCと信託法における損失てん補責任等に係る権利の消滅時効

米国法上、主たる時効制度である出訴期限法は、従前は、信託の受益権には適用がないものとされてきたが、UTCでは、1005条(a)項において、受益者は、受益者または受益者を代表する者が、信託違反の訴え提起のための請求権の存在を適切に示すような報告書で、かつ手続開始の許される期間を受益者に知らせるものを受領後、１年を超えた場合、受託者を訴えて信託違反を申し立てる手続を開始することはできないことが規定されており、出訴期限法の適用があることを明記するとともに、その期間期限を、受益者が信託違反を発見しまたは合理的に注意すれば発見しうるときから１年間に限定している。

また、UTC1005条(b)項では、受益者またはその代表者が、信託違反の請求権がありうることを知り、またはその有無につき問合せをすべき程度に十分な情報が含まれている場合、報告書は、信託違反の請求権の存在を適切に示すものとしている。さらに、(c)項では、(a)項が適用されない場合において、除斥期間として、受益者が受託者を信託違反を理由に訴える司法手続は、受託者の解任、辞任または死亡（(1)号)、信託から受益者の有する利益の終了（(2)号)、信託の終了（(3)号）のいずれかの最も早いものの時点から５年以内でないと提起できないことが規定されている。

信託法部会においては[17]、(1)号および(3)号の考え方は、わが国の信託法になかった時効および除斥期間について、その導入へと影響を与えたが、受益者が信託違反行為に関する情報提供を受けることを前提に出訴期限が始まることから、情報提供のないわが国の信託法においては、受益者として指定さ

16　前掲（注２）242頁。

17　法制審議会信託法部会第11回会議（2005年３月11日開催)。

れた者が、受益者となったことを知ることに加えて、受託者の信託違反行為の存在を知ることについても、開始の要件とするほうが適合的であり、また、(1)号の1年、(3)号の5年は、より長くてよいのではないかとの意見により、信託法においては、受託者の信託違反の責任に係る債権の消滅時効は、債務の不履行によって生じた責任に係る債権の消滅時効の例によるものとされている。

5　UTCと信託法における受託者の費用等の償還請求権と信託報酬

(1)　UTCと信託法における受託者の費用等の償還請求権

UTC709条(a)項では、受託者は、信託の管理運用において適切に発生した費用（(1)号）、信託の管理運用において適切に発生した費用とはいえないが、信託の不当利得を防止するために必要な範囲のもの（(2)号）について、信託財産から適切な利息とともに償還を受ける権利を有するものとされており、また、受託者が支払った前払金については、(b)項では、合理的な利息つきで費用償還を受ける権利を確実にするため、信託財産に先取特権（lien）が生じるものとされている。また、英米の信託法制では、そもそも、受益者に対する補償請求権は認められていないことから、受益者に対する補償請求に関する条文は存在しない。

わが国の信託法と比較すると信託財産に対する費用償還請求権があることは同じであるが、前払金は、先取特権があるにすぎないこと、費用償還請求権（一定のものにずぎないが）に他の債権に対する優先権を与えていないこと、信託財産が費用等の償還等に不足している場合の措置がないこと等が異なる。

なお、信託法において、受益者に対する補償請求権が廃止されたのは、UTCをはじめとする米国における信託法に存在しないことの影響を強く受けているといえるのではないか。

(2)　UTCにおける信託報酬の取扱い

UTC708条(a)項では、信託条項が受託者の報酬について特に定めていない場合、受託者は、当該状況の下で合理的と考えられる報酬を得る権利を有すること、(b)項では、信託条項が受託者の報酬について定めている場合、受託者は定められた報酬を得る権利を有するが、受託者の義務が信託設定時に考えられていた義務と著しく異なっている場合（(1)号）、信託条項に定められた報酬の額が不合理的なまでに低額または高額である場合（(2)号）には、裁判所はその報酬の額を増減することができることが規定されている。このように、信託の受託者は、当然に報酬を請求することができることを原則としているが、わが国においては、委任が原則として無報酬とされていることから、旧信託法の規定の趣旨を踏襲して、無報酬を原則としているところが基本的な考え方として異なっている。

6　UTCと信託法における受託者の変更

(1)　UTCと信託法における受託者の欠員と終了事由

UTCにおいては、任務の終了事由として規定された条文はないものの、受託者の欠員について規定されたものが存在する。すなわち、704条(a)項において、受託者として指名された者が受託者としての職務の引受けを拒絶した場合（(1)号）、受託者として指名された者が、特定できない場合または存在しない場合（(2)号）、受託者が辞任した場合（(3)号）、受託者が欠格事由に該当した場合または解任された場合（(4)号）、受託者が死亡した場合（(5)号）、受託者として職務を行っている個人について、後見人または財産管理後見人が選任された場合（(6)号）、受託者が欠けることとなることが規定されており、このうち、(3)号～(6)号が、任務の終了事由にあたる。また、本条は、任意規定であるため、信託行為において定めた事由の発生によっても、任務は終了するものと考えられる。

わが国の信託法と比較すると、受託者の破産だけが任務の終了事由とされていない点だけが異なり、そのほかはほぼ同一であるといえる。

(2)　UTCと信託法における受託者の解任

UTC706条(a)項では、委託者、共同受託者、または受益者は、裁判所に対し受託者の解任を請求すること、また、裁判所は、職権によって受託者を解任することができる。

UTC706条(b)項では、裁判所が解任できる事由として、受託者の重大な信託違反があった場合（(1)号）、共同受託者間で協力がなされないために、信託の管理運用を著しく阻害している場合（(2)号）、受託者による信託の効率的な管理運用が、受託者の適性、意欲の欠如のため継続的になされず、受託者の解任が受益者の最善の利益にかなうと裁判所が判断した場合（(3)号）、状況の相当の変化があり、または、すべての適格受益者が解任を要求した場合で、裁判所が、受託者の解任がすべての受益者の利益になり、信託の重要な目的に反せず、かつ、適切な共同受託者もしくは承継受託者が存在すると判断した場合（(4)号）の4点をあげている。また、(c)項では、受託者の解任の申立てについて最終的な決定を行うまでの間、または、受託者の解任に代わりもしくは受託者の解任に付け加えて、裁判所は、1001条(b)項により、信託財産または受益者の利益を保護するために必要とされる適切な救済を命ずることができるものとされている。

わが国の信託法においては、旧信託法とは違い、裁判所の関与のない委託者および受益者の合意による解任を認めているが（信託法58条1項）、UTCでは、条文上は、常に裁判所の関与があるものとされている。

(3)　UTCと信託法における受託者の辞任

UTC705条(a)項においては、受託者は、少なくとも30日前に、適格受益者、生存している委託者、および、すべての共同受託者に通知をする方法（(1)号）、裁判所の承認を得る方法（(2)号）のいずれかの方法によって辞任することができるものとされている。

(2)号の場合には、(b)項において、裁判所は、辞任を承認するにあたり、信託財産を適切に保護するため、命令を出して、合理的にみて必要な条件を付することができるものとされている。また、(c)項では、辞任する受託者が負うべき賠償責任、または、辞任する受託者の作為もしくは不作為に関して、受託者の差し入れた保証証書の保証人が負担する責任は、その受託者の辞任によって免除されず、影響を受けないものとされている。

わが国の信託法と比較すると、(a)項(2)号の裁判所の承認を得る方法は同じであるが、(1)号の場合には、通知だけで辞任できるものとされている点が大きく異なる。信託法では、受託者は、信託行為の別段の定め、または、受益者および委託者の同意（同法57条1項）が必要とされている。

(4) UTCと信託法における新受託者の選任

UTC704条(b)項では、信託の受託者が一人もいなくなった場合に限り、受託者の欠員を補充しなければならないとし、(c)項では、その場合、信託条項において承継受託者として指名されている者（(1)号)、適格受益者の全員一致の合意により選任された者（(2)号)、裁判所によって選任された者（(3)号）の優先順位に従って補充しなければならないものとされている。また、(e)項では、受託者の欠員の有無および欠員の補充が必要とされるか否かにかかわらず、裁判所は、信託の管理運用のために選任が必要と判断した場合、追加の受託者または特別受託者を選任することができるものとされている。

わが国の信託法と比較すると、(c)項の選任の方法については、信託法においては、委託者の合意が必要とされている点が異なる。また、(e)項における裁判所の職権による受託者の選任については、信託法では認められていない。

(5) UTCと信託法における前受託者による財産の引渡し

UTC707条(a)項において、共同受託者がその職務にとどまっているか、または、裁判所が特に命令を出さない限り、承継受託者その他その資格を認められた者に信託財産が引き渡されるまでは、辞任しまたは解任された受託者は、受託者としての義務を負い、信託財産を保全するために必要な権限を有すること、また、(b)項で、辞任しまたは解任された前受託者は、受託者が保有する信託財産を、共同受託者、承継受託者、またはその資格を認められた者に、速やかに引き渡さなければならないことが定められている。

わが国の信託法と比較すると、UTCでは、受託者の任務の終了事由のいかんにかかわらず、前受託者は、一律に受託者としての義務を負い、信託財産を保全するために必要な権限を有するものとされており、信託法においては、任務の終了事由に応じた規律になっている点が異なる。

7　UTCと信託法における複数受託者

米国では、従前より、共同受託者の間で異なる役割を設定し、義務を分配または限定することができるのは委託者に限られ、共同受託者間で受託者の義務を分配し、または責任を制限することはできないとの見解が有力である。[18]

UTC においては、通常、807条(a)項で、受託者は、同じような能力をもつ合理的な受託者（prudent trustee）なら当該状況において委任するのが適切だと思われる義務につき、委任することができると規定され、受託者が第三者に対して委託することは広く認められているが、共同受託者間の委託については、委託者の合理的な意思に反することから、703条(e)項で、共同受託者は、委託者が受託者全員が共同して遂行することを合理的に期待していた職務の履行について、他の共同受託者に委任することはできないものとし、委託を制限している。また、703条(a)項においては、共同受託者は、全員一致の決定ができない場合、多数決によって行動することができるものとされている。これらの規定は、わが国の信託法とほぼ同じである（同法28条・80条1項・82条）。

UTC703条(b)項では、共同受託者に欠員が生じた場合に残された共同受託者は、信託のために行動することができること、(c)項では、共同受託者は、不在、病気、他の法による欠格、その他一時的な無能力のために、職務の履行に参加できない場合、または、その共同受託者がその職務の履行を他の共同受託者に対して適法に委任していた場合を除き、受託者としての職務の履行に参加しなければならないものとされている。

また、UTC703条(d)項では、共同受託者は、不在、病気、他の法による欠格、その他一時的な無能力のために、職務の履行に参加できない場合において、信託目的を達成するため、または、信託財産に損害が発生するのを回避するため、迅速な行動が必要なときは、残りの共同受託者、または残りの共同受託者のうち過半数を占める者は、信託のために行動することができることが規定されている。

さらに、UTC703条(g)項においては、各受託者は、他の共同受託者の重大な信託違反の防止とその是正のために合理的な注意義務を負うものとされており、その責任については、(f)項で、他の受託者の行動に加わっていない受託者は、その行動について責任を負わないこと、(h)項で、受託者の多数の指

---

18 前掲（注2）122頁。

示に従い、ある行動に参加した受託者で、その行動に反対し、かつ、行動以前に反対の意図を共同受託者の誰にでも伝えていた者は、その行動について責任を負わないこと（その行動が重大な信託違反となる場合を除く）が定められており、信託法の複数受託者の責任の規定（同法85条１項）における解釈と類似している。

8　UTCと信託法における受益者保護のための機関

⑴　UTCにおける適格受益者制度

UTC103条⑿号において、適格受益者（qualified beneficiary）とは、受益者の資格を認定する日において、①信託の収益または元本の分配を受ける者または分配を受けることが許されている者、②①に定める分配を受ける者の利益が認定日の時点で終了している場合に、信託の収益または元本の分配を受けるとされている者、または、分配を受けることが許されるとされている者、③当該信託が資格認定日に終了している場合に、信託の収益または元本の分配を受けるとされている者、または、分配を受けることが許されるとされている者のような要件を満たす受益者を意味するとされている。

また、UTC110条(a)項において、UTCによって信託の適格受益者への通知が必要とされている場合はいつでも、あらかじめ受託者に通知を要請している他の受益者に対しても、受託者は通知を行わねばならないことが規定されている。

適格受益者は、米国において、UTCによって新たに導入された概念であり、受益者に対する通知や受益者から同意を得ることに伴う困難や費用を回避する観点から、現在の信託の日常的な運用についての利害関係の大きさによって、適格受益者とそれ以外の受益者とを区別して取り扱おうとするものである。

わが国において、信託法部会の当初から[19]、本制度の導入について、受益者に対する通知や受益者による同意は、受益者の利益を保護するために不可欠となる基本的な手続保障のための制度であること、また、通知等が原則と

19　前掲（注２）239頁。

して不要とされる受益者の類型を切り分ける基準も不明確であること等により、導入が見送られた。

(2) UTC における代表制度

UTC 第3編（301～305条）では、「受託者の信託事務処理に当たり、受益者に対する通知や受益者の同意を必要とする場合において、受益者の利益を保護しつつ、信託事務処理の円滑化を図る観点から、『代表』の制度を設け、この制度の下における代表者に対する通知や代表者による同意は本人に効果が生じることとした上で（第301条）、①受託者のほか、後見人、代理人、遺産の人格代表者などの受認者又は親による代表（第303条）、②未成年者、無能力者、未出生子、所在不明者等について、実質的に同一の利益を有する者による代表（第304条）、③上記の未成年者等について裁判所の選任による代表（第305条）等について規定」[20]しており、信託法部会において、この代表制度の導入について検討された。

代表制度については、信託法部会において、民法の法定代理人等の制度により対応が可能であること等から導入は見送られたが、信託事務処理の円滑化等の観点からは、信託法の受益者代理人制度（同法138条～144条）に類似している。とりわけ、UTC の304条における「実質的に同一の利益を有する者による代表権」に関する規定は、未成年者や未出生の子どもを成人した子どもが代表することができるものとしており、受益者の一人が受益者代理人となることにより、同様の効果を得ることができる。したがって、一定の場合においては、UTC の代表制度と信託法の受益者代理人制度は、類似している制度であるといってもよいのではないか。

9　UTC における信託の変更・終了および併合・分割

(1) 信託の変更および終了[21]

(ア) 信託の終了事由

UTC410条(a)項においては、①411条～414条に定める終了の方法のほか、

20　前掲（注2）239頁。

21　UTC においては、信託の変更と終了が一括して規定されているため、信託の変更及び終了について述べるものとする。

信託条項に従って、その信託が撤回されたとき、②期間が終了したとき、③信託目的をすべて達成したとき、または、④信託目的が違法、公序違反、もしくは達成不可能となったとき、その信託は終了するものとされている。

わが国の信託法では、信託の終了事由については、上記①〜④のほか、⑤受託者が受益権の全部を固有財産で１年間保有したとき、⑥受託者が欠けて、新受託者が就任しない状態が１年間継続したとき、⑦受託者が信託財産が費用等の償還等に不足している場合に信託を終了させたとき、⑧信託の併合、⑨信託財産の破産手続開始の決定、⑩委託者が破産手続開始等の決定を受けた場合の管財人による双方未履行債務の解除が定められている。

(イ)　信託関係者の合意による信託の変更および終了

UTC411条(a)項では、非公益目的の撤回不能信託においては、変更が信託の重要な目的と矛盾しているとしても、「委託者および受益者全員の同意」によって変更または終了させることができるものとされており、(b)項では、裁判所が、信託を継続させることが必ずしもその信託の重要な目的を達成するために必要ではないと認定した場合には、「受益者全員の同意」によって終了させること、また、裁判所が、その変更がその信託の重要な目的とは矛盾しないと認定した場合には、「受益者全員の同意」によって変更することができるものとされている。

これらの条項の趣旨は、いずれも、わが国の信託法の信託の変更（同法149条）および終了（同法164条）に取り入れられているが、わが国の信託法は、信託の関係当事者の同意を要件とする変更および終了については、原則として「受託者を含む同意」であることが大きく異なる点である。この点について、わが国の信託法は、UTCにはない「受託者の利益」という要素を導入したとの見解がある[22]。

私見としては、オーダーメイドが可能な民事信託においては、一面そのとおりであるが、商事信託においては、受益者が多数であることが多く、受託者がシステムの構築等も含めた大がかりな信託のアレンジメントを行っていることから、たとえば、委託者と受益者だけの合意により、信託財産の運用

22　樋口範雄『入門　信託と信託法』（弘文堂、2007年）119頁。

方法を貸付けから有価証券に変更したような場合には、受託者は、対応ができないことも想定される。したがって、「受託者の利益」というよりも、「信託事務の円滑な運営」に配慮したものであるといえる。

(ウ)　UTCと信託法における裁判所による信託の変更および終了

UTC411条(e)項では、(a)項または(b)項に基づく信託の変更または終了について、受益者の一部が同意しなかった場合でも、裁判所が、仮に受益者の全員が同意したとすれば、本条に基づいてその信託は変更または終了していたはずのものであること（(1)号）、同意しなかった受益者の利益が適切に保護されていること（(2)号）の二つの点が満たされていると認定した場合には、裁判所は、その変更を承認することができるものとされている。

また、UTC412条(a)項では、委託者が予期しなかった事情によって、信託の変更または終了をすることが当該信託の目的を推進することになる場合には、裁判所は、その信託の管理もしくは分配の条項を変更し、または、信託を終了させることができるが、その変更は、設定者が、おそらく意図したであろうところに沿って行わなければならないものとされており、(b)項では、信託が現行の条項で存続するならば、実行不可能、浪費的、または、その信託の管理を損なうことになってしまう場合には、裁判所は、その信託の管理の条項を変更できるものとされている。

信託法部会においては、これらの条項の趣旨を勘案し、わが国の信託法の信託の変更（同法150条）および終了（同法165条）に取り入れている。

信託法150条１項では、「信託行為の当時予見することのできなかった特別の事情により、信託事務の処理の方法に係る信託行為の定めが信託の目的及び信託財産の状況その他の事情に照らして受益者の利益に適合しなくなるに至ったときは、裁判所は、委託者、受託者又は受益者の申立てにより、信託の変更を命ずることができる」ことが規定されている。

また、信託法165条では、「信託行為の当時予見することのできなかった特別の事情により、信託を終了することが信託の目的及び信託財産の状況その他の事情に照らして受益者の利益に適合するに至ったことが明らかであるときは、裁判所は、委託者、受託者又は受益者の申立てにより、信託の終了を命ずることができる」ことが規定されている。

(エ) UTCにおける不経済な信託の終了

UTC414条では、一定の不経済な信託について、受託者による終了（(a)項)、裁判所による信託の変更もしくは終了または受託者の解任（(b)項)、415条では、委託者の意思および信託条項のいずれもが錯誤に基づく場合における裁判所による信託条項の改訂、416条では、委託者の税務上の目的を達成するための裁判所による信託条項の変更の規定が、それぞれおかれている。

UTC414条については、わが国の信託法においては、信託財産の管理費用が過大である場合には、受託者は、一定の要件により裁判所に対して信託行為の変更または終了を請求するか（同法52条・53条２項・54条４項・150条・165条)、または、信託目的の達成が不能な場合に該当するものとして信託を終了させること（同法163条１号）が可能である。また、裁判所への変更または終了の申立ては、状況によっては、受託者として、この申立権限を積極的に行使しなければならない義務が生じることになる場合もあることから、信託法部会では、規定化を見送っている。

また、UTC415条については、委託者の意思および信託条項の錯誤は、民法95条の一般原則により対応が可能であることから、この規定も導入が見送られた。

さらに、UTC416条については、委託者の節税目的のためだけに規定化する必要がないため、この規定も導入が見送られた。

(2) UTCと信託法における信託の併合および分割

UTC417条において、「受託者は、信託の併合または分割がいかなる受益者の権利をも侵害するものでなく、かつ、信託目的の達成に障害を与えない場合には、適格受益者に対する通知を行った後、複数の信託を単一の信託に併合し、または、単一の信託を複数の別々の信託に分割することができる」ことが、任意規定で定められており、信託の併合及び分割が比較的容易に行うことができる規律になっている。

わが国の信託法と比較すると、①「いかなる受益者の権利をも侵害するものでなく」、かつ、②「信託目的の達成に障害を与えない場合」には、信託行為の定めや受益者の同意を得る必要がなく、受託者が単独で行うことができることが類似している。信託法では、原則として、委託者、受益者、受託者全員の合意を求めている（同法151条・155条）が、①の場合は、受益者の同意を、②の場合は、委託者の同意をそれぞれ除いており、また、これらがすべて任意規定であることから、双方とも、同じ考え方に基づくものであることがわかる。

ただし、信託法が規定している信託債権者の保護手続がないことが異なる点としてあげられる。

10　UTC と信託法における新しい類型の信託

⑴　UTC と信託法における信託財産に責任を限定する信託[23]

英国および米国では、そもそも、受託者が信託事務の処理に際して債務を負う場合には、受託者の固有財産を責任財産とすることが原則である。債権者は、直接、信託財産にはかかっていけないものとされており、したがって、受託者は、その債務を信託財産に対して求償することになる。しかし、受託者の信託財産だけを責任財産としたいニーズへの対応として、「受託者有限責任を認める形での取引を信託条項ではじめから認めていることと、実際の取引において、信託財産しか責任財産とならない旨を、取引の相手方と合意していること」[24]により、信託財産に責任財産を限定できることになってきた。

UTC1010条(a)項においては、この考え方を取り入れ、契約による別段の定めがある場合を除き、受託者は、契約で受託者として行為していること（as trustee）を示している限り、受託者として適切に締結した契約について、個人として責任を負うことはないことが定められている。

また、UTC1010条(b)項においては、受託者は、信託の管理運用の過程で生じた不法行為、または、信託財産の所有もしくは支配から生ずる義務に関連して負う責任については、環境法違反の責任を含めて、受託者自らに過失がある場合に限り、個人的な責任を負うものとされている。すなわち、受託者に過失がない限り、不法行為責任についても、責任を負わないものとされ

23　田中和明『信託法務大全第１編信託法』（清文社、2023年）621頁～636頁参照。

24　樋口・前掲（注22）233頁。

ており、この不法行為責任は、米国で有名なスーパーファンド法（土壌汚染浄化責任法）に係る責任も含むものとされている。

わが国では、信託法部会において、当初、このような信託における責任財産限定特約を付した取引の浸透を踏まえて、受託者が第三者と信託に係る取引をする場合において、「特定の信託の受託者である旨」と「特定の信託に係る信託財産に責任が限定される旨」を明示した場合には、責任財産が信託財産に限定される規律を設けることについての提案がなされていた。この提案は、as trustee と明示して取引するだけで信託財産に責任が限定されるという米国の制度と比較して、日本の実務慣行を踏まえた合理的な規律であると考えられたが、債権者の立場からみると、債権者が一方的に有限責任にさせられるおそれがあり、交渉が不利になるという懸念があるとの意見があったため、この提案は見送られた[25]。一方で、信託法には「限定責任信託」が導入された。

限定責任信託とは、「受託者が当該信託のすべての信託財産責任負担債務について信託財産に属する財産のみをもってその履行の責任を負う信託」（信託法2条12項）であると定義されており、①信託行為においてそのすべての信託財産責任負担債務について、受託者が信託財産に属する財産のみをもってその履行の責任を負う旨の定めをすること、②限定責任信託に係る一定の事項の登記をすることの二つの要件を満たすことにより、限定責任信託としての効力が生じるものとしている（同法216条1項）。

樋口範雄教授は、日米の信託の限定責任の規律について、「わが国では、いわば限定責任信託という特別な箱を法律で用意して、その箱を登記すれば、受託者は、少なくとも契約による債権債務関係では限定責任を享受し、自らの固有財産にまで責任が及ぶ心配はなくなりました。しかし、不法行為責任は別です」。「アメリカでは、箱や登記は準備してくれませんが、統一信託法典が採択された州では、契約では as trustee と忘れずに明記すれば、さらに自らが個人的に過失をおかさない限り、信託に関して不法行為があっても、その責任財産は信託財産だけになります」[26]と説明されている。

25　法制審議会信託法部会第5回会議（2004年11月19日）。

26　樋口・前掲（注22）234頁〜235頁。

私見としては、不法行為責任の点についても、工作物責任のように、受託者に過失がない限り、受託者は、固有財産では責任を負わず、さらに、土壌汚染対策法7条に基づく汚染の除去等の措置命令に伴う費用のような特別法に基づく責任についても、受託者に過失がない限り、固有財産には責任は及ばないと解したい。

なお、UTC1010条(c)項においては、受託者が、受託者として適切に締結した契約に基づく請求、信託財産の所有もしくは支配から生ずる義務に基づく請求、または、信託の管理運用の過程で生じた不法行為に基づく請求は、いずれも受託者が個人として責任を負うか否かにかかわらず、司法手続の被告としては、受託者を被告として訴えることができるものとされている。

(2) UTCと信託法における受益者の定めのない信託

UTCにおける受益者の定めのない信託の規律として、408条の「動物の世話のための信託」と409条の「特定できる受益者が存在しない非公益信託」の規定が存在する。

UTC408条(a)項においては、信託は、委託者の生存中、生きている動物の世話のために設定することができる。そのような信託は、その動物の死亡（委託者の生存中に生きている複数の動物の世話を行うために設定された場合にはそのうちの最後の動物の死亡）によって終了するものとされている。また、(b)項において、その動物の世話をする者は、信託条項により指名された者、または誰も指名されていない場合には裁判所によって指名された者によって、信託の実現・執行を求めるものとする。動物の福祉に利害を有する者は、信託の実現・執行を求める任にあたる者の指名、または指名された者の解任を裁判所に請求することができる。なお、(c)項において、この信託の財産は、それが意図した目的だけに使用することができる。ただし、その信託財産の価値がその意図した目的に使用するために必要とする額を超えていると裁判所が認定した場合は、この限りではない。信託条項に別段の定めがある場合を除き、意図した目的に使用する必要のない財産は、委託者または委託者の相続人に分配しなければならないものとされている。

UTC409条では、「動物の世話のための信託」と他の法律に別段の定めがある場合を除いて、有効期間が21年を超えない限り、明確に特定された受益者もしくは特定しうる受益者が存在しない非公益目的信託として、または、非公益的目的ではあるがその受託者が選択する有効な目的を有する信託として、設定することができること（(1)号)、また、これらの信託財産は、その信託財産の価値がその意図した目的に使用するために必要とする額を超えていると裁判所が認定した場合を除き、それが意図した目的だけに使用することができるが、信託条項に別段の定めがある場合を除き、意図した目的に使用する必要のない財産は、委託者また又は委託者の相続人に分配しなければならないことが規定されている。

わが国の信託法に、公益信託を除いて、受益者の定めのない信託が導入されたのは、UTCの影響があったものと考えられる。

11　UTCにおける撤回可能信託と信託法における遺言代用信託との比較[27]

(1)　UTCにおける撤回可能信託の活用

米国では、従前、信託条項に撤回権が明示的に留保されていない限り、信託を撤回することはできない撤回不能信託が原則であったが、専門家のアドバイスなく設定される民事信託が普及し、撤回可能である明示的条項がない限り撤回不能信託となることを知らない者が増え、弊害が生じていた。

そこで、UTC602条(a)項では、信託条項において明示的に撤回不能であることが定められていない限り、委託者は信託を撤回または変更できるものとされた。すなわち、UTCにおいては、委託者は、デフォルト状態で、信託の撤回権と変更権を保有している撤回可能信託（revocable trust）を原則としたのである。

米国においては、撤回可能信託は、①意思能力喪失時の財産管理、②遺言の代替のために利用されている。

わが国においては、撤回可能信託という信託はないが、信託行為において、委託者生存中においては、①委託者が単独で信託を終了することができること、②信託を変更することができること、かつ、③帰属権利者を委託者

27　田中・前掲（注3）296頁〜313頁参照。

とすることの3点を定めれば、同様の機能を有する信託とすることができるものと考えられる。

(2)　UTCの遺言代替のための撤回可能信託と信託法の遺言代用信託の意義

(ア)　UTCの遺言代替のための撤回可能信託の意義

米国においては、相続人による包括承継を基軸とする日本法と異なり、死亡により死者の財産はいったん清算されたうえで、しかるべく承継人に分配されるが、その際に、プロベイト（probate）と呼ばれる検認手続が存在する。プロベイトは、わが国における遺言書の検認手続とは全く異なる制度で、遺言が存在する場合には、遺言の効力を確定した後に、遺産を整理して分配し、遺言が無効または存在しない場合には、遺産を整理し無遺言相続の規律に従い遺産の分配を行う手続である[28]。プロベイトは、裁判所の監督の下で、遺言執行者または遺産管理人が遺言に従って遺産を配分するものであるが、①長い時間を要し、②費用もかかり、③公開されるという問題がある。

遺言代替のための信託としては、典型的には、高齢の委託者であるSが、信託宣言により、自らが生存している間は自らを受益者とし、死亡後はSの妻Aを受益者とする撤回可能信託を設定することが考えられるが、米国においては、このような遺言代替のための撤回可能信託が広く普及している。その理由としては、このプロベイトと呼ばれる検認手続を回避するためであるといわれている。

すなわち、撤回可能信託を利用すれば、遺言と同様の効果をプロベイトの手続なく得ることができる。この点が、撤回可能信託を活用する最大の意義の一つである。

(イ)　信託法の遺言代用信託の意義

一方、わが国でも、民法において、遺言や法定相続の制度が定められているが、遺言には、一定の様式が求められるなどの問題はなくはないものの、米国におけるプロベイトのような弊害はなく、これを回避するということに

28　大塚＝樋口編著・前掲（注1）91頁〔沖野眞已〕。

は特段の必要性はなく意味はない。

遺言代用信託とは、委託者が生前に、遺言の代わりに設定する信託のことであり、本章においては、実務上、信託法90条1項1号および2号で規定している二つのタイプの信託を「遺言代用信託」と呼んでいることから、それに倣うものとする。すなわち、90条1項の①委託者の死亡の時に受益者となるべき者として指定された者が受益権を取得する旨の定めのある信託（同項1号)、②委託者の死亡の時以後に受益者が信託財産に係る給付を受ける旨の定めのある信託（同項2号）の二つのタイプの信託のことを遺言代用信託というものとする。

信託法89条では、受益者を指定し、またはこれを変更する権利を有する者の定めのある信託については、受益者指定権等は、受託者に対する意思表示（同条1項）または遺言（同条2項）によって受益者を指定または変更する権利を行使することができるものとされているところ、遺言代用信託も、受益者を指定し、またはこれを変更する権利を有する者の定めのある信託であることから、これらの規定が適用される。

しかし、遺言代用信託は、信託法89条の特則として、一般の信託と原則と例外を逆転させ、デフォルト状態では、委託者の生存中は、受益者を変更する権利を付与するとともに、受益者の権利をはく奪しているのである（同法90条2項)。

さらに、遺言代用信託は、受益者が現に存せず、または、受益者としての権利を有しないときは、信託行為による別段の定めを許容しつつ（信託法148条)、委託者の監視・監督権を強化し（同法145条2項各号)、委託者の権利の確保のために受託者の義務を厳格化している（同条4項各号)。

(3)　UTCにおける撤回可能信託の自己信託による設定と信託法における遺言代用信託の自己信託による設定

(ア)　UTCにおける撤回可能信託の自己信託による設定

米国においては、20世紀後半から、財産承継プランの一環として、撤回可能信託[29]を自己信託（信託宣言）により設定することが広く行われている。

29　木村仁「アメリカにおける撤回可能信託に関する一考察――委託者の能力喪失と受益者による権利行使をめぐる議論を中心に」トラスト未来フォーラム研究叢書『資産の管

撤回可能信託は、「自己信託により設定され、委託者の生存中は委託者が生涯受益者として信託財産の収益を受領するが、委託者が信託を撤回する能力を喪失した時に後任の受託者が就任し、委託者の死亡後に残余財産受益者（remainder beneficiary,……）が元本に係る給付を受ける」[30]ことが一般的である。

(イ)　信託法における遺言代用信託の自己信託による設定[31]

わが国においては、遺言代用信託を自己信託により設定しているものは見受けられないが、自分の財産が他人である受託者名義になることを避けて、自らが受託者として財産を管理して、かつ、第1受益者となり、意思能力を喪失した際には、信頼できる後継受託者に管理させ、さらに死亡した際には、自らがあらかじめ指定した第2受益者に承継させる信託のニーズがあるのではないかと考える。

わが国の遺言代用信託は、その多くが、委託者が第1受益者となるが、遺言代用信託を自己信託で設定すると、設定した時点では委託者が受託者となり、かつ、受益者ともなることから、信託の終了事由を定めた信託法163条において、2号の「受託者が受益権の全部を固有財産で有する状態」に該当し、1年間で終了するのではないかとの疑念が生じる。

遺言代用信託は、通常、信託行為において第2受益者を指定しているが、信託法90条1項1号のタイプでは、委託者が死亡するまでは、委託者以外に現に存する受益者は存在せず、2号のタイプにおいても、委託者が死亡する

理・運用・承継と信託に関する研究』（2019年）104頁において、木村仁教授は、自己信託により設定された撤回可能信託について、「委託者が死亡するまで、または能力を喪失するまで、エクイティ上の受益権が受益者に移転し、受託者と受益者との間に信認関係が成立したと観念することが困難になる。しかしながらアメリカ法は、遺言の方式および検認手続を回避することを目的とする遺言代用として、政策的にこのような信託の効力を肯定しているのである」と述べられている。また、沖野眞已教授の見解については、大塚＝樋口編著・前掲（注1）118頁～119頁〔沖野眞已〕参照。

30　木村・前掲（注29）95頁。

31　田中和明「自己信託による遺言代用信託の実現性の検証と問題点の解決策について――アメリカにおける撤回可能信託を参考として」トラスト未来フォーラム研究叢書『アメリカ法における相続プランニングと信託』（2023年）99頁～119頁、田中・前掲（注23）578頁～583頁参照。

までは、第２受益者は、受益者としての権利は有しないものとされていることから、信託設定の時点では、一見、受益者は委託者である受託者のみであるともとらえることができるからである。

しかし、信託法90条１項１号に定める遺言代用信託の第二受益権は、委託者の死亡という始期が付された受益権であり、また、２号の第二受益権は、信託設定の時点で効力が発生し、委託者の死後に給付を受けることができる受益権である。すなわち、これらの受益権はいずれも始期付き・条件付きではあるものの、第一受益権とは別の受益権であり、特に２号の信託においては、受益権は信託の設定時点で効力が発生しており、第一受益権と第二受益権の二つの受益権は、同時に発生しているのである。[32]

信託法163条２号においては、「受託者が受益権の全部を固有財産で有する状態が１年間継続したときに終了する」とされているが、この「状態」については、自己信託により遺言代用信託を設定しても受託者が、第一受益権に加えて第二受益権についても取得していない限り、条文上、受託者が受益権の全部を固有財産で有する状態ではない。したがって、遺言代用信託を自己信託で設定しても、１年間で終了される事由には該当しないものと考える。

私見としては、自己信託による遺言代用信託の設定は有効であると考える。[33]

（田中和明）

32　信託法90条１項１号では「受益者となるべき者」としているものの、２号では「受益者」という文言を使っている。

33　能見善久「遺言代用信託」トラスト未来フォーラム研究叢書『信託その他制度における財産管理承継機能』（2021年）45頁〜46頁では肯定的見解がとられており、道垣内弘人『信託法〔第２版〕（現代民法別巻）』（有斐閣、2022年）429頁では否定的見解がとられている。

第2章 わが国の高齢者の財産の管理・承継に関する提言

1 米国の持続的代理権制度と成年後見制度からわが国の代理・成年後見制度への示唆

1 日本における代理・成年後見制度の課題

(1) 現　況

超高齢社会のわが国においては、寿命の延びに伴い、心身両面で制限なく日常生活ができる、いわゆる健康寿命を過ぎた後も[1]、本人の利益を守って適切に財産管理を継続することが要請される。

金融機関との関係では、個別の取引ごとの代理権（委任状）や、継続的な手続に関する「代理人届け」のサービスなどが活用されている。これらは、身体的な能力低下のケースでは問題なく対応できるものの、認知症などにより本人の判断能力が低下した後まで代理権の効力を維持できるかといえば、実務は確立していない。むしろ、金融機関の中には、二重払いのリスクを危惧して、当該取引が本人の意思に合致しているか、代理権の逸脱がないかを、個別の取引ごとに本人に確認することを要求するといった慎重なスタン

1　厚生労働省の統計によると、認知症、脳卒中、骨折・転倒などが原因で、何かしらの介護、医療が必要になり、自立して元気に生活することができない期間は、男性が8年、女性が12年といわれる。

スを表明するところが多い。

このため、判断能力低下後の本人のための財産管理を代理人に行わせるための確実な法的手段としては、2000年以降、成年後見制度（法定後見、任意後見契約）が利用されている。推計される認知症高齢者や精神障害者の人数からすると、利用件数はまだ低調で伸び悩んでいる[2]。

そこで、成年後見制度のさらなる活用を期待し、2022年３月25日に閣議決定された「第二期成年後見制度利用促進基本計画」により、現行制度の見直しに向けた検討が始まってもいる[3]。

(2)　現行の成年後見制度のデメリット

現行の成年後見制度は、手続の煩雑さ、家族の財産管理に他人が関与することへの抵抗感、専門職に対するコストの負担感、財産管理方法の硬直性、などを理由として、必ずしも利用者に歓迎されていない。

まず手続の煩雑さについては、法定後見であれ任意後見契約であれ、発効のためには家庭裁判所に対する申立手続を要する。いったん成年後見が発効した後は、本人が意思能力を回復するなどよほどのことがない限り、本人が亡くなるまで制度の利用が続く。その間、裁判所への定期的な報告が必要になる。

また、任意後見の場合はあらかじめ契約した候補者が任意後見人に選任されるが、法定後見の場合は必ずしも本人が希望した候補者が成年後見人に選任されるとは限らない。これまで知己でもなかった他人が、それまで家族内

2　最高裁事務総局家庭局「成年後見関係事件の概況」によると、2023年には法定後見の申立件数は年間３万9000件余り、成年後見制度の利用者数は延べ24万5000人強である。他方、日本公証人連合会によれば、任意後見契約の件数は年間１万2000件に対し、最高裁判所が把握する任意後見監督人の選任は年間900件弱にとどまる。

3　第二期成年後見制度利用促進基本計画については、厚生労働省ウェブサイト「第二期成年後見制度利用促進基本計画・施策の実施状況等」〈https://www.mhlw.go.jp/stf/seisakunitsuite/bunya/0000202622_00017.html〉参照。制度改正の方向性としては、「他の支援による対応の可能性も踏まえて本人にとって適切な時機に必要な範囲・期間で利用できるようにすべき（必要性・補充性の考慮）、三類型を一元化すべき、終身ではなく有期（更新）の制度 として見直しの機会を付与すべき、本人が必要とする身上保護や意思決定支 援の内容やその変化に応じ後見人等を円滑に交代できるようにすべき」などと指摘されている。2024年２月に法制審議会に諮問がされた。

で行われていた財産管理に関与することへの抵抗感が避けられない。

そして、法律専門職が成年後見人に選任される場合[4]だけでなく、家族が任意後見人に就任して無償で財産管理を行う場合でも、任意後見監督人には法律専門職が選任されることから、彼らへの月額数万円の報酬が本人の終身にわたって継続的にかかることに負担感をもつ利用者も多い。成年後見人による身上保護は、医療や福祉サービスの手配や契約を行うことにとどまり、本人の身の回りで介護や看病を行う家族の負担がことさら軽くなるわけでもないなど、報酬に見合うメリットを実感できないという不満も漏れる。

(3)　財産管理の硬直性の課題

とりわけ成年後見制度を利用した場合のデメリットといわるのは、財産管理の硬直性である。

親族後見人を中心とした不正が社会問題となったことを背景に、2012年以降、家族を成年後見人に選任する場合[5]には、本人の日常的な支払いをするのに必要な金銭（100万円から多くて500万円まで[6]）を預貯金等として成年後見人が管理し、その余の財産を信託銀行に金銭信託し、払戻しには家庭裁判所が発行する指示書を必要とする「後見制度支援信託」の利用が始まった。ほぼ同様のしくみを、金銭信託ではなく銀行や信用金庫への預金で行う「後見制度支援預金」の制度も2018年から始まっている。

本人の財産保護を図るためのしくみを評価する声もある一方で、預貯金以外の金融資産で投資運用するなどの柔軟な財産管理が妨げられるといった批判がある。また、親族後見人の一部からは、このしくみを利用するか、さもなければ法律専門職の成年後見監督人を選任するかという二者択一を裁判所

4　成年後見人は、2000年の制度開始当初は９割を親族が占めたが、その後は司法書士または弁護士といった法律専門職が選任される割合が増加し、2021年時点では法定成年後見人の約７割を専門職が占め、親族の割合は約２割に減少している。親族後見人による不正への警戒感が背景にあるといわれる。

5　支援信託の締結は専門職後見人が行うことから、最初は専門職後見人が同時に選任される。そして、後見制度支援信託を信託会社と契約した後、専門職後見人は辞任して、家族による成年後見が続く。

6　各地域の家庭裁判所によって、成年後見人が手元で管理できる金額の上限は運用レベルで違いがある。

から求められて、成年後見監督人にかかる報酬の負担を回避するためにこの仕組みを利用せざるを得なかった、と親族後見人をリスクとみなす運用への不満も聞かれる。

一般的に、裁判所の監督を背景とする成年後見人による財産管理は、保守的で、リスク回避に傾きがちになる。それまで本人が行ってきたような投資運用を継続するのは難しくなったり、収益不動産の修繕に必要な新たな借入れを起こすのが難しくなったり、節税対策として行ってきた生前贈与が続けられなくなったりする不便も生じる[7]。

さらに、現実の社会には、高齢者の資産や収入で成人した子や孫世代の生活を支えている家族や、必ずしも名義人だけのものではない「家族のための財産」（家産）を、伝統的に戸主ないし長老名義で保有している家族も存在する。このような家族で高齢者に成年後見が開始した途端、本人名義の収入や財産を本人以外のために使うことが高齢者に対する経済的搾取と解釈される事態になると、従来と同様に家族の生活を支えることが難しくなるという問題も指摘される[8]。

この点、民事信託は、以上に述べたような成年後見制度を利用した場合のデメリットを回避したい本人と家族のニーズに着目し、家族内で柔軟な財産管理を実現させるための手段として、日本で利用が広まってきた面がある。同時に、家庭裁判所の人員や適切な成年後見人の供給源には限界があるところ、そうした貴重な社会資源を、「最後の砦」として成年後見を真に必要とするケースに集中して投入できる効果も期待できる。

7　財産管理の硬直性に関し、「自宅の処分に家庭裁判所の許可が必要になること」が例示されることがあるが、本人が施設や病院にいて自宅に戻る可能性がなく、自宅の売却費用を将来の生活費にあてる必要性がある場合や、自宅を維持するコストに比して換価に合理性があると認められる場合、裁判所は売却許可を出すのが実務であり、自宅の処分が不合理に制限されるわけではなく、これを「硬直性」の例にあげるのは適切ではない。

8　この問題を社会学の視点で、成年後見制度を通じた「家計の固計化」と指摘するものとして、税所真也『成年後見の社会学』（勁草書房、2020年）150頁。

2　米国の成年後見制度

⑴　最後の砦

米国において、成年後見制度（Guardianship あるいは Conservatorship ともいわれる）は積極的に回避すべきもので、「最後の砦」（Last resort）として認識されている。日本においてさらなる活用が期待されているのとは対照的に、米国において成年後見制度の利用は、事前のプランニングを怠ったことによる失敗とみなされている。

成年後見制度が忌避される理由はさまざまあるが、裁判所への申立てや毎年の報告などの煩雑さ、専門職にかかるコストは、日本の事情と同様である。米国において特筆すべき理由としては、成年後見も裁判所を通じた手続である以上、裁判記録として公開され、本人や家族のプライバシーが害されることも加わる。

さらに、公的に無能力者と宣言されることは、本人のプライドを傷つけることも理由として指摘される。この点は米国人の国民性にとどまらず、日本においても同様である。成年後見は本人保護のための制度とはいえ、裁判所によって無能力者と認定されることは本人の尊厳にかかわり、できれば避けたいのが本人や家族の自然な心情である。

また、日本では、適正な財産管理の理念は、「裁判所を通じた監督」によって実現されることが期待されている。これに対して米国では、財産を管理する者によって巧妙に行われる不正はそもそも発見が難しいところ、多種大量の事件処理に忙しい裁判所が、積極的・能動的に成年後見人を監督する余裕はあるはずがなく、利用者の手間やコストに見合う実効的な監督は期待できないといった現実的な見方が主流のようである。

⑵　後見代用手段の普及

そのため米国においては、成年後見を回避して判断能力低下に備える財産管理のしくみが普及している。日本で後見代用として利用が広まりつつある民事信託と同様、米国の信託の中でも生前撤回可能信託は、後見代用としても機能している。

米国において、後見代用手段として最も一般的に普及しているのが、本稿のテーマである「持続的代理権制度」(Durable Power Of Attorney) である。持続的代理権は、財産管理に関する代理権を与える場合のほかに、医療に関する判断の代理権を与える場合もあるが、以下では、財産に関する代理権に絞って説明する。

3 米国の持続的代理権制度

(1) 制度の必要性

日本の民法上は、本人の意思能力喪失は代理権消滅原因とはされていないが、米国では、本人の意思能力喪失は代理権消滅原因とされている。これでは、判断能力を失った高齢者が社会保障給付を受ける際や金融機関での手続において、代理人を利用できないことになって困ることになる。

その際、裁判所に申し立てて成年後見制度を利用することは、前述のとおり、煩雑で費用もかかるし、プライバシーも害されるので回避したい。信託を利用していれば、自分に代わって後継の受託者が信託財産の管理を継続し、必要な給付を本人(受益者)に対して行うことはできるが、受託者としての法的権限には、本人を代理して医療や介護に関する手続をしたり、金融機関との取引をしたりすることまでは含まれていないから、こうした権限を補完するための代理権が必要になる。

このため、本人の意思能力が消滅した後も有効に継続する代理権として、「持続的代理権」が編み出された。

(2) 持続的代理権の概要

持続的代理権のコンセプトは、統一遺産管理法 (Uniform Probate Code) の中で1969年に採用されたことに始まり、1979年に制定された統一持続的代理権法 (Uniform Durable Power of Attorney Act) において独立して規定された。その後、1988年の改正を経て、2006年に制定された統一代理権法[9] (Uniform

9 統一法委員会 (Uniform Law Commission) ウェブサイト「Power of Attorney Act」〈https://www.uniformlaws.org/committees/community-home?CommunityKey=b1975254-8370-4a7c-947f-e5af0d6cb07c〉によると、2024年2月時点で、全米の32州で施行されている。なお、同法を施行していない州も、独自の州法で持続的代理権のコンセプトや書式を採用している。

Power of Attorney Act）（以下、「UPOAA」という）において、その要件、効果、書式等が規定されている。

持続的代理権を付与する委任状（以下、「持続的委任状」という）は、本人と代理人となる者（ほとんどの場合は家族の中から指名された者）が共に署名して作成する。日本の任意後見契約も両当事者が署名する点は同様だが、任意後見契約が公正証書による作成を必要し、かつ登記までされるのと異なり、米国の持続的委任状は署名の公証を得るだけなので、簡易で低廉な手続である。[10]

持続的委任状は、作成と同時に発効するのが原則である。この点、本人の意思能力が減退することを条件として将来発効を原則とする任意後見契約とは異なる。もっとも、持続的委任状は、あらかじめ決めた一定の要件の成就を停止条件として、将来発効させることもできる。医師による診断書を条件とするのが一般的だが、任意後見契約とは違い、発効条件は本人の意思能力の減退に限られないので、利用範囲は広い。即時にせよ将来にせよ、私的に代理権が発効する制度なので、任意後見契約のように裁判所への申立ては必要ない。

持続的代理権は、信託を利用するほどの財産規模のない人にとっても最低限必要な制度である。信託を利用する人にとっても、信託財産以外の財産管理や、信託にない機能を補完するための制度としてあわせて利用される。簡易かつ低コストで作成でき、裁判所の関与なしに私的に発効する便利な制度であることから、あらゆるケースの事前プランニングにおいて、遺言、信託とあわせて、あるいは単独で、必要な最低限の選択肢として広汎に利用されている。

⑶　持続的委任状の脆弱性の課題

もっとも、持続的代理権は、簡易な制度であるがゆえに、濫用に対しては脆弱という課題がある。裁判所の関与はなく、私的に代理人を監督する立場

10　米国の公証人は、日本の公証人とは全く異質の資格者で、公証の対象となる事項や文書によってレベルは異なるものの署名の公証のためであれば資格者を見つけるのは容易で、費用も数千円もかからず低廉である。

の人を指名することも一般的ではない。判断能力が低下した本人に代わって誰も代理人を監視しないところでは、代理人による権限濫用や不正な財産窃取を惹起しやすい。

そのため、かつて金融機関は、代理人と称する者による無権限または権限濫用による引出しに応じたことを理由として後で訴えられるリスクを回避するため、持続的委任状による預金の引出しに対してことさら慎重になる傾向があった。高齢者への経済的虐待を予防するために、金融機関がゲートキーパー的な役割を果たすのは有益だが、金融機関が恣意的に持続的委任状の受入れを拒否したのでは、本人の生活保持に必要な預金の引出しに不便を来し、結局は高齢者本人の利益にもならない。

(4) 持続的委任状の利用促進

そこで、UPOAAは、持続的委任状を信頼して取引に応じた第三者を免責する規定（119条）をおくとともに、法定の書式を満たした持続的委任状の受入れを原則的な義務とし、合理的な理由なく金融機関が支払いを拒否したと後で判断された場合は、訴えに係る弁護士費用を賠償しなければいけないとの制裁規定（120条）を導入して、恣意的な委任状の受入れ拒否を防止した。同時に、代理人（またはその仲間）から本人が身体的・経済的虐待やネグレクト、搾取を受けている可能性があると考えられる場合や、高齢者保護にかかわる政府機関に虐待の通報があったことを認識していた場合であれば、有効な委任状であっても拒否できるとして、本人保護との調整を図った。

この結果、持続的委任状の金融機関での利用はスムーズになり、特に、弁護士を持続的代理人に指名した場合は、家族が指名された場合と比較して信用されやすく、預金の引出しを拒否すると後で訴えられて弁護士費用を請求されるなど面倒になるため、ワシントン州で聴取した実務家によると、銀行窓口で衝突するケースは激減したといわれる。

(5) 持続的代理権の濫用防止のための措置

あわせて、UPOAAは、裁判所による監督や、私的な監督的立場の人による監視を期待する代わりに、本人の保護について多面的な措置を講じている。

まず、代理人は、受任者として付与された権限の範囲で、本人の最善の利益のために誠実に行動する義務があり、これは強行法規である[11]。

ところで、持続的代理人の多くは家族の中から選ばれるため、中立な立場の第三者や専門職とは違い、本人との関係で内在的な利害相反は避けられない。この内在的利益相反の克服は、成年後見でも信託でも家族内で財産管理を行う場合に共通する悩みであり、日本においても課題ではある。しかし、内在的利害相反関係があるからといって、代理人を務める家族が本人の利益のために行動しないとは限らず、むしろ圧倒的多数のケースでは家族が本人の利益を守るため誠実に財産管理を行っているのが実態である。家族を常に潜在的リスクとみなす運用では、現実の必要性に対処できない。家族は貴重な人的資源として、潜在的リスクに対しては、リスクとコストのバランスに見合う効果的な対処を講じるのが現実的である。

この点、UPOAA は、デフォルトルールとして、代理人が本人の最善の利益のために善管注意義務を果たしている限り、結果として代理人自身も利益を得ることがあっても、形式的な利益相反を理由に責任を問われることはないとし、その場合の免責条項を委任状に含めることも可能とした。

その一方で、代理人の不正には法的責任を問うことを明確にし、代理人の行為について裁判所の司法審査を求めることのできる当事者適格を広範に定めた。ひとたび代理権を濫用して本人の財産を窃取するなどの不正を行った場合は、事後的な責任追及で厳正に対処する。

また、代理権の範囲については、本人の意思を尊重して広く認めることも可能だが、本人が準備したエステートプランを代理人が変更する場合には、持続的委任状に特定の権限を付与する明確な文言を要することとして、子が親の決めた財産処分を無制約に変更できないようにした。

(6)　米国の経験と議論の到達点

制度の濫用を恐れるあまり、制度自体を煩雑でコストのかかるものにすると、使い勝手が悪くなって、せっかくの優れた制度でも利用者から敬遠され

11　代理人の責任については、本人のエステートプランがあればそれを継続する義務とか、医療同意権をもつ人に協力する義務などを加えることもできる。

ることになりがちである。

この点、持続的代理権についての米国の姿勢は、本人保護との調整を図って制度の濫用を予防しつつ、高齢者の財産管理のニーズを満たすための簡易かつ低コストの制度としての使い勝手の良さを損なわないようにして、当該制度の利用を促進する方向で貫かれている。

具体的には、使い勝手の良さを維持するために、持続的委任状にかかわる取引の相手方である第三者を免責規定で保護するのと同時に、不合理な拒絶に対しては制裁まで課しつつ、他方で、本人に対する経済的虐待の手段として濫用されることを防止するために、代理人の義務と責任の範囲をあらかじめ明確にし、義務違反行為に対する事後的救済の可能性を拡げるなどの多面的な措置をとる。

これらの内容は、30年を超える米国での経験と議論の一定の到達点として、日本にとっても有益な示唆となる（後記5(5)参照)。

4 米国の医療代理人との関係

財産管理の持続的代理権により金融機関との取引などには対応できても、医療的判断を行う者がいなければ、そのために医療同意権を有する成年後見制度を利用しなければならなくなる。そこで、成年後見を避けて家族の中で医療手続も完結しようと思えば、医療に関しても家族の誰かに持続的代理権を与えることが必要になる。

家族の一人が財産管理と医療に関して同時に代理人になる場合、やりやすい面もあるが、責任が一人に集中して負担が過重になりすぎたり、他の家族（別居しているきょうだいなど）から不信感をもたれて対立したり、孤立したりすることもある[12]。そこで、家族の中で責任を分担して相互に監視、協力しあったり、同時に信託も利用するケースでは、せめて共同受託者を信託銀行や弁護士等の第三者が引き受けて、家族である代理人と責任を分かち合ったりすることも検討される。

---

12 この点、日本において信託と任意後見が併用される場合に、受託者と任意後見人を同じ家族の一人が担うときは、同じ問題が起こる。

5　日本への示唆――持続的代理権の活用の可能性

(1)　日本の従来の代理人届けの位置づけ

日本では、民法上は、代理権消滅事由（同法111条）としても委任の終了事由（同法653条）としても、本人の意思能力喪失は明記されていないことから、米国とは異なり、本人が意思能力を喪失しても代理権は消滅しないとの解釈が通説である。もっとも、任意後見制度の創設によって、そうした解釈はとれないとの説も有力で、実務上は、金融機関によって取扱いが異なり、安定性がないのが実情である。

一部の金融機関では、事前に「代理人届け」をしておけば、その都度本人の意思能力を確認することなく代理人による引出しが可能な取扱いができると宣伝されているが、その場合でも、いざとなれば本人の意思確認ができることを前提としていると説明されることがある。本人に判断能力が残っていることが建前として要求されるなら、持続的代理権を容認したものとはいえない。

持続的代理権が法制度化されていない中で、金融機関が二重払いのリスクを危惧して慎重になるのはやむを得ない面がある。

(2)　任意後見制度との使い分け

ある程度の規模の重要な財産を管理運用し、本人の身上保護のためにさまざまな事情を考慮して裁量的な給付や法的判断を行うなど、高度な財産管理を要する場面では、専門職による管理や第三者による監督が適切である。日本における任意後見契約は、公正証書による慎重な契約を要し、任意後見監督人を通じて裁判所による監督が期待できることから、こうした場面における利用にはふさわしい。特に、家族の中で受託者を確保できないために信託を利用できないケースにおいて、弁護士等の専門職に重要な財産の管理を委ねることができ、身上保護の配慮も受けられる制度としての活用が期待できる。ある程度の規模の財産を前提とし、他に頼れる家族がいないとすれば、専門職に対する報酬の費用対効果も納得しやすいはずである。

一方、本人にとって日常的に必要な生活費や介護・医療費を支出することが主な業務となる場面では、高度な財産管理や慎重な監督を期待する以上に、機動性のある財産管理が求められる。こうした場面において、裁判手続を通じた成年後見制度は、煩雑でオーバースペックと考えられる場合が多い。また、日本においては後見代用として利用されることの多い民事信託は、裁判所の関与が不要な点では便利だが、信頼できる受託者を家族の中から確保することの難しさや、組成にかかわる専門家の関与の必要性、信託口口座の開設などの一定のハードルがあり、財産規模にかかわらずに誰でも気軽に使える制度というわけではない。

(3) 無権代理で対処することの問題

近時、判断能力を喪失する以前であれば本人が支払っていたであろう、本人の医療費等の支払手続を親族等が代わりにする行為など「本人の利益に適合することが明らかである場合」に限っては、事前の代理人届出にさえよらずに、本人の意思能力喪失後、一定の家族による払出しを可能とする取扱いが提唱されている[13]。

確かに、預金者があえて成年後見制度を利用しない場合に、本人の利益に合致する支払いであることが明らかな場合にまで金融機関が一切の引出しに応じないという硬直的な姿勢では、「顧客本位」に反するとの批判があてはまる。本人の生活を支える観点からも、現実の必要性は理解できる。また、本人名義の口座から直接、病院や施設に振り込む方法で支払ったり、使途を事後的に確認したりすることによって、家族による不正の危惧は一定程度排除できるであろう。

しかし、およそ無権代理である以上、一回限りの行為ではなく、継続的にかかる費用について同様の無権代理による払出しを繰り返し認めることは、もはや緊急措置としての理論的正当化は難しいように思われる。

何より、任意後見契約や信託等の事前対策をせず、判断能力喪失後も法定後見を利用しない預金者について、必要性があるからといって無権限者による払出しを認める実務が定着してしまえば、判断能力の低下に備えて対策をするインセンティブが働かなくなる。

---

13 一般社団法人全国銀行協会「金融取引の代理等に関する考え方および銀行と地方公共団体・社会福祉関係機関等との連携強化に関する考え方（公表版）」（2021年2月18日）。

そもそも代理人制度や信託を利用して対策をすることの意義は、本人の真意に基づいて一定の権限を与えられた受任者（代理人ないし受託者）は、本人の意思を実現し、本人の利益を守って行動する義務を負っており、この義務に従った誠実な財産管理を通じてこそ、本人の意思や本人の最善の利益の実現が図られる、という点にある。これに対して、本人の真意に基づく確たる権限もなく、義務や責任の範囲も明確でない者に、本人の意思や本人の最善の利益の実現を期待することには無理がある。無権代理を、その場しのぎで容認することはやむを得ないとしても、この扱いを繰り返し認める運用は、長い目で見て本人保護に逆行する。

(4)　持続的代理権を利用する金融機関の取組み

成年後見や信託がオーバースペックだからといって、無権代理で対処するのはあまりに極端であり、米国で広汎に利用されている持続的代理権は、日本でも活用が検討されるべきである。

この点、日本において持続的代理権を活用する先駆的な動きとして、三菱UFJ銀行、三菱UFJ信託銀行および三菱UFJモルガンスタンレー証券が導入した「予約型代理人」サービスがある[14]（2021年3月）。

認知・判断機能の低下に備えて、将来の金融取引における代理人となるべき者をあらかじめ指定しておき[15]、本人による取引が困難になったことについて、代理人から所定の診断書[16]の提出を受けた後は、代理人との取引が可能となるというものである。取引の内容は、預金の入出金にとどまらず、預金の解約、運用性商品（投資信託や株式等）の売却、解約等も含む。換価された金銭の使途は、医療費や介護費に限定されないようである。

みずほ銀行も、「代理人予約サービス」の名称で同様の制度を導入してい

14　株式会社三菱UFJフィナンシャル・グループ「『予約型代理人』サービスの導入について」〈https://www.mufg.jp/dam/pressrelease/2021/pdf/news-20210308-001_ja.pdf〉。

15　原則として配偶者または二親等内の血族としつつ、それ以外の親族やパートナーも指定できるとされており、事実婚や同性婚も含めて現代の家族の多様性にも配慮したものとなっている。

16　ファイナンシャル・ジェロントロジーの知見を取り入れた「予約型代理人」専用の診断書とのことである。

る。[17]

(5) UPOAAを参考にした日本での方策

金融機関における取引を念頭に、今後、日本において、さらに持続的代理権の利用が広がっていくための方策を、米国の30年を超える経験と議論の現時点の到達点としてのUPOAAにおける持続的代理権制度から検討したい。

米国は、持続的代理権が、本人に対する経済的虐待の手段として濫用されることを予防しつつ、裁判手続を介することなく私的に代理権を付与する簡易で低コストの手段として機能するために、持続的代理権の法制化の中で以下のようなアプローチをとった。①委任状を信頼して取引に応じた第三者への免責条項、②法定書式による委任状の原則受入れ、③不当な受入れ拒否に対する事後的な制裁のほか、④代理人の義務の範囲の明確化、⑤代理人の行為についての司法審査を容易にするための当事者適格の拡大、⑥代理権の濫用に対する法的責任の追及などの「本人保護のための多面的な措置」である。

日本においては、代理権は本人の意思能力の喪失によっても消滅しないとの現行民法の解釈上、あえて持続的代理権を法制化することは、その必要性がないと考えられて、難しいかもしれない。しかし、免責条項については、民法478条（受領権者としての外観を有するものに対してした弁済）において、一定の方式を満たす持続的委任状の行使に応じた金融機関側の善意かつ無過失を推定することによって、免責と同様の効果が実現できる。金融機関にとっては、米国のように、原則としての受入れ義務を課されたほうが判断の余地が少なく受け入れやすいかもしれないが、不合理な拒絶の場合に、後で裁判にかかった弁護士費用を負担させるという制裁条項は、日本では馴染まないだろう。

(6) 本人保護のための措置

持続的委任状の利用にあたって本人を保護するためには、まずもって、委任状を作成する際の本人の真意の確認が必須である。誰を代理人に指名するか、どのような取引の範囲で代理権限を与えるか、代理人の義務はどのよう

---

17 みずほ銀行ウェブサイト「代理人予約サービス」〈https://www.mizuhobank.co.jp/retail/tetsuduki/dairinin_yoyaku/index.html〉。

な場合にどこまで軽減できるか（たとえば運用で元本を棄損しても責任を問わないなど）を含めて、本人および代理人双方が共通認識をもたなければ始まらない。

米国では持続的委任状の署名時に、当事者双方の署名の公証を要求するが、米国の公証人は、日本の公証人とは異質の存在で、数の多さも費用の安さも比較にならないため、日本で同様の要件を課すのは利用者にとって過重の負担となる。

そこで、金融機関における取引を念頭におく持続的委任状に関しては、当該金融機関の職員立会の下で双方が署名すれば十分である。前記(4)のみずほ銀行における「代理人予約サービス」が、予約の申込み時に原則として代理人の同行を求めるのは、本人と代理人双方の意思確認の機会を確保するための妥当な措置と解される。職員面前での双方署名ではない場合でも、少なくとも本人の出頭による予約の届出を要し、その際に本人の真意性が担保されるような措置を金融機関側で講じる必要がある。

いずれの場合も、後で当該金融機関に対して個別に代理権を取り消したことの通知が行われない限り、当該金融機関で作成あるいは届け出された委任状を使用した取引については、民法478条が適用される。

さらに、金融機関としては、仮にも委任状の濫用が疑われる場合は、委任状の受入れを停止し、市町村に情報提供することもあると表明すべきである。高齢者虐待防止法は、養護者である家族から高齢者への経済的虐待を発見した者に対して市町村に通報する努力義務を課す（同条7条2項）ことから、これを根拠に金融機関の預金者保護の姿勢を表明することは、預金者の安心感につながるだけでなく、家族による代理権の濫用の抑止になる。

(7)　まとめに代えて

完璧な制度はないが、利用者（本人および家族）の立場で使い勝手が良く、一定の信頼に足る制度として、米国で広汎に利用されている持続的代理権制度から学ぶものは、前述のとおり非常に多い。

米国においても制度の濫用は常に課題であって解決には至っていない。もっとも、濫用防止のために裁判所を関与させたり、監督人的な立場の人を指名したりしないことの背景には、制度の使い勝手を犠牲にしてまで、そのコストに見合う監督の実効性が期待できないという合理的発想がある。

この点、金融機関の取引を念頭においた持続的代理権における監督方法としては、日本の場合、テクノロジーの活用がふさわしいと考える。

日本の金融機関では、個人の預金の出入金といった、金融機関にとってはビジネス的な利益を生まないような日常レベルの取引においても、すでにさまざまなテクノロジーサービスが導入され、その多くは無償あるいは極めて低廉で利用することが可能である[18]。

たとえば、口座の動きを本人あてにメールなどで通知するサービスは複数の金融機関において利用が可能になっており、この通知先を本人以外のあらかじめ指定した範囲の人に広げて、複数の目で代理人による取引を随時チェックできるしくみを設けておけば、それだけも不正な取引への牽制になる。不正発見のしやすさにおいても、裁判所や監督的立場の人間が、年に数回、事後的に取引履歴のチェックを行うよりも、取引の都度チェックできれば異常な取引の発見は容易である。現に不正が行われた場合に即時に対処することで、損害の発生自体や損害の拡大を止めることもできる。また、あらかじめ設定した上限額を超える取引や、時期や頻度において異常な取引をシステムが感知した場合に、注意を促すアラートを発したり、取引の実行をいったん中断して、もう一段の承認手続を課すことにして代理人だけでは取引が完了しないようにすることにしたりするといった工夫も有効である。

このように、わが国の金融機関における個人の取引において、テクノロジーの利用が進んだ状況は、預金者の側からみれば、工夫次第で低コストで実効的な監督が期待できるという恵まれた環境といえる。持続的代理権が安全に機能する余地は十分にあると解され、日本においても、米国と同様、持

18 米国でも、コロナパンデミック以降、モバイルバンキングの普及が拡大し、大手金融機関は競って顧客サービスのための機能を充実させていることは、ビジネスインサイダーが提供するアナリストレポート「US Mobile Banking Competitive Edge Report 2020」〈https://www.insiderintelligence.com/content/us-mobile-banking-competitive-edge-report-2020〉で紹介されている。このほかにも、米国のインターネットバンキングサービスに関して、高齢者にとっての使いにくさや不正に利用されるおそれに関する言及はみられる一方、筆者が調べた限り、持続的代理人による取引を監視するための利用方法についての言及は見つけられなかった。

続的代理権が、高齢者の財産管理のニーズを満たす手段として、信託とともに、広く利用されることに期待したい。

（西片和代）

2 米国のUCTAからわが国の民事信託への示唆

米国の統一財産管理信託法（Uniform Custodial Trust Act）（以下、「UCTA」という）は、成人を受益者とする財産管理を目的とする信託を、簡便に、いわばレディメードで設定できるようにすることを企図した法律で、1987年に統一州法委員会で採択された。各州の州法制定状況は、2023年3月末現在20州で、必ずしも多くはないが[1]、わが国における個人の財産管理を目的とする信託、特に信託銀行や信託会社を利用せずに設定する信託（いわゆる民事信託）における問題点の解決に何らかの示唆が得られるのではないかと考え、本稿にてその内容を紹介するものである[2]。

1 UCTAの目的

UCTAは、ある者が他の者について「as custodial trustee under the (Enacting state) Uniform Custodial Trust Act」と記載した譲渡証書等により当該者に財産を移転した場合、その財産について制定法（UCTA）に基づく財産管理信託が設定されることを目的としている。この財産管理信託は、制定法上のスタンバイ生前信託（statutory standby inter vivos trust）[3]で、受益者は成人に限られる[4]。UCTAの規定が適用されることで、信託の設定手続き、

1 なお、統一法委員会の採択から30年以上経過してもなお、新たに州法として制定する州が存在する。US Virgin Islands（2019年）、Iowa（2021年）。

2 UCTAについては、1997年に発表された千葉大学（当時）の新井誠教授の論稿（「アメリカにおける高齢者財産管理信託法制の新しい動向(1)～(3)」ジュリスト1105号94頁以下・116号102頁以下・1107号86頁以下）があり、本稿でも参考にさせていただいた。

3 アメリカでは信託の受託者に課された義務の性質に応じて、能動信託、受動信託、スタンバイ信託に分類することがある。受託者に受任者としての義務履行が要求されている場合を能動信託といい、受託者に単に権限保有者としての機能しか付与されていない場合を受動信託という。スタンバイ信託はやや特殊な形態で、無能力からの保護を目的として信託を設定するが、委託者が無能力になるまでは受託者が管理責任を負うことはない。すなわち、スタンバイ信託は信託設定後も委託者が無能力になるまでは受動信託であるにすぎない（新井・前掲（注2）新しい動向(3)90頁）。

4 未成年を受益者とする財産管理については、統一対未成年者財産譲渡法（Uniform

管理運営、終了手続等について簡便で単純な信託が提供される。

2　UCTA が想定する利用者

UCTA の序文によれば、UCTA による財産管理信託を利用するのは、「特に裕福ではなく、財産管理について高度な知見がなく、一般の法律事務に関する弁護士を法律顧問にしているような人」であろうとされている。具体的には、「将来無能力になることに備えようとしている高齢者」による利用が最も多いだろうと想定しているが、そのほかにも「無能力者である成年の子供を持つ親」や「軍への入隊など何らかの理由により一時的に国を離れようとする者」、「統一対未成年者財産譲渡法に基づき財産を譲り受け、成人した者で信託の継続を希望する者」などによる利用も十分可能だとされている。また、「財産管理後見人（conservator）がついていない無能力者に債務を弁済しようとする債務者」もその債務の弁済を履行するために利用できるとされている。

3　UCTA の特徴

UCTA の特徴としては、まず第一に、UCTA により設定される財産管理信託は、あらゆる財産を対象とするが、典型的には、預金や有価証券等の金融資産を信託財産とし、財産処分に関する指図権を委託者兼受益者に留保する信託である。もちろん、留保した指図権は放棄可能であり、無能力となったときは消滅することとされている。

第二に、信託譲渡する際の譲渡証書や受託者による信託財産の受領書（受託の承認書）、残余財産の引渡しを受ける者の指名書の書式が例示されており、この書式に従った書面を作成することで、受益者や信託財産を特定し、受益者死亡後の信託財産の帰属先も特定できる仕掛けになっている。[5]

第三に、無能力でない受益者は次の権限を有することとされている。すな

Transfers to Minors Act）（以下、「UTMA」という）がある。UCTA は、UTMA で開発され用いられた概念に類似した信託概念に基づいている。

5　これらの書式例（和訳）を本稿末尾に掲載している。

わち、①信託を終了する権限、②信託財産の全部または一部の交付を請求し受領する権限、③信託財産の運用について受託者に指図する権限である。また、③に関して、無能力でない受益者から運用指図がない場合は、受託者はプルデーント・インベスター・ルールに従うこととされている。

第四に、無能力について定義規定がおかれており、受益者が無能力となっても信託が継続することが明記されるとともに、その判定手順が法定されており、受益者が無能力となった場合は、撤回可能信託（a revocable trust）から裁量信託（a discretionary trust）に移行すると説明されている。

第五に、ガバナンス面では、受託者の解任申立権者や受託者に会計報告を求めることができる者の範囲について、受益者だけではなく、その家族や利害関係者等広汎に定められているほか、受託者の解任や選任に関するルールや信託終了時の残余財産の交付に関するルールが詳細に定められている。

第六に、受託者であると称する者と取引をする第三者は、当該者の権限等について調査する義務を負わないこと、一方で、受託者および受益者自らに帰責事由がない限り、第三者は信託財産に対してしか求償できないことが明記されている。

このように、UCTAは、統一信託法典（Uniform Trust Code）（以下、「UTC」という）で定められる各種規定のほか、UTCでは信託設定当事者間の自治に委ねられている部分についても規定をおいて、当事者が複雑な信託条項を検討する必要がないように仕立てられているものと考えられる。

以下、UCTAの規定について、もう少し詳しくみていくこととしたい。

4 UCTAの内容

(1) 信託の設定

UCTA2条では、財産管理信託の設定について二つの方法が定められている。一つは、書面により第三者に対して財産を譲渡する方法で、これは自益信託の設定も他益信託の設定も可能とされている。もう一つは、書面により自らが受託者になると宣言する方法で、これは他益信託の設定に限られており、自益信託を設定する場合はUCTAによる財産管理信託とはならないとされている[6]。なお、いずれの方法による信託の設定も、書面による必要があるとされている点が特徴的である。このほか、2条に対するコメントには、代理権（power of attorney）や指名権（power of appointment）の行使による信託の設定も可能と説明されている。

次に、UCTA 4条では、信託の効力は、受託者が明示的に承認したときはもちろん、黙示的に承認したときにも発生するとされているが（(a)項）、一方で、書面による承認の書式例が規定されている（(b)項）。この書式例には、信託財産を特定する内容も含まれており、一般的には、この書式例を利用した書面による承認（明示的な承認）が行われているものと思われる。

なお、UCTA では、信託の終了権限は無能力者でない受益者にしか認められておらず、他人を受益者に指定して UCTA に基づく財産管理信託を設定した者は、これを取り消すことはできないとされている。また、2条に対するコメントには、「この法律に……受益者の債権者から信託財産を倒産隔離するような規定はない」旨が説明されており、浪費者信託条項も認められていない。委託者に撤回権を留保したり、浪費者信託条項を挿入したりする場合は、UCTA の適用を受けない信託ということになる。

(2)　他の受託者または債務者による信託の設定

UCTA 5条では、財産管理後見人（conservator）のいない法律上の無能力者の財産を保有する者またはその法律上の無能力者に対して債務を負う者は、当該無能力者を受益者として、その者の家族（成年者）または信託会社に対して財産の譲渡を行い UCTA に基づく財産管理信託を設定することができる（ただし、その金額が2万ドルを超える場合は裁判所の許可が必要である）とされている。そして、財産管理信託の受託者がした署名による承認は、譲渡された財産の受領または債務の履行となる旨が規定されており、財産管理後見人に対する（本人のための）財産の引渡しや債務の履行と同様の法的効

6　信託宣言による自益信託を本法の適用対象外としているのは、2条に対するコメントを踏まえれば、この信託が、主に、将来、自らが無能力になることに備えようとする場合に利用されるとすると、自らを受託者とし受益者となる信託を設定しても意味がない（ineffective）と考えらえたためと思われる。

果が得られることとなる[7]。なお、係争中の債務の清算はできない。

(3) 受託者の義務

UCTA 7条では、受託者の義務を定める。まず、受託者は、必要に応じて、信託財産の所有権に関する登記・登録を行わなければならないとされている((a)項)。次に、信託財産の管理・運用・投資・保持について、受益者が無能力者でない限り、受益者の指図に従わなければならず、他人の財産を扱う合理的な管理者が遵守する一般的な注意義務を果たさなければならないとされる((b)項)。ただし、受認者(fiduciary)が行う投資行為について規制している他の法律の制約は受けないとされている[8]。

UCTAが採択されたのは1987年であり、米国信託法第3次リステイトメントにおけるプルーデント・インベスター・ルールが採択された時期(1990年)よりも古いことに鑑みれば、この規定における「受認者が行う投資行為について規制している他の法律上の制約は受けない」の趣旨は、米国信託法第2次リステイトメントでも明文化されていたプルーデント・マン・ルールの適用を受けないことを明記したものと考えられる。プルーデント・マン・ルールは、「合理的な投資家の裁量によって投資判断をしてよい」というもので、受託者に経済状況の変化に応じた柔軟な対応をとることを認めるものとされていたが、一方で、米国信託法第2次リステイトメントの起草者であるスコット教授による解釈では「他人の財産につき安全第一を旨とする投資運用でなければならない」ことが強調されており、これが大きな影響を及ぼし、受託者が自らの合理的裁量を行使する上で大きな障害となっていた[9]。

その後、1994年に統一プルーデント・インベスター法(Uniform Prudent Investor Act)が採択され、現代のポートフォリオ理論に基づく投資義務が新たに規定されたことを受け、各州法では、(b)項に係る受託者の義務に関しプ

---

7 具体的には、財産管理後見人のいない無能力者に対して損害賠償債務や保険金支払債務を負う者が、それを履行するためにUCTAに基づく財差管理信託を設定するといったことが想定される。

8 この最後の部分の原文は次のとおりである。the custodial trustee shall observe the standard of care that would be observed by a prudent person dealing with property of another and is not limited by any other law restricting investments by fiduciaries.

9 大塚民雄=樋口範雄編著『現代アメリカ信託法』(有信堂高文社、2002年)142頁。

ルーデント・インベスター・ルールが適用されることを規定しているようである。[10] ただし、(b)項は、続いて「受託者は裁量により、信託設定者から譲渡を受けて財産管理信託の信託財産となった財産をそのまま持続して保持することができる」と規定されており、プルーデント・インベスター・ルールに基づく分散投資義務が一部解除されているものと考えられる（Virginia州のUCTAも同様である）。

そして、(c)項では、「受託者は、7条(b)項に従い、信託財産の管理、取立、保持、運用、投資及び再投資を行わなければならない」旨が規定されている。そのほか、(d)項では分別管理義務が、(e)項では帳簿等作成・保存・供閲覧義務が規定されているほか、(f)項では、受益者が無能力者となった場合に持続的代理権を行使することによって信託を終了させたり、信託の管理運営や財産の分配について指図を与えることはできないと規定されている。

(4) 受託者の権限

UCTA 8条は、受託者の権限について、信託財産について所有者と同等の権利と権限を有する旨のUTCと同様の規定をおいたうえで、同じ条文で、その権利と権限は受認者の立場としてのみ行使できるとしており、UTCの構造とは異なり、信託財産に関する権利・権限と受託者の義務との関係を簡潔にわかり易く規定している。

(5) 信託財産の交付等

UCTA 9条では、信託財産の交付について、まず、受託者は、無能力でない受益者の指図により、信託財産の全部または一部を受益者に交付（pay）し、または受益者のために支出（expend）しなければならないとされている((a)項)。

次に、受益者が無能力者になった場合は、受託者は受益者および受益者の

---

10 たとえば、1990年にUCTAを制定したVirginia州の該当部分の現行の規定は次のとおりである。the custodial trustee shall observe the standard of care set forth in the Uniform Prudent Investor Act (§ 64.2-780 et seq.), except to the extent provided by § 64.2-1502.（財産管理信託の受託者は、§64.2-1502で規定されている範囲を除き、統一プルーデント・インベスター法（§64.2-780以降）に定められた注意基準を遵守するものとする）。なお、§64.2-1502は、10万ドル以下の少額投資については安全資産に投資しなければプルーデントな投資を行ったと推定されないことを規定したものである。

扶養家族等のために適切に信託財産を支出（expend）しなければならないとされている（(b)項）。交付（pay）に関して規定がないのは、無能力者には財産の交付を受ける（受領する）権限が認められないからだと思われる。また、受益者の扶養家族がexpendの対象として明記されている点が特徴的だが、(b)項に対するコメントにおいて、「信託財産の交付及び支出に関する基準を設けたのは、UCTAに基づく財産管理信託の信託財産が無能力者となった受益者が必要とする支援のためだけにしか使用できないという暗黙の誤解を防止するため」と説明されている。なお、（無能力の）受益者の持続的代理人（durable power of attorney）による信託財産の交付指図は認められていない（7条(f)項）。

さらに、受託者は、受託者も受益者（無能力の受益者を含む）も払出しができる当座口座、普通預金口座を開設することができ、受益者による当該口座からの払出しは、信託財産の分配（distribute）となるとされている（(c)項）。無能力者である受益者に対しても当該口座からの払出しを認める点について、(c)項に対するコメントは、「無能力者となった人の中には、商取引を管理することはできなくとも、依然として身の回りの費用を支払う能力はある人は多数いる」と説明している。本邦民法でも成年被後見人の日用品その他日常生活に関する行為については成年後見人の取消権が及ばないこととされていることに鑑みれば、受益者が無能力になっても日常生活資金を信託財産から自由に引き出せるようにする取扱いは合理的と思われる。ただし、そもそも、我が国の信託業における信託実務では、受益者に信託財産に属する預金債権（預金口座）からの引出しを認めている例はないと思われ、これを実現するためには、JOINT ACCOUT（受託者と受益者のいずれもが預金口座からの単独で引き出すことを認める取扱い）の実現など預金実務を含めた一定の整理が必要になる。

(6) 無能力の判定

UCTA10条は、無能力について定義したうえで、受益者が無能力か否かの判定手順について規定をおいている。

無能力の定義については、精神疾患、精神障害、身体的疾患または障害、薬物の慢性使用、慢性中毒、服役、外国の国家権力による拘留、失踪、未成年その他の障害を原因とする、財産を管理運用したり商取引を管理する能力の欠如とされている（1条(8)号）。

そのうえで、UCTA10条では、無能力者の判定基準については、以下のとおり定められている。まず、受託者による判定について、①無能力となる前に指図を受けていた場合はその指図によるとされている。たとえば、「主治医と長男とが合意した場合は受益者を無能力者として扱う」といったような指図が考えられる。②この指図がない場合は、主治医の診断書を基に判定するか、③そのほか何か説得力のある証拠があれば、無能力と判定することができるとされている（(b)項）。

また、裁判所に無能力の判定を申し立てることも可能とされている（(d)項）。申立権者は、受益者、受託者、利害関係者（信託財産や受益者の福祉に関する利害関係者）とされており、その範囲は広い。加えて、無能力の判定がなくとも、受託者に受益者が無能力であると信じるに足る理由がある場合は、受託者は受益者を無能力者として取り扱わなければならないとされている（(e)項）。

ところで、UCTA では、能力が回復することも念頭におかれており、いったん無能力と判定された受益者が無能力でなくなった場合についても規定がおかれ、その場合は、無能力者でない受益者のための信託として取り扱うことができるとされている（(c)項）。

なお、無能力と判定された場合でも、信託は裁量信託として存続し、受益者が健常時に行った後任受託者の指名や受託者に付与した権限、受託者の指図に従って行為を行った第三者の免責は効果を失わない旨が確認的に規定されている（(f)項）。

(7)　受託者と取引等を行う善意の第三者の保護

UCTA11条では、善意の第三者が受託者として財産の譲渡や行為を行う者の指図に従って行為をしたり、当該者との間で取引をする場合、①受託者として有効に指名されていること、②受託者の権限内の行為であること、③受託者の指図が有効であること、④財産の受託者への帰属が妥当であることについて調査する義務を負わないとされている。これは UTC1012条とほぼ同様の規定である。

⑻ 受託者および受益者の第三者に対する責任

UCTA12条は、受託者は、受託者であることやその権限を明らかにして、受託者として適切に締結した契約に関する責任について、第三者に対して個人的な責任を負わず、また、自らに故意過失がある場合を除いて、信託財産を管理することから生じた債務および信託を管理運営する過程で生じた不法行為に関する損害賠償責任についても責任を負わない旨を規定している。

また、受益者についても、信託財産を実質的に所有していることから生じた債務および信託を管理運営する過程で生じた不法行為に関する損害賠償責任について個人的な責任を負わない旨を規定している。

⑼ 受託者の辞任、解任等

受託者の辞任や解任等については、以下のとおりUCTA13条に詳細な規定がおかれている。

㋐ 受託者の就任辞退

UCTAでは、受託者として指名された者は信託財産の引渡しを受ける前であれば、受託者として指名した者、信託設定者またはその法定代理人に通知することにより就任を辞退することができるとしている（13条(a)項）。この点、UTC（701条）は、「職務を引き受けていない者」は就任を辞退できるとされ、さらに「信託財産を保全するための行為は職務を引き受けたことにならない」旨の規定があることから、UTCの定めのほうがUCTAよりも、就任を辞退できる期限の到来が遅い（UTCは信託財産の引渡しを受けても職務を引き受けるまでは就任を辞退できるのに対し、UCTAでは信託財産の引渡しを受けると就任を辞退できない）。ただし、辞任について、UCTAのほうがUTCよりもその要件が緩和されている（後記㋑参照）。

㋑ 受託者の辞任

受託者の辞任について、UTCでは、辞任する日の30日前までに適格受益者、委託者（生存している場合）およびすべての共同受託者に対して通知するか、裁判所の承認を得る必要があるとされているが（705条）、UCTAでは、受益者または後任受託者への書面の提出および後任受託者への信託財産の引渡しにより辞任することができるとされており（13条(b)項）、通知期限の設定はない。

㈢　後任受託者の選任

UCTAでは、受託者がその資格要件を失ったり、辞任し、死亡し、または無能力となった場合の後任受託者の決定順序も詳細に定めている（13条(c)項および(d)項）。すわなち、①まず、（あらかじめ）指名された後任受託者が受託者に就任することとされ、後任受託者の指名がない場合は、②無能力者でない受益者が指名した者が後任受託者に就任することとされている。受益者が無能力者である場合や受益者が後任受託者を指名せずに90日を経過した場合は、③受益者の財産管理後見人が受託者になることとされている。受益者に財産管理後見人がいなかったり、財産管理後見人が受託者に就任することを拒んだ場合は、④辞任する受託者が指名した者が後任受託者を指名することができるとされている。それでも後任受託者が決まらない場合は、⑤委託者、委託者または受託者の法定代理人、受益者の家族うち成年者、受益者の身上保護後見人、信託財産の利害関係者、受益者の福祉に関する利害関係者の申立てにより裁判所が指名することとされている。この場合の裁判所への申立権者の範囲が非常に広い点が特徴的である。

㈣　後任受託者への引継ぎ

辞任した受託者または死亡もしくは無能力となった受託者の法定代理人は、可及的速やかに信託財産および信託に関する記録を後任受託者の管理下におかなければならず、後任受託者にはこれらの引渡請求権がある。なお、引渡しを受けた後はその後任受託者は受託者としての責任を負う。

㈤　受託者の解任

UCTAでは、受益者、受益者の財産管理後見人、受益者の家族うち成年者、受益者の身上保護後見人、信託財産の利害関係者、受益者の福祉に関する利害関係者は裁判所に受託者の解任の申立てができるとされている（13条(f)項）。UTCでは、裁判所に対する解任申立権は委託者、共同受託者または受益者にしか与えられておらず、申立事由も重大な信託違反があった場合などに限られている（706条）。UCTAのほうが申立権者の範囲が広く、かつ解任事由の限定がないことから、UCTAの解任規定は受託者に対する監督機能を強化したものと考えられる。

⑽ 信託費用、受託者の報酬、受託者の保証金等

UTCでは、費用請求権（708条）についても報酬請求権（707条）についても、何らの信託条項の定め等を要することとされておらず、保証金等の差入れについても裁判所が認定した場合または裁判所が信託条項による保証金等の差入義務を免除しなかった場合にのみ必要とされている（702条）。これに対し、UCTAでは、受託者が報酬請求や費用請求をすることができたり、保証金等の差入れの義務を負わないための要件として、①信託設定証書の別段の定め、②受益者との合意、③裁判所の命令が必要とされている（14条）。

⑾ 信託の終了事由

UCTAでは、信託の終了事由を、①無能力者でない受益者または無能力者である受益者の財産管理後見人による書面による宣言、②受益者の死亡に限定しており、委託者による終了は認められていない（2条(d)項・(e)項）。また、受益者の持続的代理人（durable power of attorney）による終了も認められていない（7条(f)項）。

⑿ 残余財産の分配ルール

UCTAでは、信託終了時の残余財産の交付順序について、詳細な規定がおかれている。まず、受益者が生存している場合で、当該受益者が無能力者でない場合は当該受益者に、受益者が無能力者の場合は裁判所が指名した当該受益者の財産管理後見人その他の受取人に交付することとされている（17条(a)項(1)号・(2)号）。

次に、受益者が死亡している場合は、次の順序で交付することとされている（17条(a)項(3)号）。すなわち、①第一に受益者が無能力者でない期間中に署名した書面で（最後に）指名した者、②第二に受益者が複数で生存者取得権が定められている場合は当該生存者の順とされ、それでも交付する相手方が決まらない場合は、③信託設定証書で指名された者、それでも決まらなければ、④死亡した受益者の遺産財団に帰属することとされている。なお、残余財産の引渡しを受ける者が無能力者の場合、当該者を受益者としてUCTAによる財産管理信託は存続することも定められている（17条(b)項）。

⒀ 情報提供義務

UCTAでは、受託者の情報提供義務について、まず、受託者は、信託財

産の引渡しを受けたときに、信託財産目録を書面で受益者（またはその法定代理人）に提出しなければならないとされ、さらに信託終了時にも、残余財産の交付を受ける者にその時点の信託財産目録を書面で提出しなければならないとされている（15条(a)項）。

次に、信託財産の管理・運用状況については、毎年、受益者あてに書面で報告しなければならず、さらに、受益者（またはその法定代理人）からの請求があったときおよび受託者を辞任し、または解任されたときにも書面による報告義務がある。また、信託終了時にも残余財産の交付を受ける者にそれまでの信託財産の管理・運用状況について書面で報告しなければならない（15条(b)項）。

さらに、受益者、受益者の法定代理人、受益者の家族のうち成年者、信託財産の利害関係者、受益者の福祉に関する利害関係者、後任受託者は、受託者に対して会計報告を求める申立てを裁判所に行うことができるとされている（15条(c)項）。UTC には、このような規定がなく、さらに申立権者が受益者にとどまらず幅広に規定されている点が特徴的であり[11]、受託者に対する監視機能が強化されていると考えられる。

⒁　裁判所の関与

UCTA では、裁判所は、訴訟の提起があった場合、受託者またはその法定代理人に会計報告を求めることができるとされている（15条(d)項）。

また、受託者が解任された場合、裁判所は、受託者に対して、会計報告、後任受託者への信託財産およびその記録の引渡し、信託財産の後任受託者への所有権移転に係る文書の作成を求めなければならない（15条(e)項）。

さらに、裁判所は、（後任の）受託者その他 UCTA により申立てが認められている者から会計報告を求める申立てを受けたときは、利害関係者に通知したうえで、受託者に対して命令を出し、または受託者の行為の妥当性、受託者が定めた受託者および第三者による役務提供に対する報酬の額の合理性の検証をすることができるとされている（15条(f)項）。

11　なお、わが国の信託法38条6項では、利害関係人に貸借対照表・損益計算書等の閲覧謄写権を認めているが、利害関係人の範囲は明確でない。

5 わが国の民事信託への示唆

UCTAは、「As custodial trustee under the UCT Act」と記載した譲渡証書により財産を移転することによって、UCTAの規定の適用を受ける財産管理信託が成立することを定めている。そして、この信託は、スタンバイ生前信託で、当初は撤回可能信託であり、受益者が無能力になった場合に裁量信託に切り替わる。UCTAは、①受託者に対するガバナンス（情報提供、解任）、②受託者の義務と権限の範囲、③受益者の権限、④死亡・能力喪失・辞任・解任等により受託者不在となる場合の後任受託者の決定順序、⑤信託終了時の残余財産の受取人の決定順序など、信託を運営するのに必要な規定が具体的に定められており、複雑な信託証書を作成する必要がないといえる。

特徴的なポイントとしては、まず、①信託の設定（財産の移転）、残余財産受取人の指名には書面が要求され、これらの書面の雛型が規定されている（受託者の承認については書面によることは必要とされていないが、書面のひな型は定められている）こと、②受益者が無能力となっても信託は終了しないことが（当然のことではあるが）法に明示されていること、③無能力者に対して確定債務を負っている者に対して、当該債務の弁済に代えて、UCTAに基づく信託を設定することも可能とされていることなどがあげられる。

また、④裁判所に対して、受託者あて会計報告命令および受託者解任の申立てを求めることができる者の範囲が広く、家族、利害関係者にも認めている点が非常に特徴的である。これは、UCTAに基づく財産管理信託に関係する広範囲の者に受託者を監視する機能を付与しているものと考えられる。この点、本邦における民事信託について、受託者をどのように監視するかが課題とされている中、参考になるものと考える。また、本邦信託法では、裁判所への解任権については委託者および受益者にしか認められておらず（同法58条4項）、会計報告については、貸借対照表、損益計算書等について利害関係人も閲覧・当社等の請求ができることとされている（同法38条6項）ものの、その利害関係人の範囲が明確ではなく、さらに、信託財産に係る帳簿その他の書類（同法37条1項）や信託財産に属する財産の処分に係る契約書その他の信託事務の処理に関する書類（同条5項）についての閲覧・謄写権は認められていない。

解任申立権者の範囲の拡大には信託法の改正を要すると思われるが、会計報告については、信託条項において、利害関係人の範囲を規定することで閲覧・謄写等の請求できる者の範囲を拡大・明確化したり、UCTAよりもさらに進んで、信託財産に係る帳簿等についても閲覧・謄写請求権を付与すること、さらには受託者に能動的な開示義務を負わせることも可能と考えられる。解任申立権まで認めなくとも、受託者に広く信託の関係者に対する信託財産の管理状況および異動状況の報告義務を負わせることで、受託者による不正を抑止することにつながるのではないか。また、受託者にとっても、信託財産の状況等について広く関係者に知らしめることで、それに対して何らの反応もなければ実質的な承認を受けたととらえることも可能であり、安心して信託事務を履行できるといった効果も得られるのではなかろうか。

【書式1】 信託設定証書(1)第三者に対する譲渡

> ［制定州］統一財産管理信託法に基づく財産譲渡
>
> 私、（信託設定者の名前、受認者の場合は名前とその代理人としての権限）は、［制定州］統一財産管理信託法に基づき、（受益者の名前）を受益者とし、（残余財産の引渡しを受ける者の名前）を受益者による指図がない場合の信託終了時の残余財産の引渡しを受ける者として、財産管理信託の受託者である（信託設定者以外の受託者の名前）に対して次の財産（財産管理信託の信託財産となる各財産を特定し譲渡するのに法的に十分な説明）を譲渡する。
>
> 日付：＿＿＿＿＿＿＿＿＿＿
>
> （＿＿＿署　名＿＿＿）

【書式2】 信託設定証書(2)信託宣言

［制定州］統一財産管理信託法に基づく信託宣言
　私、（財産の所有者の名前）は、［制定州］統一財産管理信託法に基づき、（信託設定者以外の受益者の名前）を受益者とし、（残余財産の引渡しを受ける者の名前）を受益者による指図がない場合の信託終了時の残余財産の引渡しを受ける者として、今後、財産管理信託の受託者として、次の財産（財産管理信託の信託財産となる各財産を特定し譲渡するのに法的に十分な説明）を保有する。
日付：＿＿＿＿＿＿＿＿＿＿
（＿＿署　名＿＿）

【書式3】 受託者による承認

財産管理信託の受託者の受領および承認
私、＿＿＿＿＿＿＿＿＿＿（財産管理信託の受託者の名前）は、以下または添付の法律文書に記載されている財産管理信託の信託財産を受領したことを認め、（受益者の名前）を受益者とした［制定州］統一財産管理信託法に基づく財産管理信託の受託者として、財産管理信託を承認する。私は、［制定州］統一財産管理信託法に基づき、財産管理信託の信託財産の管理・分配を行うことを約束する。私は、受託者として、受益者が現在、法律上の無能力者であるか、または今後、法律上の無能力者とならない限り、受益者の指示に従う義務を負う。
財産管理信託の信託財産は、＿＿＿＿＿＿＿＿＿＿からなる。
日付：＿＿＿＿＿＿＿＿＿＿
（財産管理信託受託者の署名）

【書式４】 残余財産の引渡しを受ける者の指名

私、（受益者の名前）は、私が受益者となる財産管理信託が私の死亡により終了する場合、その残余財産の引渡しを受ける者を＿＿＿（名前）＿＿＿として定め、この者に対して財産管理信託の残余財産を引渡し、又は支払うことを、ここに財産管理信託の受託者である（受託者の名前）に対して指示する。

上記で残余財産の引渡しを受ける者として指名した＿＿＿（名前）＿＿＿が、私より先に死亡した場合、私は＿＿＿（名前）＿＿＿を財産管理信託の残余財産の引渡しを受ける者として指名する。

日付：＿＿＿＿＿＿＿＿＿＿

（　受益者の署名　）

受領し承りました

日付：＿＿＿＿＿＿＿＿＿＿

（財産管理信託の受託者の署名）

（長屋　忍）

3 米国等の信託財産に属する金銭の投資等における受託者の権限と義務

金銭の運用を目的とする信託においては、一般に受託者は受益者のために信託財産に属する金銭の投資または分配（以下、「信託財産の投資等」という）を行う権限を有し義務を負う[1]。そして、受託者による信託財産に属する金銭の投資の結果として、信託財産に損失が生じあるいは利益が減少したときの責任分配については、合理的な注意義務の違反についてその判断基準[2]をいかに解釈するかが重要な問題になる。米国においては、その判断基準として、以前は、リーガル・リスト・ルール（Legal List Rule）が多数の州において採用され、その後、プルーデント・マン・ルール（Prudent Man Rule）が一部の州において採用されたが、20世紀に入ってから関係モデル法等[3]を経て、プルーデント・インベスター・ルール（Prudent Investor Rule）[4]が形成

1 GEORGE GLEASON BOGERT, THE ELEMENTS OF THE LAW OF TRUSTS 324(1914), SHELDON F. KURTZ, DAVID M. ENGLISH, THOMAS P. GALLANIS, WILLS, TRUSTS AND ESTATES 604 (6th ed. 2021), ROBERT H. SITKOFF & JESSE DUKEMINIER, WILLS,TRUSTS,AND ESTATES 599-600 (11th ed. 2022), THE AMERICAN LAW INSTITUTE, RESTATEMENT OF THE LAW STRUST, Vol 3, §70 6 (2007).

2 GEORGE G. BOGERT, DALLIN H. OAKS, H.REESE HANSEN, CLARALYN MARTIN HILL, CASES AND TEXT ON THE LAW OF TRUSTES 328 (6th ed. 1991).

3 たとえば、Model Investment Statute 1940 (MIS), Model Prudent Man Investment Statute 1942 (MPMIS), Restatement of the Law, Trusts 1959 (Second), The Uniform Management of Institutional Funds Act 1972 (UMIF), Section 4944 of the Internal Revenue Code (Section 4944), Employee Retirement Income Security Act of 1974 (ERISA)。BEVIS LONGSTRETH, MODERN INVESTMENT MANAGEMENT AND THE PRUDENT MAN RULE, 12-39 (1986), JOHN TRAIN & THOMAS A. MELFE, INVESTING AND MANAGING TRUSTS UNDER THE NEW PRUDENT INVESTOR RULE 21-23 (1999).

4 日本においてプルーデント・インベスター・ルールに関する代表的先行研究は、以下のとおりである。新堂明子「アメリカ信託法におけるプルーデント・インベスター・ルールについて――受託者が信託財産を投資する際の責任規定」北大法学論集52巻5号（2002年）1830頁、行澤一人「投資資金運用機関の投資判断における信認義務」信託法研究27号（2002年）39頁～62頁、樋口範雄「信託法の任意性の意義――米国のプルーデ

され、特に米国信託法第3次リステイトメント（Restatement of the Law, Trusts 1992 (Third)）227条および統一プルーデント・インベスター法（Uniform Prudent Investor Act 1994）（以下、「UPIA」という）ではこの Prudent Investor Rule が体系的に成文化された。本稿は、この Legal List Rule や Prudent Man Rule がどのようにして Prudent Investor Rule に変容していったかを明らかにするとともに、Prudent Investor Rule における判断基準を明らかにすることを目的とする。

なお、取締役と会社の法律関係については、米国法的理解ではその根底に信託関係（Fiduciary Duty）を認め、これに基づいて取締役の善管注意義務や忠実義務や利益相反取引を説明することが一般的であり、本稿におけるプルーデント・インベスター・ルールの研究は、取締役の会社に対する義務の判断基準を明らかにすることにも有益であることを付言しておく。すなわち、会社の取締役は会社から会社財産の管理・運用を任されていると考えられることから、取締役と会社間には信託関係あるいは信託類似の関係を見出すことができるのであって、取締役が会社財産の運用等を行う際には、信託の受託者が負う義務と類似の義務が課されるべきだからである。

なお、Prudent Investor Rule の訳語については、「思慮ある投資家の準則」と訳すものがあり[5]、また、Prudent Investor について「合理的な投資家」と訳すものがある[6]。Prudent なる用語は、一般には「思慮分別のある、慎重

ント・インヴェスター・ルールの実際的機能」前田庸先生喜寿記念『企業法の変遷』（有斐閣、2009年）375頁～397頁、木村仁「投資に関する信託行為の定めと受託者の注意義務――アメリカ法における受託者の分散投資義務を中心に」法と政治63巻2号（2012年）1頁～94頁、樋口範雄『入門　信託と信託法〔第2版〕』（弘文堂、2014年）176頁～188頁、小山田朋子「第5章　投資に関する義務（プルーデント・インベスター・ルール）の内容と範囲――強行法規性の意味と範囲」樋口範雄＝神作裕之編『現代の信託法――アメリカと日本』（弘文堂、2018年）147頁～174頁、神作裕之「第6章　合理的な投資家の準則とスチュワードシップ活動」同175頁～192頁。

5　神作裕之「第7章　資産運用業者のフィデューシャリー・デューティーとスチュワードシップ責任」神作裕之編『フィデューシャリー・デューティーと利益相反』（岩波書店、2019年）264頁。

6　樋口範雄『入門　信託と信託法〔第2版〕』（弘文堂、2014年）183頁。この訳語は、信託財産の管理運用を委ねられた受託者は、「慎重であるべきときには慎重に、しかし

な」[7]と訳されるが、日本語訳を無理にあてることで、他の英語を想起してしまうことも懸念されるので[8]、以下では、Prudent Man Rule を「プルーデント・マン・ルール」[9]といい、Prudent Investor Rule を「プルーデント・インベスター・ルール」[10]という。なお、プルーデント・インベスター・ルールの外延は、信託財産の投資等をめぐる信託の設定、信託事務執行または信託の利益分配等にかかわるアレンジメントにおける権限と義務を束ねたものとする。

1 プルーデント・マン・ルールの形成

(1) リーガル・リスト・ルール

(ア) リーガル・リスト・ルールの背景――南海泡沫事件

1850年以降の英国では、投機活動から信託の受益者を保護するために、受託者による信託財産に属する金銭の投資対象は、裁判所または議会が定めた投資先リスト（コート・リスト）(Court List) に載っているものに限られ、具体的には、コンソル公債 (British consol)[11]等の政府保証債に限られ[12]、銀行や

積極的に動くべき時は積極的に動くような人間」であるという趣旨に基づくものである。

7 小山貞夫編著『英米法律語辞典』（研究社、2018年）893頁、田中英夫編集代表『BASIC 英米法辞典』（東京大学出版会、1993年）148頁。

8 たとえば、「思慮ある投資家」は「thoughtful investor」と、「合理的な投資家」は「rational Investor」と想起されることもあろう。

9 prudent-person rule と定義される場合（BRYAN A. GARNER, BLACK'S LAW DICTIONARY 1482 (11th ed. 2019)）があるが、受託者が信託財産を管理運用等する際に、注意義務の判断基準を自らの財産か他人の財産を扱う場合と同等な程度にするかによって、区別されている。自らの財産を扱う場合を prudent man rule とし、他人の財産を扱う場合を prudent person rule とし、他人のための投資と自らの投資と相違をすべて拒否する場合を prudent investor rule としている（KURTZ, *supra* note 1, at footnote 78.)。「prudent man」と「prudent person」は互いに置き換えることができるとの表記もある（KURTZ, *supra* note 1, at 606.)。

10 Business Judgement Rule について、最近では「経営判断の法理」と訳すよりも「ビジネス・ジャッジメント・ルール」としてそのまま示すことが多いが、これと同様である。

11 18世紀のイングランドで発行された満期日なく（lacks a maturity date）永久的に利子が支払われる債券のことである。BRYAN A. GARNER, BLACK'S LAW DICTIONARY 385, 220 (11th ed. 2019).

12 Mayo Adams Shattuck, *The Development of the Prudent Man Rule for Fiduciary Investment in the United States in Twentieth Century*, 12 OHIO ST.L.J. 491, 492 (1951).

民間会社や貿易会社の株式等への投資は禁止されていた。[13]

その背景には、いわゆる南海泡沫事件[14]がある。当時約1000万スターリングに及んだ巨額な陸海軍等の債務によって失った公共の信用（public credit）を回復させるために、初代オックスフォード＝モーティマー伯爵ロバート・ハーレー（Harley Earl of Oxford）の提案により1711年に設立された南海会社は、後に貿易独占権を取得し、英国議会決議で法人格が付与されたが[15]、その後スペイン国王との間で植民地への黒人奴隷供給契約（assiento contract）[16]を締結し、奴隷貿易を行った。[17]しかし、1720年に同社の株価は発行価格の10％まで急落し、当時の経済社会に大きなショックを与えた。そして、これに関連して、受託者の裁量で同社の株式で運用されていた信託財産は甚大な損失を被り、一部の投資家[18]は破産を余儀なくされた。[19]

13　JAIRUS WARE PERRY & EDWIN A. HOWES JR. (revised and enlarged), A TREATISE ON THE LAW OF TRUSTS AND TRUSTEES 731-733 (6th ed. 1911). 同書の電子版は〈https://archive.org/details/jairustrustees01perr/page/344/mode/2up?ref=ol&view=theater〉参照。

14　SITKOFF & DUKEMINIER, *supra* note 1, at 626.

15　CHARLES NACKAY, EXTRAORDINARY POPULAR DELUSIONS, THE MONEY MANIA: THE MISSISSIPPI SCHEME THE SOUTH-SEA BUBBLE, & THE TULIPOMANIA, 46 (2002).

16　*Id.* at 47.

17　Helen Julia Paul, *The South Sea Company's Slaving Activities*, (Discussion Papers in Economics and Econometrics, School of Social Sciences Economics Division University of Southampton. 〈https://cdn.southampton.ac.uk/assets/imported/transforms/content-block/UsefulDownloads_Download/326F907A8F434B05B2199578407AA4B6/0924.pdf#_ga=2.180240164.1012940482.1671892758-998676172.1671892758〉。

18　天才科学者のアイザック・ニュートンも1720年南海バブルの被害者の一人といわれ、わずか9カ月でニュートンの生涯貯蓄金である2万ポンドをすべて失った。大きな打撃を受けたニュートンは「私は天体の動きを計算することができるが、人間の狂気を計ることができない。（I can calculate the motion of heavenly bodies, but not the madness of people）」という言葉を遺した。FRANCISCO GARCIA PARAMES, INVESTING FOR THE LONG TERM MY EXPERIENCE AS AN INVESTOR 124 (2018).

19　しかし、南海会社は奴隷貿易を中止することがなく、1720年以降でもアメリカ大陸のスペイン領に大量の奴隷を導入させていた。その理由としては、南海会社の経営組織はしっかりしていたこと、南海会社に投資した者が壊滅に至らなかったこと、本国である

そこで、英国政府やコモン・ロー裁判所は、南海泡沫事件のような経済的リスクや危機から受益者を保護する必要があると判断し、信託財産に属する金銭の投資範囲を厳格に制限する立場をとるようになり、すなわち、前述したように信託財産に属する金銭の投資対象はコンソル公債をはじめとする元利保証付き公的証券（government obligation）に限定されていた。[20] このように、信託財産に属する金銭の投資に対する保守的な方針が確立されたことにより、受託者は、コート・リストに従って信託財産に属する金銭の投資を行うことしかできなくなり、逆に、コート・リストに従って投資をした場合には、受託者の責めに帰すべき損失は発生しないことになった。このようなコート・リストによる制限ルールを、以下では、リーガル・リスト・ルールという。

(イ) リーガル・リスト・ルールの変遷

前述のように、18世紀の英国では信託財産に属する金銭の運用に関しては非常に保守的かつ強制的な立場が採用され、受託者が投機的な（speculative）株式投資を行うことは厳しく制限され、信託財産に属する金銭は、リーガル・リスト・ルールに従って政府保証債等でしか投資することができなかった。[21] そして、このようなリーガル・リスト・ルールは、経済社会情勢に合わせてリーガル・リストの指定投資先の拡大が図られ、それによってルールが柔軟化した。[22]

イングランドからも経済的支援を受けたことと分析されている。*Id.* at 6, and Appendix fig. 1, fig. 5.

20 Shattuck, *supra* note 12, at 491, 492, Stephen P. Johnson, *Note, Trustee Investment: The Prudent Person Rule or Modem Portfolio Theory, You Make the Choice*, 44 Syracuse L. Rev. 1175, 1175 (1993), W. Brantley Phillips, Jr., *Chasing Down the Devil: Standards of Prudent Investment Under the Restatement (Third) of Trusts*, 54 Wash. & Lee L. Rev. 335, 338 (1997), 〈https://scholarlycommons.law.wlu.edu/wlulr/vol54/iss1/8〉.

21 KURTZ, *supra* note 1, at 606.

22 ARTHUR UNDERHILL, M.A., LL,D., A PRACTICAL AND CONCISE MANUAL OF THE LAW RELATING TO PRIVATE TRUSTAND TRUSTEES 221 (1904). 英国のリーガル・リストに関する法制は経済社会の変化に伴って緩和されてきた。1961年英国受託者投資法（Trustee Investment Act 1961）は信託財産に属する金銭による投資について、助言なき狭義投資（Part Ⅰ Narrower-Range Investment not Requiring Advice）、助言付

また、北米大陸の英国植民地において継承されたリーガル・リスト・ルールは、19世紀の穏やかな保守主義（placid conservatism）が特徴となり[23]、経済成長の拡大の要請を受けて強行（mandatory）リストと任意（permissive）リストに分けられるようになった[24]。受託者は、「強行リスト」にあげられた投資対象に信託財産を投資すれば、例外的ケース[25]を除いて、たとえ信託財産に損失が生じても注意義務違反として損害賠償責任を追及されることがないものとされた一方で、「任意リスト」にあげられた投資対象については、受託者は専門的意見を得たうえで信託財産を投資することができるが、それでも可能な限り安全性・収益性がより高い投資先が求められ、信託財産に損失が生じた場合には、受託者は客観的に注意義務を履行したことを証明しなければその責任を回避できないものとされた。なお、任意リストにあげられた投資対象に投資した後にその投資対象が任意リストから除外されたときは、受託者はその変更によって生じた損失については責任を負わないものとされていた[26]。

また、受託者はリスト範囲内で信託財産を投資等してもリスクの軽減に努め、信託事務を慎重に行う必要がある。つまり、強行リストと任意リストの分類においても、信託財産に属する金銭を投資するときに、特定の法定リスト（specified statutory classes）にある証券に投資した受託者は合理的な投資判断および裁量（reasonable judgment and discretion）を行う必要があり、それを欠く場合には受託者の責任は免除されない[27]。もちろん、任意リストに含まれていない証券に信託財産を投資した受託者は、通常の慎重な人であれば信託目的を達成するためにその投資をするであろうことを証明できなけれ

き狭義投資（Part Ⅱ Narrower-Range Investments Requiring Advice）と広範囲投資（Part Ⅲ Wider-Range Investments）を分類し、一般会社の株式への投資も容認されるようになった。たとえば、英国登記会社の発行株式への投資（Part Ⅲ 第3条）。

23　Shattuck, *supra* note 12, at 493.

24　GERRY W. BEYER, WILLS, TRUSTS, AND ESTATES 407 (8th ed. 2023).

25　Delafield v. Barret, 270 N.Y. 43 (1936).

26　First Nat'l Bank & Trust Co. v. Flynn (In re Flynn's Estate), 1951 OK 310.

27　*See* BOGERT, *supra* note 2, at 332, In re Weinz' Will, 65 N.Y.S.2d 302 (Sur. 1946).

ば、当該証券の投資による損害賠償を負う。[28]

米国の中では、マサチューセッツ州のようにリーガル・リスト・ルールを採用しない州もあったが、ニューヨーク州等の州ではリーガル・リスト・ルールを採用していた。[29] しかし、リーガル・リスト・ルールは、受託者の免責のためには有用な一面があるが、他方においては、投資対象を制限するものであり、米国における資本市場の発展の中で、受託者がリーガル・リスト・ルールに従って強行リストにあげられた投資対象でしか運用できないことは、かえって信託目的の達成や信託財産に属する金銭の投資収益を実現することが難しくなり、強行リストに含まれない証券に投資すれば取得できたであろう利益は強行リストに従った投資収益を倍以上も上回ると指摘されていた。[30] プルーデント・マン・ルールはこのような背景の下で登場してきたものであり、1940年代からは多くの州においてリーガル・リスト・ルールに代わりプルーデント・インベスター・ルールが採用されるようになった。[31]

(2) プルーデント・マン・ルールの生成

(ア) プルーデント・マン・ルールの萌芽——Harvard College v. Amory 事件

プルーデント・マン・ルールの萌芽は、Harvard College v. Amory 事件

---

28 In re Cook's Trust Estate, 20 Del. Ch.123 (1934).

29 King V. Talbot（King v. Talbot, 40 N.Y. 76（1869））は、通常の株式投資は本質的にプルーデントな行為ではないと判示し、この判決を受けてニューヨーク州はリーガル・リスト・ルールを採用し、任意リストを定めた。LONGSTRETH, *supra* note 3, at 12, JOHN RITCHIE, NEILL H. ALFORD, JR., RICHARD W EFFLAND, JOEL C. DOBRIS, DECEDENTS' ESTATES TRUSTS CASES AND MATERIALS 1276 (8 th. ed. 1993).

30 Shattuck, *supra* note 12, at 501. たとえば、当時は「強行リスト」に従った信託財産に属する金銭の投資ポートフォリオの利益率はせいぜい2％に対して、マサチューセッツ州をはじめプルーデント・マン・ルールを採用している州では、容易に4％の利益率を達成できた。

31 しかし、ノースダコタ州（非法人受託者のみ）、アラバマ州、ケンタッキー州およびウェストバージニア州はリーガル・リストを存続させたため、これらの州において信託を引き受けた受託者は、合理的な注意をもってリストに指定された金融商品に投資することが求められた。BOGERT, *supra* note 2, at 332.

(1830年)[32]にみられる[33]。また、同事件は、リスク回避型（avoidance of risk）からリスク管理型（management of risk）へと転換する米国信託財産投資ルールの形成において大きな意義を有し、プルーデント・インベスター・ルールの形成につながる役割を果たしたといわれている[34]。

(A)　事実の概要

訴外被相続人（訴外の遺言者）ジョン・マクレーン（John M'Lean）は、遺言をもって遺言執行者の「ジョナサン・アモリとフランシス・アモリ（被控訴人Y）を共同受託者とし、生前に住宅として利用していた物件、特定の私有動産と現金35,000ドルを合わせて50,000ドルを信託財産として信託を設定した。分配については、第1受益者である訴外被相続人の妻が生きているうちに、信託財産から半年か四半期（quarterly or semi-annual）に一回その妻に分配をし、第1受益者の死亡後は、信託財産における残余財産（現実価格）(in actual value）の半分を、ハーバード・カレッジ（Harvard College）（控訴人 X_1）の学長と評議員会（president and fellows）に与え、残りの半分（the other moiety）に相当する信託財産を、マサチューセッツ州総合病院（Massachusetts General Hospital）（控訴人 X_2）の理事会（trustees）に与え、前者の用途は排他的に永遠に（exclusively and forever）X_1 に所属する古代史または現代史を専門とする教授への支援とし、後者の用途は、X_2 が行う包括的な公益目的（general charitable objects）の有する活動に与えるとしていた。

このスキームにおいては、信託財産に属する金銭の運用方法や受託者の権限と義務については、訴外被相続人は共同受託者に対して明確な意思を表示していた。つまり、共同受託者は、自ら最善の裁量と判断（best judgement

---

32　Harvard College v. Amory, 26 Mass. 446 (Mass. 1830). 本判決の分析に関するすべての事実、当事者の主張、裁判所の判断および裁判官の代表意見等は、すべて本控訴審判決文に依拠する。

33　*See* Edward C. Halbach, Jr., *Trust Investment Law in the Third Restatement*, 77 Iowa L. Rev. 1151, 1152 (1992).

34　Arthur B. Laby, *Fiduciary Principles in Investment Advice, in* THE OXFORD HANDBOOK OF FIDUCIARY LAW 145, 156（Evan J Criddle, Paul B. Miller, Robert H. Sitkoff ed., 2019).

and discretion）により、信託財産を、①十分に担保される前提での貸付け、または、②安全かつ収益性のある株式（safe and productive stock)、公的ファンド（public funds)、銀行の持分（bank shares)、その他の株式（other stock）への投資を行う権限があるとされた。また、投資先のファンドの選定または投資による利益、受取利息もしくは配当の取立てを行う際に、共同受託者に対して常に「特別な注意（particular care and attention)」をもって履行することが求められた。他方、訴外被相続人は、上記の「信託財産による貸付けや株式の処分、再投資または変更を行う権限を受託者らに与え、信託財産に属する金銭の安全と利益について、Ｙが必要な判断（in their judgment require）を自ら行うことができる」権限を与えていた。さらに、訴外被相続人は、「Ｙの能力（ability)、忠実さ（fidelity）および勤勉さ（diligence）について全く疑わず、信託の事務を注意深く（conscientiously）誠実に（faithfully）執行されると信用した。そして、共同受託者はそれぞれの行為や違約について責任を持つ必要はないが、自らの行為や違約について単に説明責任（simply be accountable）が生じる」にすぎないと遺言で明確に示しており、これにより、共同受託者は、信託財産に属する金銭の投資について広範な権限を有し、最善の裁量と判断の下で株式投資もできるものと認められた。

訴外被相続人が1823年10月23日に死亡したため、同年11月３日に遺言および補足書面（will and codicil）はサフォーク郡（Suffolk County）プロベート裁判所によって認証された。その後、その投資方法をめぐって、遺言執行者たる共同受託者と X_1、X_3 との間に意見対立が続いていたが、信託財産のすべては製造会社および保険会社等の株式に投資され、８％の配当金収益を得ていた。５年後、第１受益者たる訴外被相続人の妻が死亡したため、Ｙは、Ｘらに対して事前通知書を送付し、1828年10月にプロベート裁判所に受託者口座の解約と受託者の辞任を申し立てた。1829年１月12日、プロベート裁判官はＹの申立てを認めた。Ｘらはこの判決を不服とし、残余信託財産の38,000ドルと当初信託財産の50,000ドルの差額である12,000ドルに相当する賠償をＹに求め、控訴した。

(B) 判旨と分析

この事件において、マサチューセッツ州最高裁判所（控訴審）は、プロベート裁判所（probate court）の原判決（信託口座に生じた損失は、Yを含む共同受託者が信託財産の投資等において故意に義務を怠ったものではない以上、Yはその損失について責任を負わない）を支持し、その理由として「共同受託者は訴外の遺言者の意思に従って信託財産を製造会社や保険会社の株式に投資した[35]。第1受益者である訴外被相続人の妻は反対の意思を示していない。共同受託者は信託財産に属する金銭の投資プロセスに忠実に合理的に信託事務を執行した。それ故、共同受託者は遺産に生じた損失の責任を負わない。信託財産をいかに合理的に投資しても、信託財産の元本の減少というリスクは常に存在しているため、共同受託者が信託事務を忠実かつ慎重に履行したか否かを判断する際には、その基準は、合理的（sound discretion）・慎重（prudence）・賢明（intelligence）な者が自らの事務を扱う場合と同様に処理すれば足りる。共同受託者は、信託財産を長期的に投資する場合には、投資した信託財産の安全を守り、同時に可能なリターンを計算する必要があるが、投機に該当するか否かは関係ない。さらに、合理的な投資判断がされたならば、受託者はいかなる投資をも行うことができる。その投資先には、通常の株式に投資するような投機的な投資が含まれる」と示した。本判決はプルーデント・マン・ルールを確立したものである。すなわち、受託者は、信託財産の投資等において自己の固有財産を取扱うときと同様な合理的かつ慎重な対応を怠っていなければ、信託財産に損失が生じてもその損害に対して責任を負わないとされたのである。

さらに、プトナム判事（Putnam J.）は、信託財産に属する金銭の運用におけるリスクについて、「いかなる対策を講じようとも、資本は常に危険にさらされる」（Do what you will, the capital is at hazard）を指摘した[36]。この考

35　マサチューセッツ州等においては、委託者が信託設定前に行っているいかなる投資についても、信託設定後に受託者はそれを継続することができる。THOMAS CONYNGTON, HAROLD C. KNAPP, PARUL W. PINKERTON, WILLS, ESTATES, AND TRUSTS A MANUAL OF LAW, ACCOUNTING, AND PROCEDURE, FOR EXECUTORS, ADMINISTRATORS, AND TRUSTEES 118 (1921).

36　26 Mass. 446, *460; 1830 Mass. LEXIS 38, **28. 楊林凱＝菊池純一＝土橋正「複合リスクの資産群管理における善管注意義務に係る予防原則――未然防止と予防原則と合意形成の三軸の視座から」場の科学8号（2023年）26頁。

え方は、今日の信託財産に属する金銭による投資におけるリスクの分担設計において重要である。前述したように、信託財産による投資の歴史の長い間、受託者はリーガル・リストに記載された金融商品に「安全な投資」を行ってきたが、不確実性は市場競争の中心的なファクターであるため、投資概念としての安全は現代では妥当せず、受託者にとって最重要な役割は、リスクの回避ではなくリスク・マネジメントである。[37]

(イ) プルーデント・マン・ルールの成文化

しかし、前述のように、18世紀・19世紀には、信託財産の投資等について元本割れのない安全投資が重視されたため、プルーデント・マン・ルールの成文化は、20世紀に入ってから経済社会の変化に伴ってみられるようになった。[38] たとえば、米国銀行家協会（American Bankers Association）が1942年に公表した模範プルーデント・マン・投資法（Model Prudent Man Investment Statute）、1959年の米国信託法第２次リステイトメント（the Restatement of the Law, Trusts（Second））、ニューヨーク州が1970年に採択した独自のプルーデント・マン・ルール、統一州法委員会全国会議（the National Conference of Commissioners on Uniform State Laws）が1969年に採択した統一プロベート法典（Uniform Probate Code）[39]、同全国会議が1972年に制定した公益組織のファンドの運用に関する統一州法（Uniform Management of Institutional Funds Act）、さらに1974年に施行された従業員退職所得保障法（the Employee Retirement Income Security Act）（以下、「ERISA」という）は、それぞれ1830年の Harvard College v. Amory 事件において示されたプルーデント・マン・ルールを成文化したものである。[40]

また、上記の立法例には、信託財産の投資等における受託者の注意義務の

---

37 LONGSTRETH, *supra* note 3, at 154.

38 実証研究によると、プルーデント・マン・ルールを採用した州の信託財産は一般に株式投資で運用され、その収益はリーガル・リスト・ルールを採用した州の信託財産に属する金銭の投資収益の約２倍を上回った。KURTZ, ENGLISH, GALLANIS, *supra* note 1, at 606.

39 統一プロベート法典（1969）の条文は〈https://higherlogicdownload.s3-external-1.amazonaws.com/UNIFORMLAWS/upc_scan_1969.pdf?AWSAcces〉参照。

40 TRAIN & MELFE, *supra* note 3, at 21-23 (1999).

判断基準について、プルーデント・マン・ルールを修正したものが現れた。たとえば、米国信託法第１次リステイトメント174条および米国信託法第２次リステイトメント174条は、「受託者は、受益者に対してプルーデンス義務を負い、信託財産の投資等において、通常のプルーデントな人が自らの財産を扱う場合と同様の注意義務を負い、かつ能力を用いる。受託者が通常のプルーデントな人より高い能力を有すると自ら表明した場合には、その高い能力を用いて義務を履行しなければならない」を定めていた。これに対して、1969年の統一プロベート法典第７-302条や1974年のERISA29条は、信託財産の投資等における受託者の注意義務について、プルーデントな人が他人の財産を扱う場合と同様な基準に従わなければならないと定めた。つまり、その後の変遷においては、受託者の投資義務の注意基準は、「自らの財産」から「他人の財産」という高い基準に変更されたのみならず、特定の受託者（particular trustee）ではなく、仮定されるプルーデントな人（hypothetical prudent person）という客観的基準[41]を採用するようになった。ただし、客観的にプルーデントな受託者を注意基準として受託者の行為を認定することは難しいため、機関投資家等の受託者が同様な投資判断をしたかによって認定する傾向があると指摘された[42]。また、信託財産に属する金銭の投資の評価は、個別投資の結果によって行われており、当該信託財産に属する金銭による個々の投資の結果を合わせて、つまり一つの投資ポートフォリオとして評価する方法は確立されていなかった。

2　プルーデント・インベスター・ルールの形成

プルーデント・インベスター・ルールの形成背景には、以下のようなそれまでのプルーデント・マン・ルールに対する批判があり、信託財産の投資等に関する立法は、投資リスク回避型（investment-level risk avoidance）から現代ポートフォリオ理論に基づくポートフォリオ・リスク管理型（portfolio-level

41　GEORGE GLEASON BOGERT, DALLIN H. OAKS, H.REESE HANSEN, STANLEY D.NEELEMAN, CASES AND TEXT ON THE LAW OF TRUSTES 284 (9th ed. 2012).

42　Chase v. Pevear, 383 Mass. 350 (1981), *id.* at 311.

risk management）へと変わっている。[43] ただし、プルーデント・インベスター・ルールについては、リスクの高い株式への信託財産による投資を促すという好ましくない影響があるため、受益者を市場の過剰リスク（excess market risk）から守るセーフ・ハーバーの枠組み（safe harbors approach）を構築する必要もある。[44]

(1) プルーデント・マン・ルールに対する批判

(ア) 信託財産による投資の部分リスクにこだわる制約

プルーデント・マン・ルールは、信託財産による投資について、それによるリスクを全体的に考慮せず、個々の投資によるポートフォリオのリスクの評価にこだわる傾向がある。その弊害として投資の判断基準が硬直化し、投資先たる資産の配分が受益者の最善の利益の達成に不利に働く可能性がある。ある受託者が行った投資が、経済的効率の低いポートフォリオであり、最適なものではない場合があるが、同様な予測利益でリスクがより低い他のポートフォリオが設定できなければ、当該効率の低いポートフォリオが採用される。効率の低いポートフォリオのほうが損失を被る可能性が高いため、年金ファンドを運用するプルーデントな受託者は経済的に効率の高いポートフォリオの中から最適なポートフォリオを選択すべきである。[45]

(イ) 自己の財産を扱うのと同様の注意義務による制約

プルーデント・マン・ルールは、プルーデントな人が自己の財産を扱うのと同様の注意、スキルおよび能力を有していれば足りるとされていた。関連法規は、現代ポートフォリオ理論を受けて、前述したように「自己の財産を取扱う」という基準を改めて、「他人の財産を取扱う」という基準を採用するようになった。

しかし、信託財産に属する金銭の投資について、「自らの財産」と「他人

---

43 SITKOFF & DUKEMINIER, *supra* note 1, at 639.

44 Stewart E. Sterk, *Rethinking Trust Law Reform: How Prudent is Modern Prudent Investor Doctrine?* 95 Cornell L. Rev. 888, 904 (2010).

45 *See* Roger D. Blair, *ERISA and the Prudent Man Rule: Avoiding Perverse Result*, SLOAN MANAGEMENT REVIEW 15, 21 (Winter 1979).

の財産」を峻別する難しさは依然として残っている。[46]

(ウ)　新しい金融商品等への投資のニーズによる要請

現代ポートフォリオ理論により新しい金融商品や技術が開発されてきたにもかかわらず、プルーデント・マン・ルールの下では、信託財産に属する金銭の運用について受託者の合理的な判断は制限され、信託目的とは逆効果をもたらしてしまうおそれがある。そもそも信託財産の投資等は受託者の権限・義務であり、受託者はできる限り投資戦略にハイリスク・ハイリターンの投資プランを組み入れる。また、信託財産に属する金銭の投資ポートフォリオの全体的なリスクを低減させるために、受託者は抽象的にハイリスクが伴う投資方法を利用する場合もある。[47]

(2)　リスク分散投資を可能にした現代ポートフォリオ理論

(ア)　現代ポートフォリオ理論

現代ポートフォリオ理論は、資産のリスクと期待収益率（expected return）の相関関係（correlation）に着目したうえで資産のリスクと期待収益率の最適値を求める理論であり、UPIAの基礎となっている。[48] 資産のリスクには、市場リスク（market risk）と個々の投資の固有リスク（idiosyncratic risk）が含まれ、前者は「ハイリスク・ハイリターン」という言葉が示すように、一般に高い期待収益率に高い市場リスクが伴う関係であり、後者は分散投資によって軽減または回避する可能である。[49] つまり、現代ポートフォリオ理論に基づく投資は、リスク許容度（allowance for risk）と期待収益率の組み合わせにより、個別投資の結果に拘らず投資全体の収益の最大化（maximize overall return）[50] を図る最適ポートフォリオ（分散投資）を導くものである。

46　*See* Martin D. Begleiter *Does the Prudent Investor Need the Uniform Prudent Investor Act-An Empirical Study of Trust Investment Practices*, 56 Me.L.Rev.27, 28 (1999).

47　*See* LONGSTRETH, *supra* note 3, at 155, 156.

48　THOMAS P. GALLANIS, FAMILY PROPERTY LAW CASES AND MATERIALS ON WILLS, TRUSTS, AND ESTATES 566-567 (7th ed. 2019).

49　SITKOFF & DUKEMINIER, *supra* note 1, at 639.

50　GALLANIS, *supra* note 48, at 567.

(イ) 資本資産価格モデル

このような現代ポートフォリオ理論は、経済学者ハリー・マックス・マーコウイッツ（Harry Max Markowitz）（1990年ノーベル経済学賞）が1952年に発表した論文「ポートフォリオの選択」（Portfolio Selection）で発表された資産運用の安全性に関する基本理論である[51]。

そして、経済学者ウィリアム・F・シャープ（William F. Sharp）は1963年にこのポートフォリオ理論を基に計算方法を簡素した資本資産価格モデル（Capital Asset Pricing Model）を発表し[52]、このモデルにより大規模な証券投資におけるポートフォリオ理論の応用性が向上し[53]、資産の期待収益率とリスクの定量関係を分析する均衡理論（equilibrium）で期待収益を得るに必要とされる合理的基礎（rational basis）を提供した[54]。

---

51 *See* Harry M. Markowitz, *Portfolio Selection*, 7(1) THE JOURNAL OF FINANCE 77, 77–91 (1952), 〈https://doi.org/10.2307/2975974〉. 同理論に関する単行書も出版されている（HARRY M. MARKOWITZ, PORTFOLIO SELECTION EFFICIENT DIVERSIFICATION OF INVESTMENTS (1959)）。楊ほか・前掲（注36）26頁。日本で経済学の立場から、「長期の証券投資」をテーマとして「最善と判断した長期投資の方法論」を明らかにし、「ポートフォリオ構築のための具体的なメッセージ」を伝え、「長期・多期間の投資決定の理論とその実践方法」を論じているものに、安達智彦＝池田昌幸『長期投資の理論と実践――パーソナル・ファイナンスと資産運用』（東京大学出版会、2019年）。

52 See William F. Sharpe, *A Simplified Model for Portfolio Analysis*, Vol. 9, No.2 Management Science 277, 277-293 (1963), 大垣尚司『金融と法――企業ファイナンス入門』（有斐閣、2010年）446頁～447頁。

53 資本資産価格モデルは発表当時から批判を受けてきたが、資本市場の一般均衡論として関係者によって広く利用され、その「扱い易さ」、資産の「収益とリスクとの間の関係の明瞭性、経済学的解釈の容易さなど」のメリットが評価されている。辻聖二「資本資産評価の裁定理論についての一考察」経済論究78号（1990年）71頁〈https://catalog.lib.kyushu-u.ac.jp/opac_download_md/2920780/078_p071.pdf〉。

54 Robert A. Levy, The Prudent Investor Rule: Theories and Evidence, 1 GEO. Mason L. REV. 1, 15 (1994). また、Levy 論文によると、次の研究は CAPM モデル（均衡理論）の形成に対して重大な貢献をした。William F. Sharpe, *Capital Asset Prices: A Theory of Market Equilibrium under Conditions of Risk*, Vol.XIX, No. 3 The Journal of Finance 425, 425-615 (1964), John Lintner, *Security Prices, Risk, and Maximal Gains from Diversification*, Vol.XX, No. 4 The Journal of Finance 587, 587-615 (1965).

もっとも、リアルな経済活動は極めて複雑なものであり、それを明らかにすることが困難であり、そのメカニズムを究明するためには、影響の少ないまたは影響の少ないと思われる要素を取り除いてモデルをつくる必要がある。そこで、「摩擦のない環境の中で物体の運動モデルを作る物理学者」の方法と同じく、株価の変動に制度的摩擦（コスト）がない前提で、「経済学者が分析モデル」を構成することになる[55]。資本資産価格モデルは、次の①～⑨のような仮定を前提としている[56]。

① 情報システムが効率的（informational efficiency）であることから、投資家はあらゆる市場情報を取得でき、いかなる資産の取引コストも存在しない（no transaction costs）。

② すべての資産は無限に細分化（infinitely divisible）することができ、誰でも投資しやすい。

③ 個人所得税（personal income tax）は存在しない。つまり、収益が配当によるか資産売却によるか（dividends or capital gains）について無関心である。

④ 一人の投資家の取引行動は株価（完全な競争市場（perfect competition）の需要供給関係によって決められるもの）に影響を与えることがない。ポートフォリオに組み込まれた株式の価格は、すべての投資家の取引によって形成される。つまり、想定される市場は完全かつ効率的な市場に類似する。

⑤ ポートフォリオの投資収益率（return on portfolio）は、資産のリターンの平均（将来のリターンに対する期待値）と分散たる標準偏差（standard deviation）で決められ、この二つのパラメータ（リスクに対する予測）について投資家は同様な予想を有する。つまり、資本市場における投資はリスキー（investment is risky）であって、投資収益は不確定性が伴うも

55 EDWIN J. ELTON, MARTIN J. GRUBER, STEPHEN J. BROWN, WILLIAM N. GOETZMANN, MODERN PORTFOLIO THEORY AND INVESTMENT ANALYSIS 292 (6th Ed. 2003).

56 *See* LONGSTRETH, *supra* note 3, at 169-170 (1986), *id.* at 293. 辻・前掲（注53）72頁参照。

のであるが、正規分布になり、異なるリターンにおいて相関関係がある。

⑥ 無制限の空売り（unlimited short sales）は許される。つまり、空売りの量や銘柄について規制は存在しない。

⑦ 投資家はリスクなしに無制限に借入れや貸付け（unlimited lending and borrowing at the riskless rate）をすることができる。

⑧ 投資家は平均分散最適化（mean variance of return）を好む。すべての投資家は正確な立場で最適な期間を決め、ポートフォリオの決定に必要とされるインプットについて同様な期待を有する。ここでいうインプットには期待収益、収益の偏差および相関行列（correlation matrix）（すべてのペアトレードの対象となる銘柄（pair of stock）の関連構造（correlation structure）を表示するもの）が含まれる。また、すべての投資家は合理的でありかつリスクを嫌い（rational and risk-averse）、できる限り高い経済効果を求める（aim to maximize economic utility）が、収益率が同一であれば低いリスクのほうを選ぶ。

⑨ 人的資本を含むすべての資産は、市場性（marketable）を有する。

これらの仮定に基づいて展開された資本資産価格モデルは、関係式で表すと E(Ri)=Rf+ßi[E(Rm)－Rf][57] となる。この数式の中、E(r)は資産の期待収益率（expected return on any asset of portfolio）、Rf は安全資産のリターン（riskless rate of interest）、ßi は当該資産のリスク指標（sensitivity of the return of asset I to the return on the market portfolio）（資産ごとにßの値が異なるが、ßの値が1を上回った場合は、マーケット全体のリスクより当該株式のリスクのほうが高く、変動しやすく、リターンは大きくなる）、E（Rm）はマーケットポートフォリオの期待収益率（expected return on the market portfolio of all risky assets）の意味である。つまり、「資産の期待収益率は、安全資産のリターンと市場全体と連動したリスクへの見返り（マーケット・リスク・プレミア）の合

57 *Id.* at 192, ELTON, *supra* note 55, at 299, 辻・前掲（注53）73頁、〈https://glossary.mizuho-sc.com/faq/show/157?site_domain=default〉、楊ほか・前掲（注36）27頁。

計」[58]である。

これらの理論は、投資対象として選択できる株式のリスクとリターンの組合せに最も有利な選択肢につなげる効率的フロンティア（efficient frontier）を確定するために効果的な価格分析モデルを提供した。しかし、現代ポートフォリオ理論は、一定期間におけるリスクで最大のリターンを求める資産運用に利用価値があるが、将来にわたる超長期的な資産運用や資産の組合せの見直しなど手間をとる個人資産の運用には馴染まないかもしれない。

㈤　現代ポートフォリオ理論に基づくプルーデント・インベスター・ルールに対する批判

近時、「アメリカの金融機関がスチュワードシップ活動を推進するソフトローに自己拘束され、スチュワードシップ活動を積極的に展開する方向に急速に動きつつあること」[59]から、「現代ポートフォリオ理論および効率的資本市場仮説が実際に妥当していない」[60]と指摘されており、そのような現地からは、「現代ポートフォリオ理論と効率的資本市場仮説に立脚している」[61]プルーデント・インベスター・ルールも「部分的な見直しは必至である」[62]と思われる。また、1990年代以来のインターネット・バブル（the dot-com bubble）の崩壊やサブプライム住宅ローン（the subprime mortgage）危機はS&P 500の下落をもたらしたことを受け、現代ポートフォリオ理論に基づく信託財産に属する金銭の投資ルールの是非については見直しの時がきたといわれる。[63]しかし、実証研究では、現代ポートフォリオ理論が信託財産の投資等に適切な基準であるが明らかにされているが、当該理論の廃止や見直しのエビデンスは示されていない。[64]

58　〈https://glossary.mizuho-sc.com/faq/show/157?site_domain=default, see LONGSTRETH supra note 3, at 193, ELTON supra note 55, at 294-299〉.

59　神作・前掲（注４）191頁。

60　神作・前掲（注４）191頁。

61　神作・前掲（注４）192頁。

62　神作・前掲（注４）192頁。

63　Sterk, *supra* note 44, at 867.

64　Max M. Schanzenbach & Robert H. Sitkoff, *The Prudent Investor Rule and Market Risk: An Empirical Analysis*, 11 J. of Empirical Legal Studies 129, 165 (2017).

そこで、仮にプルーデント・インベスター・ルールの見直しが必要とされるときに、受託者の属性（法人受託者対個人受託者または専門家受託者対非専門家受託者）[65]の相違、信託行為等における委託者意思の役割[66]等を意識し、プルーデント・インベスター・ルールについてその形成過程の考察の必要性や導入条件、客観的要件としてのリスク許容度の重要性、客観的な判断基準とその例外規定をあらためて設ける必要がある。

(3)　プルーデント・インベスター・ルールを成文法したニュージーランド信託法

(ア)　1988年修正受託者法

(A)　1988年修正受託者法の概要

コモン・ロー法域において信託財産の投資等に現代ポートフォリオ理論の活用を導入した最初の成文法は、1956年ニュージーランド受託者法（Trustee Act 1956）を根本的に改正した1988年ニュージーランド修正受託者法（Trustee Act Amendment 1988）（以下、「1988年修正受託者法」という）である[67]。1988年修正受託者法は、UPIA と同様に信託財産の投資等において現代ポートフォ

65　信託財産の管理運用等において、非専門受託者に比較して専門受託者はより高度な義務履行が求められ、また、権限の内容や範囲が異なるため、同一当事者であっても遺言執行人を務めるときより信託の受託者を務めるほうが高度な義務履行が求められると解される。BOGERT, *supra* note 2, at 329, 330. 個人受託者よりは、業法や関係規則を適用される法人受託者に対して求められる義務履行の程度が客観的に高いであろう。ただ、重要な信託事務執行にかかわる権限も第三者に委託することが認められるようになり、受託者は事前の表明がなければ、専門受託者の行為基準に服すると解される。John H. Langbein, *The Contractarian Basis of the Law of Trusts*, 105 Yale Law J. 625, 640 (1995).

66　英米間における信託の比較については、「対照的な信託理念」に基づく「委託者による信託支配に対する態度」の相違に現れ、米国の信託では委託者による財産の処分の自由が重視され、「委託者の意図によるコントロールが貫徹する」と分析されている溜箭将之「第１章　委託者による信託支配――英米比較」樋口＝神作編・前掲（注４）１頁〜46頁参照。

67　Andrew S. Butler (1995) *"Modern Portfolio Theory and Investment Powers of Trustees: The New Zealand Experience,"* Bond Law Review: Vol. 7: Iss. 1, Article 8, 34., F Philip Manns Jr., *New Zealand Trustee Investing: Reflecting on Modern Portfolio Theory and The Ancient Distinction of Principal and Income*, 28(4) VICTORIA UNIVERSITY OF WELLINGTON LAW REVIEW 611, 612 (1998).

リオ理論（分散投資）の適用を求めているものの、UPIAと異なる特徴のある信託立法例であり、たとえば、1988年修正受託者法は、一定の規模を超えた信託財産に属する金銭の運用について、現代ポートフォリオ理論に基づいて投資戦略を設け、その投資戦略に従って具体的な投資事務を行うことを求めている。

もともと、1980年代までのニュージーランド受託者法は、英国受託者関係法（Trustee Act 1925, Trustee Investments Act 1961）と同様に信託財産に属する金銭の運用における受託者の権限と義務を制限するリーガル・リスト・ルールを採用したが、その後の改正では一定のポートフォリオで信託財産の収益の最大化およびリスクの最小化を図り、第1受益者と第2受益者の利益を公平に扱い、自己の固有財産を基準とするプルーデント・パーソン・ルールを規定した[68]。さらに、1988年修正受託者法は、他人の財産を扱う際の注意または分散投資義務を基準とするプルーデント・インベスター・ルールを反映する規定を設け、受託者の投資権限と義務の判断基準の明確化を図った。しかし、現代ポートフォリオ理論に基づく受託者の分散投資義務は、任意法規化されたと思われたが、Re Mulligan 事件（後記(イ)参照）で示された裁判所の判断のように、判例上、現代ポートフォリオ理論に基づく受託者の分散投資義務は強行法規に相当する効力があるとも解釈できるため、立法者の意図と司法による解釈の間に齟齬が生じ、信託実務をミスリードする問題が顕在化し、ポートフォリオを利用するインセンティブが減り、受益者の利益に損害を与えるおそれがある[69]。

(B)　現代ポートフォリオ理論に基づく投資権限・義務およびその判断基準

(a)　信託財産に属する金銭の投資権限および投資範囲等

前述したコモン・ローの立場と同じく、1988年修正受託者法13A条は、信託行為に特段の定めがなければ、受託者が信託財産の投資等の権限を有すると定めている。そして、受託者は、投資の時期を問わず、いかなる信託ファンド（金銭が信託財産である場合）も運用することができ、投資の範囲も制限されない（同条(1)号）。また、信託財産に属する金銭の投資効果を求めるた

68　Manns Jr., *Id.* at 612.

69　Butler, *supra* note 67, at 34.

め、受託者はいつでも投資の内容を変更することができる（同条(2)号）。このような1988年修正受託者法による受託者への信託財産の投資等の権限の付与は、リーガル・リスト・ルールを完全に廃止したものといえる。

(b) 他人の財産を取り扱う場合を判断基準とするプルーデンス義務

1988年修正受託者法13Ｂ条は、受託者のプルーデンス義務の一般規定を設け、プルーデント・マン・ルールと峻別して他人の財産を取り扱う際に負うべき注意義務を定めている。受託者は、13Ｃ条または13Ｄ条に特段の定めがなければ、プルーデント・パーソン・オブ・ビジネス（prudent person of business）の有する注意、勤勉およびスキルをもって信託財産を投資する義務を負う。しかし、プルーデント・パーソン・オブ・ビジネスについては、定義規定がないため、プルーデント・インベスターと同様な概念であるか否かが司法の解釈に委ねられる。

(c) 受託者の客観的な属性を判断基準とする注意義務

受託者が信託財産の投資を行う際に、注意義務の判断基準について、1988年修正受託者法13Ｃ条は、受託者が専門家業務・労務・事業活動の全部または一部として受託者となりまたは他人のために金銭投資を行ったのであれば、投資権限を行使する際に、これらの属性から求められる注意等をもって行うことを求めている。すなわち、受託者は、プルーデントな人が他人のために専門家業務・労務・事業活動の事務執行を行う際に求められる注意、勤勉およびスキルをもって投資権限を行使しなければならない。よって、信託財産の投資における受託者の注意義務等は、その者が有する職業等の属性によって判断される。

(d) 分散投資の必要性等投資判断考慮事項

1988年修正受託者法13Ｅ条は、信託行為に特段の定めがなければ、受託者が信託財産に属する金銭の投資判断を行う際に考慮すべき事項として、①信託財産の分散投資の望ましさ、②既存の信託投資の性質と投資されていない信託財産の性質、③信託財産の元本と収益の真正な価値を維持するニーズ、④元本の損失または減価償却のリスク、⑤資本増価の潜在力、⑥可能なインカム・リターン、⑦提案された投資の期限、⑧信託の可能な継続期間、⑨提案された投資の期間中またはその決定時における当該投資の市場性、⑩信託財産の価値の総額、⑪提案された投資の信託の納税義務に対する影響、⑫提案された投資またはその他の信託財産に対するインフレーションの影響の可能性を定めた（(a)号〜(l)号）。これらの事項は現代ポートフォリオ理論の構成要素を反映し、プルーデント・インベスター・ルールに対応する内容となっている。つまり、受託者は信託財産に属する金銭を投資する際に、分散投資の必要性を含む投資の効果に影響を与える詳細な事項を考慮する必要があるとされている。

(イ) Re Mulligan 事件[70]

1988年修正受託者法を最も適切に解釈した裁判例は、1998年の Re Mulligan 事件であり[71]、2019年ニュージーランド信託法（Trust Act 2019）の立法にも大きな影響を与えた。

(A) 事実の概要[72]

訴外遺言者 Mr.Mulligan は1946年４月２日に当時農民に親しまれた慣習用語（terms conventional for farmers）で遺言を作成し、Pyne Gould Gunness Ltd（被告A）と訴外 Mrs. Bessie Mulligan（以下、「訴外 Mrs. Mulligan」という）を共同受託者とし、地元の農民２名をアドバイザリー受託者として指名した。訴外遺言者 Mr.Mulligan は1949年に死亡し、妻の訴外 Mrs. Mulligan を第１受益者とし、多くの遺産（農場の継続収益が含まれる）を残し、訴外遺言者の６名の甥と姪を第２受益者とする旨の遺言で信託を設定した。本件農場は1965年に売却され、その売却益は、訴外 Mrs. Mulligan が死亡した1990年まで確定利付債（fixed-interest securities）に投資されていた。被告Aの複数の業務執行責任者が1965年から1990年まで訴外 Mrs. Mulligan に対してインフレーション対策（counter inflation）として株式に投資するよう説得したが、訴外 Mrs. Mulligan はこれらの提案を堅く拒否し、さらに、被告Aと第２受益者らとの直接な接触も認めなかった。一方、訴外 Mrs. Mulligan は1965年に賃貸用物件を購入し、1972年に賃貸併用住宅も購入し、さらに大き

70 Re Mulligan (Deceased) [1998]1 NZLR 481 [Mulligan].

71 Manns Jr., *supra* note 67, at 613-617.

72 *Id.* at 613. この段落に述べて Mulligan 事件の事実および判旨は，すべて Manns Jr., *supra* note 67, at 613と同事件の判決文（前掲（注70））に依拠する。

な価値の有する株式も保有していた。被告Aは訴外Mrs. Mulliganのこの株式保有について知らなかった。遺言者の財産は、訴外Mrs. Mulliganが死亡したときに、実質的に1965年当時の低い割合に相当する価値しか残らなかった。その後、第2受益者らとその相続人（合計の9名）は、信託違反を理由として被告Aと訴外Mrs. Mulligan（本人の死亡につき遺言執行者であるT JとT F Corbettを被告Bとする）を相手に訴訟を提起した。請求の原因は、株式ではなく確定利付債に投資されたため、第1受益者（インカム受益者）(income beneficiary）に比べて第2受益者（キャピタル受益者）(capital beneficiary）が公平に（even-handedly）扱われなかったことにある。これに対して、被告らは、信託違反はなく、1956年ニュージーランド受託者法73条により、受託者が誠実、合理的に信託事務を執行していれば、信託に違反したとしても、さらに裁判所の指示を得なかったとしても責任を免れると反論した。

(B) 判旨と分析

クライストチャーチ高等裁判所（High Court Christchurch）は、「受託者がポートフォリオを用いて分散投資および利益増を図ることによってインフレーションの影響から信託財産を守ることができなかったため、キャピタル受益者を公平に扱わなかったとして、信託違反があった」という判断を下した。また、同裁判所は、「受託者が1972年の現代ポートフォリオ理論に基づく投資方針に従って」信託財産を運用「しなければならなかった」にもかかわらず、運用しなかったことについて損失を算定すると判示した。さらに、受託者がなすべきであったがしなかった行為について、「1972年頃に生涯限り不動産権者（life tenant）にとってすべての可能な方法で収益の最大化をはかる必要がない」ときに、受託者が「100％保証される収益の4割に相当する財産を株式に投資すべき」であったと判示した。そうしていれば、「バークレイズ・インデックスに投資した場合に得られるのであろう利益の75％に相当する利益」を上記のようなこれらの「株式への投資によって」得ることができると判断した。

つまり、現代ポートフォリオ理論の専門用語で表現すれば、バークレイズ・インデックスへの投資収益の75％に相当する利益率を実現するために、受託者はリスク指標β値（市場全体の変動に対する資産の期待収益率の感応度）

が0.75であったアセットをポートフォリオに取り込むべきであった。そうすると、受託者は個別株式のリスクではなく、市場リスクに対する受益者の許容度で投資判断をすればよい。

このように、Re Mulligan 判決は現代ポートフォリオ理論に基づく投資を大きく促している[73]。しかし、信託契約違反の不確定性を避けるためには、信託目的や投資計画を信託契約において明らかに定めておく必要がある。また、1988年修正受託者法は受託者の分散投資義務を強行法規としていないが、信託契約に明確な意思表示がなくても、信託財産の一定の収益率を確保するために分散投資が必要と判断されるときには、受託者は裁判所に分散投資に関する指示を申し立てるべきと解される[74]。さらに、プルーデント・インベスター・ルールが反映される受託者の投資権限・義務に関する規定の性質は、Re Mulligan 事件で示されたように不明確であるであるため、その後のニュージーランド信託実務にマイナス影響を与えた。

(ウ)　投資義務を任意法規化した2019年ニュージーランド信託法

1988年修正受託者法は、ニュージーランド法律委員会の改正勧告[75]を受け、2007年にも改正されたが[76]、受託者の投資義務に関する規定は改正されなかった。さらに、同法律委員会は、ニュージーランド受託者法の任意法規が信託のグッドプラクティスを反映できていないことや、受託者の義務と受益者の権利の間に矛盾を生ぜしめていることなどを指摘し、ニュージーランド信託法制の現代化を勧告し、レポートを発表した[77]。これらの勧告を受けたニュージーランド法務大臣は、2016年に信託レファランスグループを設置し、信託法案を公表し、パブリックコメントを募集した。その後、1956年受託者法、1964年財産永久拘束法（Perpetuities Act 1964）および2011年受託者令（Trustee Order 2011）は廃止され、2011年金融サービス法修正条項（Financial Service

---

73　Manns Jr., *supra* note 67, at 627.

74　*Id.* at 628.

75　Law Commission, *Some Problems in the Law of Trusts* (NZLC R79, 2002).

76　Trustee Amendment Bill 2007 (144).

77　Law Commission, *The Duties, Office and Powers of A Trustee: Review of the Law of Trusts* (NZLC IP26, 2011), *Review of the Law of Trusts: Preferred Approach* (NZLC IP31, 2012), *Review of the Law of Trusts: A Trusts Act for New Zealand* (NZLC R130, 2013).

Legislation Amendment Act 2011）を改正したうえで、新しい2019年ニュージーランド信託法（Trust Act 2019）が成立した。

2019年ニュージーランド信託法は、それまでベースとなった英国信託法と明らかに異なり、現代語化の実現のみならず、本質的な改正として受託者の義務を強行法規と任意法規に分けて体系化した[78]。2019年ニュージーランド信託法は、プルーデント・インベスター・ルールに相当する受託者の投資義務に関する規定を任意法規として明記し（同法30条）、さらに、信託財産の投資等に関する受託者の権限規定は包括的に定めている特徴を有する（同法56条～80条）。

⑷　米国信託法第３次リステイトメント

プルーデント・インベスター・ルールは、必ずしも信託財産の投資に関する新しいルールではないと指摘されている[79]。

㋐　任意法規性

米国信託法第３次リステイトメントは、信託財産に属する金銭の投資に関する注意義務について、任意法規の性格を明らかに示している。

㋑　投資義務の判断の一般基準

米国信託法第３次リステイトメント227条は、受託者の投資義務の一般基準として、受託者が受益者に対してプルーデント・インベスターとして、信託の目的、信託証書、分配の要求等に従って信託財産に属する金銭の投資等を行うべきことを定めている。この基準は、受託者に信託財産に属する金銭を分散して投資し、合理的な注意、専門的スキルを用いることを求めるものである。そして、受託者の分散投資等義務は、異なる投資先を含む信託投資のポートフォリオの中での履行を求めることになり、その履行効果は、信託にとって合理かつ適当なリスクとリターンであるかに踏まえて評価される。

78　Emma Littlewood & Katherine Werry, *Trusts Act 2019*, 25 Auckland University L. Rev. 286, 287(2019).

79　Michael T. Johnson, *note: Speculating on the Efficacy of "Speculation": An Analysis of the Prudent Person's Slipperiest Term of Art in Light of Modern Portfolio Theory*, 48 Stan. L. Rev. 419, 441(1996).

(ウ)　投資義務の判断の考慮要素

米国信託法第3次リステイトメントは、プルーデント・インベスター・ルールについて、①忠実義務、公平義務の履行、②信託事務の一部を第三者に委託するかの判断、および、適切な第三者を選任し、その事務執行を監督すること、③合理的な金額で信託財産に属する金銭の投資義務に適合する費用しか請求しないことといった考慮要素を設けている。

(5)　UPIAの主な内容と特徴[80]

受託者は主に信託行為の定めに従って信託財産の投資等を行うことになるので、UPIAは当該信託行為に必要なデフォルト・ルール（default rule）を提供するモデル法である[81]。もちろん、信託行為には、UPIAによるプルーデント・インベスター・ルールを適用しないことができる。信託行為にプルーデント・インベスター・ルールを適用する明確な意思表示があれば、UPIAの特殊性（specificity）と確実性（certainty）に関する認識が、プルーデントなインベスターたる受託者にとって重要となる[82]。以下では、UPIAの特徴となる内容を述べる。

(ア)　プルーデント・インベスター・ルールの任意法規性

UPIA 1条(a)項は、プルーデント・インベスター・ルールの適用について、(b)項に別段の定めがある場合を除いて、受託者が信託財産の管理投資等にあたり、本法により受益者に対してプルーデント・インベスター・ルールを履行する義務を負うと定めている。信託法理論研究や裁判の立場において、プルーデント・インベスター・ルールを構成する中心的な義務である分散投資義務の法的性質については、強行法的な義務であると分析・指摘され、米国信託法第3次リステイトメントで受託者の運用義務である分散投資

80　2023年6月17日現時点、UPIAは米国銀行家協会（American Bankers Association）および米国法律協会（American Bar Association）を含む46主体によって採択されている〈https://www.uniformlaws.org/committees/community-home?attachments=&communitykey=58f87d0a-3617-4635-a2af-9a4d02d119c9&libraryentry=026bc1d1-e11c-44ea-a4bb-462338761884&pageindex=0&pagesize=12&search=&sort=most_recent&viewtype=-card〉。

81　KURTZ, *supra* note 1, at 604.

82　Begleiter, *supra* note 46, at 51.

義務は強行法規的性格を有するものではないかと指摘されている[83]。小山田教授は、プルーデント・インベスター・ルールの強行法規性の意味や範囲について、分散投資義務に焦点を合わせてラングバイン論文および関係裁判例を綿密に分析し、受益者の利益を大切にする米国信託法の原則より、判例では信託財産の分散投資義務が強行法規的性質を有すると解されるので、分散投資をしなかったことによる損失につき受託者の責任が求められるが、任意法規性も重視される形で委託者の明示的な意思表示があれば同義務の軽減や免除も可能であり、その効力を裁判所に認めてもらうためには受託者が慎重に判断しなければならないと指摘している[84]。もっとも、分散投資義務は一般的義務（general duty）であり、特段の状況（special circumstance）があれば、受託者は分散投資を行わないとする合理的な判断をすることができる[85]。

しかし、UPIA１条(b)項はプルーデント・インベスター・ルールは任意法規であると明確に定めている。つまり、プルーデント・インベスター・ルールはデフォルトのルールであり、委託者の意思表示である信託条項によりプルーデント・インベスター・ルールの適用を拡大・制限することができ、さらに変更・削除することもできる（(b)項前段）。受託者が信託条項に従って合理的な信頼に基づいて信託財産を管理・運用等すれば、その範囲内において生じた損失を信託財産や受益者に対して負うことがない（(b)項後段）。よって、プルーデント・インベスター・ルールは信託財産の投資等における受託者の権限と義務を束ねたまたは包括的なものであるから、その構成要素であ

83　後述するようにUPIA１条(b)はプルーデント・インベスター・ルールの任意法規であると明確に定めているが、受託者の運用義務である分散投資義務は強行法規的性格を有するものではないかと、信託法第３次リステイトメントにおいても指摘されている。

84　小山田・前掲（注４）147頁〜148頁・173頁〜174頁。また、小山田教授が分析したラングバインの三つの論文は次のとおりである（小山田・前掲（注４）148頁注４・注５・注７）。John H. Langbein, *The Uniform Prudent Investor Act and the Future of Trust Investing*, 81 Iowa L. Rev. 641 (1996), John H. Langbein, *Mandatory Rules in the law of Trusts*, 98 Nw. U. L. Rev. 1105 (2004), John H. Langbein, *Burn the Rembrandt? Trust Law's Limits on the Settlor's Power to Direct Investments*, 90 B.U. L. Rev. 375 (2010).

85　David F. Johnson, *Asset Concentrations and The Duty of Diversify*, at 2017 Texas Bankers Association Real Estate and Oil & Gas Conference 1, 40 (2017), 〈https://www.fiduciarylitigator.com/files/2017/03/Duty-To-Diversify-Paper-2.pdf〉.

る各義務の法的性質も「強行法的」より任意法規であると解釈せざるを得ない。そうでなければ、信託関係の安定性や受託者のインセンティブにマイナス影響を与える可能性が否定できないからである。

⑷　プルーデント・インベスター・ルールの行為基準と価値判断基準

(A)　分散投資

UPIAでは、受託者が特段の状況において分散投資をしなくても信託目的がよりよく達成できることを合理的に決定できる場合を除き、受託者は投資を分散しなければならないとする（3条）。つまり、原則として、信託財産の投資等には、現代ポートフォリオ理論に基づく分散投資が求められる。しかし、受託者は分散投資を行うことにより、義務違反による責任追及のリスクは軽減されるが、委託者の意思や信託目的または受益者の利益に関係する高い投資リターン率が達成できるとは限らない。[86]

(B)　ポートフォリオの策定および実施の準備義務

UPIAでは、受託者は、合理的な努力をし、信託財産の投資等に関する諸事実を確認しなければならないとする（2条(d)項）。信託の目的、信託条項、配分要請、その他の状況およびUPIAの規定は、信託財産の投資等をする際に考慮すべき要素となる。受託者は信託を引き受け、または、信託財産を引き受けてから合理的な期間内において、信託財産を確認し、資産の保有または処分に関する決定を行う必要がある。信託のポートフォリオは、考慮すべき要素と合致し、ポートフォリオのとおり実施されることになる（4条）。

(C)　信託財産の投資等にかかるコストの抑制

UPIAでは、受託者が信託財産を管理し、運用する場合に、常にかかるコストを必要かつ合理的な範囲内に抑えることが求められる（7条）。信託財産の状態、信託の目的または受託者の能力は、必要かつ合理的なコストの算定ファクターとなる。

(D)　信託財産の投資等過程（process）の重視

UPIAは受託者の行為の結果を事後に得た知見で判断して責任を求めない。[87] すなわち、プルーデント・インベスター・ルールは、結果に対する判

86　*Id.* at 40.

87　*See* Halbach, Jr., *supra* note 33, at 1157.

断基準ではなく、行為に対する判断基準であると位置づけられ、受託者がプルーデント・インベスター・ルールに関する法令等に従って信託財産の投資等を行ったか否かにつき、事後的分析（hindsight）ではなく、運用等の判断を行ったときまたは運用の戦略を執行したときの状況や事実内容に照らして信託違反の有無が判断される（8 条）。投資の結果である以上はリターンが重要視されるが、合理的な判断は、運用判断と執行のプロセス（過程）を手続の審査対象とするので、受託者が積極的に信託の目的、状況またはその有するスキルにふさわしい投資戦略・手続を執り行っていれば、運用損失の賠償責任を免れることが可能である[88]。

UPIA では、この行為がプルーデントであるか否かを判断する基準は、①信託財産の投資等において受託者の義務に関する権利規範ではなく、法規範であり、受益者の利益を守ることを目的としており、② UPIA 8 条後段は、価値判断が結果よりプロセス（過程）を重視するが、純粋な手続規定ではない。

(E)　価値判断基準たるポートフォリオ

UPIA では、信託財産の投資等に関する受託者の決定は、個別投資の部分ではなく、信託ポートフォリオを一つの全体またはそのリスクとリターンの目標が当該信託に合理的に適合する投資戦略の一部として評価されなければならないとする（2 条(b)項）。

(ウ)　プルーデント・インベスター・ルールにおける注意の基準と考慮要素

UPIA は、受託者の注意義務の基準を明確に定めている（2 条(a)項）。すなわち「プルーデント・インベスターのように」信託財産を管理し運用することが明らかに求められている。また、「プルーデント・インベスターのように」という客観的な基準を満たすためには、具体的要件として受託者が信託の目的、信託条項、信託財産による給付の要件およびその他の状況を総合的に考慮したうえ、信託財産を管理し、投資することが求められる。さらに、抽象的な要件として、受託者が信託財産を管理し運用等する際に、合理的

88　*See* id. at 1158-1159.

(reasonable) な注意 (care)、能力 (skill) および配慮 (caution) を尽くさなければならない。

注意義務の構成要件の規定は、抽象的な要件であれば、裁判実務において法の解釈と判例の蓄積による判例法理の形成に委ねられる可能性があるが、UPIA は信託財産の管理・投資における受託者の注意義務を具体的に定めている。つまり、UPIA は、信託財産の管理・投資を行う場合に、受託者が信託または受益者に関する所定の状況を考慮すべきであると定め（2条(c)項)、その状況は、①信託財産の管理・投資を取り巻くマクロ・ミクロ経済の全体的状況、②インフレーションまたはデフレーションが信託財産に属する金銭の運用結果や受益者の利益に与える影響、③投資に関する意思決定または投資戦略による予測された税効果、④全体的な信託ポートフォリオにおける個々の信託財産による投資または行動の役割、それには金融資産、閉鎖的企業による利益、有形および無形の個人財産、または不動産がある、⑤予期された利益または資本増価格による全体的なリターン、⑥受益者に帰属する他の収入源、⑦流動性、収入の規律性、資本の維持または増加に対するニーズ、⑧信託目的または単独もしくは複数の受益者についてある資産が特別な関係または特別な価値を有するか否かである。

UPIA では、信託財産の投資等に求められる受託者の能力は、形式的に判断される（2条(f)項)。つまり、特殊な技能または専門知識を有する受託者、または特殊な技能または専門知識を有すると受託者の表示を信用して指名された受託者は、その有する特殊な技能または専門知識を用いる義務を負う。

(エ) 信託財産による投資の自由化と投資権限の第三者への委託

プルーデント・インベスター・ルールは、受託者の投資権限を厳しく制限するリーガル・リスト・ルールと一定の自由度を与えるプルーデント・マン・ルールに比べ、受託者の投資権限を緩和する。UPIA では、受託者は、本法の定める基準を満たせば、いかなる種類の財産に投資し、またはいかなる種類の投資も行うことができ（2条(e)項)、また、信託事務を自ら執行する義務も緩和され、信託財産に属する金銭の投資を受託者はその有する投資権限を第三者に委託することができる。ただし、このような投資権限の第三者への委託の妥当性については、投資権限を委託しようとする受託者と同じ能力を有する他の合理的な受託者が、同様な状況において合理的に投資権限を第三者に委託するか否かで判断される（9条(a)項前段）。さらに、受託者は、①当該第三者たる代理人の選任、②信託の目的や条項に合致する委任条項と委任範囲の設定、③第三者たる代理人の権限行使状況や委任条項の履行状況を監督するために、定期的に当該第三者たる代理人の事務執行を確認し、それぞれの場合において合理的な注意、能力および配慮を尽くさなければならない（9条(a)項後段・(2)項）。そして、これらの義務を履行した受託者は、第三者たる代理人が行った事務決定または事務執行の結果について、受益者または信託に対して責任を負わない（9条(c)項）。

また、第三者たる代理人は、権限を行使する際に、受託者と代理人との間の委任条項に求められる合理的な注意をもって義務を履行しなければならない（9条(c)項）。そして、投資権限の第三者への委託に関する手続上のルールは、投資権限の委託を引き受けた第三者たる代理人が行為所在地裁判所の管轄を受けることになる（9条(d)項）。

(オ) 受益者に対する忠実義務と公平義務

UPIAでは、委託者からの信頼に応えるように、受託者は忠実に信託財産を管理・運用しなければならない。信託財産の投資等において、受託者自らまたは第三者の利益と受益者の利益が対立する場合、受託者は、受益者の利益だけのために、信託財産に属する金銭の運用判断とその執行をしなければならない（5条）。さらに、同一の信託において受益者が複数存在する場合に、受託者が公平に受益者の利益を扱い、信託財産の投資等をしなければならない（6条）。つまり、プルーデント・インベスター・ルールは信託財産の投資等における受託者の権限と義務に関するルールを束ねたものであり、分散投資義務や注意義務がプルーデント・インベスター・ルールを構成する中心的な義務である。忠実義務または公平義務により受託者の管理・運用等の行動は、受託者自らの利益または第三者の利益と受益者の利益が対立する場合あるいは異なる受益者の利益に不均衡が生じた場合には、制約される。

(カ) UTCのUPIAの全面採用

米国の統一信託法典（Uniform Trust Code）（以下、「UTC」という）UTCは、同一の立法事項について異なる州において、できる限り同一の法規が適用されるように、各州の立法者に提案されたモデル法である。UTC は、信託財産の投資等における受託者の権限と義務に新たに規定を設ける代わりに、UPIA の規定を第 9 章に挿入している[89]。

3　今後の展望

(1)　本稿の結論

以上述べたように、信託財産に属する金銭による投資ルールは、英米法域において南海バブルの1720年から今日まで300年の歴史にわたり、ダイナミックな発展を遂げてきた。プルーデント・インベスター・ルールは、資本市場の成熟に伴う信託実務の創意工夫と要請、判例法理と法制の発展、金融工学のイノベーションと個人の資産形成の要請、または現代ポートフォリオ理論などさまざまな要因によって形成された信託投資ルールである。今日、受託者は、資産承継等を目的とする民事信託や営利を求める商事信託において、当事者間にフィデュ―シャリー関係[90]が存在する以上、「信託財産に収益させる義務」[91]と権限が付与され、信託行為に特段の定めがなければプルーデント・インベスター・ルールに基づく義務の履行が求められる。

本稿の結論としては、以下のとおりまとめておく。

①　信託財産に属する金銭による投資ルールは強行法規から任意法規に変わり、プルーデント・インベスター・ルールは私法自治を尊重し、さらなる進化が望ましい。

②　信託財産に属する金銭による投資にかかわるリスクのとらえ方は、投資先の指定によるリスク回避型から投資先の制限なきリスク管理型に変遷してきた。エージェンシー問題（agency problem）として考えると、受託者の注意基準には権限制限戦略（the disempowerment strategy）型とフィデュ―シャリガバナンス戦略（the fiduciary governance strategy）型

89　THOMAS P. GALLANIS, UNIFORM TRUST AND ESTATE STATUTES 427 (2020-2021 ed. 2020).

90　GEORGE T. BOGERT, TRUSTS 1, 2 (6th ed. 1987).

91　*Id.* at 363.

があり[92]、リーガル・リスト・ルールは前者に属し、強行法規（mandatory rule）の性質を有し、プルーデント・マン・ルールやプルーデント・インベスター・ルールは後者に属し、受託者に信託財産の運用等に関する自由裁量権を与え、任意法規（default rule）の性質を有する。

③ 信託財産の投資等にかかわる注意義務の履行の効果は、個別的投資の損得ではなく全体的投資の評価結果によって判断され、さらに投資の結果（performance）より投資判断の経過（process）を重視し、投資方法はその経過において適切に見直される。

④ 信託財産に属する金銭の投資は、一般に現代ポートフォリオ理論に従って集中投資より分散投資が求められるが、信託行為により分散投資義務の軽減や免除をすることができ、特段の状況においては受託者が分散投資をしないことを合理的に判断することができる。

⑤ 英国は、1720年代の厳格なリーガル・リスト・ルールから強行リストと任意リストの区分に緩和し、1961年の受託者法と2000年の受託者法を経てリスクの細分化により広範な金融商品に投資できるようになった。

⑥ ニュージーランドは、厳格なリーガル・リスト・ルールを継受したが[93]、1965年受託者法によりプルーデント・パーソン・ルールを採用し、1988年受託者法により世界初めてプルーデント・インベスター・ルールを法規化し、また2019年信託法により同ルールの任意法規性を定めた。

⑦ 米国は、異なるアプローチを経てプルーデント・インベスター・ルールに合流した。ニューヨーク州等の場合は、1869年の King v. Talbot 判

92 Robert H. Sitkoff, *The Economic Structure of Fiduciary Law*, Vol.91 BOSTON UNIVERSITY LAW REVIEW 1039, 1042-1045 (2011)、楊・前掲（注36）26頁。

93 日本旧信託法は、信託業者の取締や信託業の規制や安定等の立法趣旨から、信託財産に属する金銭の管理方法についても制限した。つまり、旧信託法21条「信託財産ニ属スル金銭ノ管理方法ニ関シテハ勅令ヲ以テ之ヲ定ム」により、信託行為に別段の定めがなければ、信託財産に属する金銭は、「(1)公債及特別ノ法令ニ依リテ設立シタル会社ノ社債ノ応募、引受又ハ買入、(2)国債其ノ他前号ノ有価証券ヲ担保トスル貸付、(3)郵便貯金、(4)銀行ヘノ預金」に運用しなければならない（「有価証券ノ信託財産表示及信託財産に属スル金銭ノ管理ニ関スル件」（大正11年勅令第519号）5条）（沖野眞已「第2節 受託者の義務等　第29条」道垣内弘人編著『条解信託法』（弘文堂、2017年）164頁～165頁）。

決[94]により厳格なリーガル・リスト・ルールを継受し、また法規化した。マサチューセッツ州等の場合は、1830年の Harvard College v. Amory 判決によりプルーデント・マン・ルールが形成され、米国信託法第２次リステイトメントも同ルールを採用した。1940年代に米国信託業界の要請を受けて信託財産に属する金銭の投資ルールは、プルーデント・インベスター・ルールに収斂するようになり[95]、現代ポートフォリオ理論の誕生を受けてその動きを加速し、1980年の後半のプルーデント・マン・ルール改正運動[96]を経て、プルーデント・インベスター・ルールが、ERISA、UPIA、米国信託法第３次リステイトメントおよび UTC 等によって体系化されるようになった。

⑵　プルーデント・インベスター・ルールのあり方

最後に、プルーデント・インベスター・ルールの要点を確認し、そのあり方を展望しておく。

㋐　多様なベクトルからの考察の必要性

リーガル・リスト・ルールからプルーデント・マン・ルール（1720年代〜1940年代）、プルーデント・マン・ルールからプルーデント・インベスター・ルール（1940年代〜1990年代）という信託財産の投資等における受託者の権限と義務の範疇、位置づけについて考えてみると、表面化された関係法規の変遷の底辺に信託法学の発展は多大な影響を与えていると思う。今日では、信託法の機能（functions of trust law）は、とらえ方によって異なるが、信託当事者の法律関係や責任財産の再構成と債権者との関係のアプローチより、契約法的（contract law-like）・財産法的（property law-like）・組織法的（trust like institution）など[97]、多様な側面を有するといえる。

リーガル・リスト・ルールからプルーデント・マン・ルールまでの形成過程は、信託の物権法的な性質が濃く、受託者は、信託財産の投資等の権限よ

94　King v. Talbot,40 N.Y.76 (1896). 前掲（注29）。

95　*See* BEYER, *supra* note 24, at 407.

96　SITKOFF & DUKEMINIER, *supra* note 1, at 639.

97　*See* Henry Hansmann, Ugo Mattei, *The Functions of Trust Law: A Comparative Legal and Economic Analysis*, 73 N.Y.U. L. Rev. 434, 469-478 (1998).

りも義務のほうが強調された。一定の自由度を与えられてきたものの、プルーデント・マンとして（個々の受託者を基準としない）自らの財産を管理・運用する場合と同様にプルーデンス義務を履行し、投機的な（speculative）商品ではなく、より安全（safe）な商品に運用すべきであると厳しく解釈されていた。この時期の関係法規や判例法理は、リーガル・リスト・ルールやプルーデント・マン・ルールを強行法規とする特徴がある。また、代表的な法学者であるオースティン・スコットは、プルーデント・マン基準をプルーデント・トラスティ基準（prudent trustee test）に変更し、投機とプルーデンスを厳格に区別し、信託財産に属する金銭の投資プロセスより安全な投資目標の設定を重視し、受託者の能力を制約する保守的なプルーデンス基準を提唱した。[98]

プルーデント・マン・ルールからプルーデント・インベスター・ルールまでの形成過程では、信託の債権法的な性質が表われ、信託財産の投資等の受託者の役割は、義務より権限のほうが重視され、信託行為において特段の定めがなければ、または信託行為による意思表示があれば、受託者は、プルーデント・インベスターとして、信託の目的の達成や受益者の最善の利益のために自由に信託財産を管理・運用することができるとされてきた。プルーデント・インベスター・ルールの下では、UPIA に相当する法規に基づいて投資の裁量を行使するとすれば、そもそも投機的な商品に投資すること自体は論外であるため、「投機的」と「安全な」の二分法を採用しない。さらに、プルーデント・インベスター・ルールを成文化する際に、プルーデンス義務をより具体化・執行を効率化する要請があり、現代ポートフォリオ理論を反映する形で1988年ニュージーランド受託者法、米国信託法第3次リステイトメント、UPIA が成立した。この時期の関係法規や判例法理は、プルーデント・インベスター・ルールを任意法規とする特徴がある。ジョン・H. ラングバインは信託の契約法的性質を主張している。[99] さらに、ロバート・H. シ

98 Jeffrey N. Gordon, *The Puzzling Survival of the Constrained Prudent Man Rule*, in LONGSTRETH, *supra* note 3, at 197-198.

99 *See* Langbein, *supra* note 65, at 625-675. 樋口範雄教授は米国における信託の性質について詳細に解説し、その中で、ラングバインダーによる信託の契約説を重点的に分析

トコフは実証研究の手法を活かし、信託の組織法的性質を主張している[100]。たとえば、シトコフはプルーデント・インベスター・ルールが任意法規とはいえ、法人受託者が積極的に対応し、信託財産に属する金銭の運用先として少しずつ株式を組み入れるようになっていると分析する[101]。

ニュージーランドや米国においてプルーデント・インベスター・ルールの法制化は、非常に長い年月の理論と実務双方の蓄積が要された。その中に、資本市場の成熟度、ファンド管理・運用の経験、情報開示制度の整備、受益者等の信託事務執行に対する監視・監督体制、裁判所による適切な介入などは、プルーデント・インベスター・ルールの導入にとって必要不可欠な外部条件である。

(イ) 行動基準としてのリスク許容度の重要性

信託財産に属する金銭の運用は投資行為である以上、元本割れのリスクが伴う。投資戦略の策定とその執行の間にタイムラグが存在しているため、投資戦略を策定する際に判断根拠とされた情報は常に変わりうる。また、投資戦略を執行する段階においても、内外の原因による影響を受けざるを得ない。それゆえ、信託財産に属する金銭の運用結果は、予想利益を下回ったり、信託財産本体に損失を与えたりする不確定性が伴う。信託財産に属する金銭の運用におけるリスクをいかにするかは、信託財産に属する金銭の運用権限と義務の主体である受託者がプルーデントな投資家として信託事務を処理することが求められる。他方、受託者は信託財産を運用する際に受益者のリスク許容度も考慮要素となる。一般に、受益者はリスク許容度が低いかリスクを嫌うと考えられるが、受益者の財産負担力や運用利益の期待値によって受益者のリスク許容度も多様化している。したがって、信託財産に属する金銭の運用による損害賠償について、受益者のリスク許容度に相応する信託

している（樋口範雄著『フィデュシャリー「信認」の時代――信託と契約』（有斐閣、2000年）84頁～120頁参照。

100 *See* Max M. Schanzenbach & Robert H. Sitkoff, *Did Reform of Prudent Trust Investment Laws Change Trust Portfolio Allocation?*, 50 J. of Law & Econ. 681, 681-711 (2007), Schanzenbach & Sitkoff, *supra* note 64, at 129–168.

101 *Id.* Schanzenbach & Sitkoff, *Did Reform of Prudent Trust Investment Laws Change Trust Portfolio Allocation?*, at 707.

事務を処理したかもプルーデント・インベスター・ルールの客観的要件の一つと考えるべきである。

(ウ) 客観的な判断基準と善管注意義務

受託者は、信託目的の達成と受益者の最大の利益のために、信託事務を処理しなければならない。信託財産を運用する際において、受託者は投資権限により、投資戦略を決定することができる。しかし、信託法は、受益者の利益に損失が出ないように受託者の権限行使について一定の範囲（基準）を示す必要性がある。「自己の財産か他人の財産かの議論はしない」といわれ[102]、すなわち、受託者には主観的にプルーデントな投資家としての権限を行使したか否かでなく、受託者の投資行為にはプルーデントな投資家の基準を満たしたかという客観的な判断が要求されるのである。他方、受託者による投資権限の濫用または不適切な行使の危険は存在するとともに、信託財産に利益をもたらすチャンスもありうる。双方は一見矛盾するようにみえるが、受託者の投資権限を合理的かつ明確に与えれば、受益者の利益につながる可能性が高い。プルーデント・インベスター・ルールは、信託財産の投資等における受託者の権限と義務の行使・履行基準であり、合理的な権限と義務の制約でもある。

(エ) 明確さと曖昧さのバランス

米国リーガル・リスト・ルールは、英国法の影響を受けて当時の経済情勢を踏まえながら、一定の柔軟性を呈するようになった。1940年代まで多くの州において法規化されたが、受託者は信託財産に属する金銭を運用する際にリーガル・リストの範囲を超えた安全性の高い株式への運用が認められた。それは、信託財産に属する金銭の運用方法について、明確性のある指針が具体的に示されていた。確かに、受託者にとっては信託財産に属する金銭の運用損失についてリーガル・リストに従って投資したことで受益者に抗弁することができたが、インフレーションの発生など経済状況の急激な変化に対応できず、リーガル・リストの遵守はかえって信託財産に属する金銭の投資利益を害し、損失が生じた。この反省から1830年の Harvard College v. Amory

102 樋口・前掲（注4）178頁。

事件が提示したプルーデント・マン・ルールは法規化されるようになった。受託者は、自らの財産を取扱う場合と同様に信託財産に属する金銭を慎重に運用すれば自由な裁量権が与えられた。さらに、プルーデント・インベスター・ルールは、経済学の現代ポートフォリオ理論を反映して、信託財産の投資等における明確な受託者の権限と義務に関する行為基準という性質を有する。しかし、この行為基準の曖昧さは、プルーデント・インベスター・ルールの要件の客観性を否定しない。プルーデントな要件を満たせるか否かは、受託者の判断能力にかかる。ゆえに、プルーデント・インベスター・ルールの曖昧さが行為基準として受託者にインセンティブの発揮に自由度を与え、受益者の利益につながる可能性がある。

㈤　信託財産に属する金銭による投資における受託者の行動基準の再考

今後、現代ポートフォリオ理論または効率的資本市場仮説に依拠したうえで、プルーデント・インベスター・ルールを進化させ、ポスト・プルーデント・インベスター・ルールまたはプルーデント・インベスター・ルール2.0を創出する必要がある。その中においては、受託者の行動基準について、政治的目的（political purpose）ではなく、社会的目的（social purpose）を達成するために[103]、地球課題に対応するESGやSDGsに取り組み、人類社会の全体利益をも考慮要素とし、これらの例外として、信託行為の特段の定めまたは受益者の意思により[104]、上記の考慮要素を受託者の行動基準としてプルー

103　信託財産に属する金銭の運用は、受益者の最大の利益の追求を目的とするほか、社会的利益（目的）を図る可能性が考えられるが、受託者個人の政治的目的の実現を趣旨としない明確な制度を整備する必要がある。社会的目的の達成のために信託財産の運用と信託法の考え方について、代表的な研究成果は、リチャード・A・ポズナーとジョン・H・ラングバインによる次の論稿がある。*See* Richard A. Posner & John H. Langbein, *Social Investing and the Law of Trusts*, 79 Mich. L. Rev. 72, 72-112 (1980-1981).

104　THE AMERICAN LAW INSTITUTE, *supra* note 1, at 297.「近時、規制当局が、機関投資家の受託者責任や銀行等の間接金融機関の審査方針に対してESG……への配慮を盛り込むことを促したり、自由的にESGへの配慮を謳うことでサービスの付加価値や企業イメージを高める動きが強まっている」（大垣尚司『金融と法Ⅱデリバティブ・金融工学』（勁草書房、2022年）61頁～62頁。

デンス義務の範疇に加える余地があるかもしれない。しかし、社会的投資(social investing)[105]の恩恵を受ける第三者の利益のために、市場相場を下回る投資リターン率まで受益者の利益を犠牲することは、忠実義務違反となる[106]。また、年金信託のような受給者の資産安全を目的とするものについては、受益者（受給者）の最善の利益[107]が信託財産に属する金銭の投資ポートフォリオを組成する唯一の価値判断基準となる[108]。

（楊　林凱）

105　社会的投資は、社会的責任と収益性の魅力の有無という考慮要素から定義され、すなわち、収益性の魅力があるものの社会的に無責任（socially irresponsible）であると判断された会社の証券等を投資のポートフォリオに組み入れず、収益性の魅力がないものの社会的に評価される行為（behave in a socially laudable way）をした会社の証券等を投資のポートフォリオに組み入れる投資判断方法である。Posner & Langbein, *supra* note 103, at 73.

106　GALLANIS, *supra* note 87, at 742.

107　受益者の最善の利益は、一般に受益者の経済的利益をいい、信託財産に属する金銭にかかわる受託者の投資行為の適否を判断する際に、受益者の非経済的利益は考慮されない。ただし、すべての受益者は成人で特殊な事項について厳格な道徳観を有する場合や信託行為に別段の定めがある場合は、非経済的利益を考慮要素として考える。GERAINT THOMAS & ALASTAIR HUDSON, THE LAW OF TRUSTS, 304 (2nd, 2010).

108　Max M Schanzenbach & Robert H. Sitkoff, *Reconciling Fiduciary Duty and social Conscience: The Law and Economics of ESG Investing by a Trustee*, 72 Stanford L. Rev. 381, 454 (2020).

第3章

わが国の民事信託の受託者の義務に関する提言

1　民事信託における受託者の忠実義務

受託者が、信託事務を遂行する過程において得た情報を利用して自ら利益を取得するということは、商事信託においても民事信託においても生じうる事態である。ただ、信託会社または信託銀行が受託者となる商事信託においては、信託業法29条1項3号（信託銀行の場合は、金融機関の信託業務の兼営等に関する法律2条1項により準用される信託業法29条1項3号）が、信託財産に関する情報を利用して自己または当該信託財産に係る受益者以外の者の利益を図る目的をもって取引を行うことを原則として禁じるとともに、信託業法施行規則41条1項が許容される情報利用行為を列挙している[1]ことから、かかる法令上禁止される情報利用行為は受託者にとってある程度明確であり、そのような情報利用行為については業務改善命令等の監督処分を背景とした一定の抑止が働いているといえる。

これに対して、民事信託の場合、受託者は、信託業法上の禁止規定の適用

1　信託業法施行規則41条1項が掲げる行為は、①取引の相手方と新たな取引を行うことにより、自己または第三者の利益を得ることをもっぱら目的としているとは認められない行為、②第三者が知りうる情報を利用して行う取引、③受益者に対し、重要な事実を開示し、同意を得て行う取引、④信託財産に損害を与えるおそれがないと認められる取引である。

を受けず、直接、信託法に基づく民事上の責任に直面するため、いかなる情報利用による利益の取得が、信託法上、受託者の忠実義務違反となるか、なるとして受託者はかかる利益についていかなる責任を負うかという問題について十分な理解が必要となる。しかし、この問題については、信託法改正時に大きな議論となったが、その後、必ずしも明確な指針が判例・学説により示されているわけではない。

そこで、本稿では、まず信託法改正時における議論を紹介し、信託法の解釈上の課題を示して本報告の目的を明らかにすることから始めることとする。なお、本稿のための海外文献の調査等について、当事務所の池辺健太弁護士から多大な協力を得たことをここに申し添えるものである。

1 「情報を利用した利益取得」と忠実義務

(1) 「情報を利用した利益取得」についての信託法改正時における議論[2]

旧信託法には忠実義務を明文で定める規定はなく、同法22条において信託財産を固有財産化することおよび信託財産に対する権利を取得することが定められているにすぎなかったが、解釈上は受託者が忠実義務を負うことについてはほぼ一致しており、現信託法では、受託者が忠実義務を負う旨の一般規定（30条）がおかれることとなった。

忠実義務違反となる行為の類型については、旧信託法下の代表的な四宮説においては、同法22条の取引にあてはまらなくとも、信託財産と受託者の利益が相反する行為、信託事務の処理に際して自らの利益を得ること、信託事務の処理に際して第三者の利益を図ることが禁止されるとされていた。それも踏まえ、信託法改正を審議する法制審議会信託法部会において、事務局から、禁止される忠実義務違反行為として利益相反行為と利益取得行為の2類型が提案され、また、利益取得行為の効果として、受益者に損害がない場合

---

2 本項における信託法改正をめぐる法制審議会信託法部会における事務局提案および同部会における議論については、吉永一行「忠実義務論に残された課題に関する一考察──法制審議会信託法部会における議論の整理と分析を通じて」米倉明編『信託法の新展開──その第一歩をめざして』（商事法務、2008年）125頁以下に全面的に依拠するものである。

でも受託者に生じた利益を返還させるいわゆる「利益の吐き出し」が選択肢の一つとして提案された。利益取得行為について事務局は「信託財産に影響を与えない場合であっても、その地位を利用して不当な利益を取得する行為」と説明し、信託財産に影響を与えないという点で利益相反と対置されるとの理解が示された。

この事務局提案において、当初「信託財産に係る情報を利用して利益を取得する行為」が、「利益取得行為」の下位類型に含まれていた。しかし、利益取得行為を個別類型として禁止することについては、信託銀行からの、銀行勘定における取引と信託勘定における取引とで情報を完全に遮断することは不可能である、また、情報利用のうち許容されるものと禁止されるものを信託行為であらかじめ定めることも扱う情報の多様性から不可能である、との反対が強く、早々に断念された。

その後、利益取得行為の禁止は、「信託財産を利用して利益を取得する行為」と「信託事務の処理にあたって利益を取得する行為」の二つの下位類型をもつ忠実義務違反の個別類型として改正要綱試案に盛り込まれた。しかし、パブリックコメントの結果を踏まえた信託法部会における議論の結果、「利益取得行為の禁止」および「利益吐き出し」を明文化して信託法に盛り込むことは見送られた。そして、忠実義務違反行為の類型として、自己取引等の典型的な利益相反行為を禁止する規定（31条）および競合行為を禁止する規定（32条）がおかれ、忠実義務違反行為があった場合に受託者に信託財産の損失を填補させる規定（40条）の中に、かかる行為により受託者またはその利害関係人が得た利益の額を信託財産の損失の額と推定する規定がおかれることとなった。かかる議論において、利益取得行為については、禁止される「不当な利益」のメルクマールが明らかではないとの意見が強く、また「利益の吐き出し」については、信託財産に損失を与えていないにもかかわらず受託者が利益を返還しなければならないことに十分な理解が得られなかったといわれている。

(2) 「情報を利用した利益取得」についての信託法解釈上の課題

「情報を利用した利益取得」が現信託法において個別類型に掲げられなかったことは、かかる行為が一切忠実義務違反に問われないことを意味するものではない。信託法部会において、事務局は、30条の一般的忠実義務規定を、同条の後に続く個別の類型にあてはまらない行為でも忠実違反の効果を生ぜしめる効力規定と解する[3]旨の説明において、「違法性の高い行為、例えば信託財産の負担により取得した非公知の情報による一定の利得行為」を同条により禁止の対象とできる旨述べている[4]。しかし、「情報を利用した利益取得」の上位類型であった「利益取得の禁止」が忠実義務違反の類型からはずれ、また「利益の吐き出し」規定も設けられなかった現信託法の下で、いかなる「情報を利用した利益取得」行為が忠実義務違反とされ、またその場合の受託者の責任として「利益の吐き出し」が認められる余地はもはや残されていないのかという点については、その後十分な議論がなされていない。

信託法改正後の、「情報を利用した利益取得」に関する議論としては、その場合の利益の吐き出しの可能性の問題にフォーカスして、「情報を利用した利益取得」を忠実義務違反行為としてとらえた場合は「利益の吐き出し」は認められないことを前提に、情報を信託財産とみなし、信託法16条の物上代位によりその利用による利益を信託財産に帰属させることの可能性・妥当性についての議論が行われてきた[5]。情報の信託財産性は、「情報を利用した利益取得」の問題を離れてもそれ自体として大きな問題であり、すでに多くの議論があるものの[6]、その見地からの利益の吐き出しの議論は今後もさらに進めていくべきであることはいうまでもない。しかし、「情報を利用した利益取得」については、物上代位の議論に至る前の問題として、まず、すべての「情報を利用した利益取得」行為が忠実義務違反となるのか、そうでな

3 寺本昌広『逐条解説 新しい信託法〔補訂版〕』(商事法務、2008年) 118頁注1。

4 吉永・前掲 (注2) 131頁。

5 三枝健治「情報の信託『財産』性についての一考察」トラスト未来フォーラム研究叢書『信託の理念と活用』(2015年) 8頁～13頁、能見善久ほか「信託法セミナー(4)信託財産(1)」ジュリ1407号 (2010年) 148頁以下および同「信託法セミナー(5)信託財産(2)」ジュリスト1409号 (2010年) 132頁以下。

6 松田和之「信託における情報の位置づけ」信託研究37号 (2012年) 3頁以下、三枝・前掲 (注5) 3頁以下、後藤出「データと信託」畠山久志監修『デジタル化社会における新しい財産価値と信託』(商事法務、2022年) 330頁以下、田中和明「データに関する信託の活用」同361頁、松田和之「海外におけるデータ・トラストの検討状況」同380頁以下など。

いならいかなる「情報を利用した利益取得」行為が忠実義務違反となるのか、ある「情報を利用した利益取得」行為が忠実義務違反となる場合、信託法に利益の吐き出しの規定が設けられなかったからといっていかなる場合も利益の吐き出しが認めらないこととなるのか、といった問題が検討されるべきではないかと考える。

(3)　本稿の目的

本稿は、米国の信託法の忠実義務の内容およびその類型に照らし、また英国の判例・学説も参考にしつつ、いかなる「情報を利用した利益取得」が忠実義務違反とみなされているか、その場合の受託者の責任としての利益吐き出しの法理はいかなるものかといった点について調査し、もって、日本の信託法に下でのかかる論点についての今後の議論に資することをめざすものである。

2　米国信託法における受託者の忠実義務

(1)　信認関係における受認者の義務としての信認義務

信認関係（fiduciary relationship）の下では、受認者（fiduciary）は、当該信認関係の範囲内の事項について、当該関係の他方の者の利益のために行動する義務を負い、当該他方の者の利益を犠牲にして利益を上げ、または当該他方の者と競合する行為を行わない義務を負う[7]。

受認者の定義は論者によりさまざまであるが、受認者の定義に共通する要素として、①財産または権限が託されていること、②託す人が受認者を信頼していること、③託すことによって託す人がリスクを負うことがあるといわれている[8]。

信認関係は、受託者と受益者との関係に限らず、成年後見人・成年被後見人、代理人・本人、弁護士・依頼者、組合関係等の関係において生じる[9]。

7　米国信託法第３次リステイトメント２条コメントｂ。

8　タマール・フランケル（監訳：溜箭将之、訳：三菱 UFJ 信託銀行 Fiduciary Law 研究会）『フィデューシャリー「託される人」の法理論』（弘文堂、2014年）９頁。

9　米国信託法第３次リステイトメント２条コメントｂ。

⑵　受託者の義務としての忠実義務の内容

㈠　米国信託法第３次リステイトメント

忠実義務の内容は、米国信託法第３次リステイトメントにおいて以下のとおり定められている。[10]

> 第78条　忠実義務
>
> ⑴　信託条項において別段の定めがある場合は別として、受託者は、もっぱら受益者の利益のために、またはもっぱら信託の公益目的を促進するために、信託を管理する義務を負う。
>
> ⑵　特別の事情がある場合を別として、受託者は、自己取引にあたる取引、または受託者の受認者としての義務と自らの利益との間の対立を伴う取引もしくはその対立を生ずる取引に携わることを厳に禁じられる。
>
> ⑶　受認者として行為するか自己のために行為するかにかかわらず、受託者は受益者との取引において、公正に取引する義務および受託者が当該取引に関し知り又は知るべきものとされる重要な事実のすべてを受益者に伝える義務を負う。

78条⑵号の義務の例外となる「特別な事情」としては、裁判所の許可、信託条項による承認または受益者の承認がある場合および一般に利益相反にあたらないと認められているいくつかのタイプの取引（受託者としての報酬の取得等）があげられている（78条コメントｃ）。

78条⑴号ないし⑶号の義務に反した取引は、無効ではないが、受益者は善意の第三者を保護する一定の制限の下で取り消すことができる（78条コメントａ）。

受託者は、78条⑴号または⑵号の義務に反した取引を行った場合、“no further inquiry” の原則の下、当該取引が誠実に行われたこと、当該取引の条件がフェアであること、当該取引により受託者が利益を得ていないことを

10　樋口範雄＝神作裕之編『現代の信託法――アメリカと日本』（弘文堂、2018年）342頁以下の訳文による。

示したとしても、責任を逃れることはできない（78条コメントｂ）。

(イ)　UTC

統一信託法典（Uniform Trust Code）（以下、「UTC」という）における忠実義務の内容は以下のとおりである。[11]

> 第802条　忠実義務
>
> (a)　受託者は、もっぱら受益者の利益のためだけに、信託の管理運用を行わなければならない。
>
> (b)　受託者の行う信託財産の投資ならびに管理に関する売却、担保設定その他の取引であって、受託者個人のために行われるもの、またはその他何であれ受託者の信認義務と個人的利益の間で利益相反の要素が存在しその影響を受けるものについては、次のいずれかの要件を満たさない限り、その影響を受ける受益者は、取り消すことができる。ただし、受益者と取引を行う者、または受益者の補助をする者が、第1012条によって有する所定の権利を妨げることはできない。
>
> 次の要件とは、以下の(1)号から(5)号である。
>
> (1)　当該取引が信託条項によって認められていること。
>
> (2)　当該取引が裁判所の承認を受けていること。
>
> (3)　第1005条によって認められる期間に、受益者が司法手続きを開始しなかったこと。
>
> (4)　受益者が受託者の行為に同意を与えたこと、当該取引を追認したこと、または第1009条に従い受託者の責任を免除したこと。
>
> (5)　当該取引が受託者就任前に受託者の締結した契約または取得した請求権を含む取引であること。

(3)　信認義務と忠実義務

信認義務は広く信認関係があるところにおいて受認者が当該信認関係の他

11　大塚正民＝樋口範雄編著『現代アメリカ信託法』（有信堂高文社、2002年）207頁以下の訳文による。

方の者の利益のために行動する義務である。

これに対し、忠実義務は信託における受託者が受益者の利益のためだけに信託の管理をする義務として定められている。

信託、受託者および受益者については、米国信託法第３次リステイトメントにおいて以下のとおり定義されている。

① 信託　信託という用語が「復帰」や「擬制」という言葉を伴わずに使用される場合、それは、財産にかかわる信認的な関係を意味する。この信認的関係は、当該関係を創設する意図の表明によって生じ、かつ、当該財産の権原を保有する者に、公的目的または一人もしくは複数の者（そのうち少なくとも一人は受託者が単数の場合の受託者自身とは別の者でなければならない）の利益のために、当該財産を扱う義務を負わせるものである。

② 受託者　信託として財産を保有する者を受託者と呼ぶ。

③ 受益者　その者の利益のために財産が信託される者を受益者と呼ぶ。

信認義務と忠実義務の関係について、米国信託法第３次リステイトメントは、78条(1)号・(2)号のコメントにおいて、信託における信認義務（すなわち忠実義務）は、「第78条(1)号において述べられ同条(2)号においてさらに強調されるとおり、特に厳しいものとなっており、かかる義務における禁止規定は予防的見地からほとんどの場面において絶対的なものになっている」[12]と述べ、その理由について、受託者は信認義務に反して自己の利益を図る誘惑に抗することが難しい一方、典型的な信託関係においては、受益者が受託者を監督して受託者の不正を正すという形で自らの利益を守ることが難しいと説明している。

とはいえ、信認義務も忠実義務と同様、利益相反の行為を禁じるものであ

12 忠実義務が、一般的な信認義務よりいかなる点において「特に厳しく」「絶対的なもの」になっているかについては、同コメントにおいて説明はないが、違反行為について受益者による取消しが認められること、“no further inquiry” の原則、受託者は受益者の利益のため「だけ」に信託を管理する義務を負うこと等が念頭におかれているものと思われる。

り、忠実義務における利益相反の解釈には、信託以外のさまざまな信認関係における利益相反に関する過去の判例が参考とされている。

(4)　禁止される利益相反行為の類型

忠実義務は、米国信託法第３次リステイトメント78条によれば、受益者の利益のためだけに信託を管理する義務と、受認者としての義務と自らの利益との間の対立を伴うあるいはかかる対立を生ずる取引に携わること（利益相反行為）の禁止からなっており、UTC802条もほぼ同様の内容を定めている。以下においては、米国信託法第３次リステイトメントおよび米国における代表的な信託法の基本書においてあげられている利益相反行為の類型を紹介する。

(ア)　米国信託法第３次リステイトメント

78条コメントａは、78条(2)号は、一定の例外の下、受託者が、①信託財産に関係する、あるいは信託の運用または管理に影響を与える取引で、受託者個人の計算で行われる取引（自己取引）、あるいは自己取引でなくとも受託者の信認義務と受託者個人の利益が相反する取引を行うこと、②信託財産に関係する取引でなくとも、受託者を信認義務と個人の利益とが将来相反することになりうることが合理的に予想できる地位におくこととなる取引を個人として行うことを禁じているとし、78条コメントｄにおいて①の類型にあたる取引が、78条コメントｅにおいて②の類型にあたる取引が、それぞれ列挙されている。

(A)　78条コメントｄ

受託者個人が信託財産を購入すること、受託者個人の財産を信託に売却すること、受託者個人が信託から借入れを行うこと、信託に貸付けを行うこと、受託者個人と信託との間で財産を交換することは、自己取引として信託違反となる。

受託者個人が当該取引について受託者としての判断に影響を与えうる性質の利害関係を有する場合も自己取引となりうる。

受託会社が、当該会社の一部署と取引をする場合、たとえば、受託会社が当該会社の証券部門または銀行部門との間で信託財産の売却または購入の取引を行う場合も、忠実義務違反となりうる。

受託者が信託の管理に関連して行った行為について第三者から個人的にフィー、コミッションその他の報酬を受け取る場合は、自己取引として信託違反となる（78条コメントd(1)）。

(B) 78条コメントe

忠実義務は、受託者が、受託者として自らと密接に関連する者と取引することを禁じている。また、受託者が受認者の立場であるいは個人の立場で行う第三者との取引で、受託者の信認義務と個人としての利益との相反が生じるリスクが合理的に予想されるものも、自己取引にあたらなくとも禁止の対象となる。その例として、受託者が受託者として自分の家族、自分の代理人と取引すること、受託会社が自社の役員、従業員と取引すること、受託者が個人として信託と競合する事業を行う会社を買収すること等があげられている。

(イ) Scott and Ascher[13]

米国信託法の代表的基本書の一つであるScott and Ascher §17.2は、忠実義務違反行為を以下の類型に分けて説明している。

① 信託財産の受託者個人への売却
② 信託による受託者個人の財産の購入
③ 信託財産の受託者個人の利益のための利用
④ 受託者による信託財産に属する金銭の借入れ
⑤ 受託者による自らが利害関係を有する銀行への預金
⑥ 受託者による信託への貸付け
⑦ 信託の負担となる権利の第三者からの購入（受託者個人による信託対象物に関する権利の購入）
⑧ 信託事務の遂行にあたりボーナス、コミッションその他補償を得ること
⑨ 信託と競合する行為
⑩ そのほか、信託財産を自己の利益のために利用・処分するあるいは処分を差し控えるなど自己の利益と信託の利益が相反する場合や受託者が

13 A. W. Scott & M. L. Ascher, “Scott And Ascher On Trusts Sixth Edition, Volume 3”（Wolters Kluwer Sixth Edition. 2022）.

受益者に不適切な要請や指示をした場合など

(ウ)　Bogert and Bogert[14]

Scott and Ascher と並んで米国信託法の代表的基本書である Bogert and Bogert §543は、忠実義務違反を以下のとおり類型化したうえで、当該類型にあてはまる裁判例を記載している。

① 受託者による信託からの財産の購入
② 受託者による自身への信託財産の賃貸
③ 信託財産に設定された担保の実行等第三者による強制的な売却に際しての受託者個人による購入
④ 受託者による信託財産に対する債権または信託財産に係る利益の購入
⑤ 受託者による自身の財産の信託への売却
⑥ 受託会社による特定の意図により選別した投資対象プールの信託のための購入
⑦ 受託会社による信託のための自社の株式の購入または保有
⑧ ある信託の受託者が他の信託の受託者を兼ねる場合の相互の売買
⑨ 賃貸物件の受託者による自身のための賃貸借の更新等
⑩ 受託者による信託の資金の自らへの貸付け
⑪ 受託会社による信託の資金の自社の銀行部門への預金
⑫ 受託者による信託への資金の貸付け
⑬ 受託者による特別な業務を信託のために行うための自らの雇用
⑭ 会社の株式の受託者による当該会社の取締役または役員として自身を選任するための議決権の行使
⑮ 事業の受託者による受託者自身の競業事業の遂行
⑯ 受託者による受託者が信託の事業を共同で行う者からの受贈
⑰ 受託者による信託の事業に従事する間に得た付随的利益の確保
⑱ 信託のために購入の義務を負う受託者による自身のための購入
⑲ 受託者が信託のための受託者であると同時に信託と取引を行う第三者のために行為すること

14　A.M. Hess, G.G. Bogert & G.T. Bogert, "Bogert's The Law of Trusts and Trustees" (Thomson/West Group, June 2022 Update).

⑳ 間接的な忠実義務違反、親族、関係会社および類似の者との間の取引

3 米国信託法における受託者の「利益の吐き出し」責任

(1) 信託違反なく行われた信託の管理により取得した利益

米国信託法第３次リステイトメント99条(b)項は、信託違反がない場合であっても、受託者は信託の管理により生じた利益を信託財産に帰属させる責任を負う旨定める[15]。

99条コメントｃは、78条コメントｄ(1)において、受託者が信託の管理に関連して行った行為について第三者から個人的にフィー、コミッションその他の報酬を受け取ることが信託違反となる旨の記述を引用しており、このことから、99条(b)項の責任は、最終的に信託違反がないにもかかわらず負う責任ではなく、信託違反なく行った信託の管理により利益を取得して78条コメントｄ(1)の信託違反となった場合の責任であることがうかがわれる[16]。

本条の責任の対象となる利益の例として、Scott and Ascher は、以下の例をあげる[17]。

① 受託者には収益をあげる義務が課されていなかった。しかし信託財産を預金して利息が付いた。この利息は信託に帰属させなければならない。

② 信託の取引に際して、相手方から、手数料または御礼をもらった。たとえそれが信託違反にあたらない場合であっても、受託者はこれらを自分のものとすることはできない。

③ 信託会社が、証券ブローカーに信託財産の買付けとして、一定の証券を購入する指示を出した。ブローカーは、指示された証券を同じ信託会社の証券部門から購入した。

---

15 大塚＝樋口編著・前掲（注８）166頁。

16 この点について、大塚＝樋口編著・前掲（注８）166頁～167頁は、「受託者は、定められた報酬以外、信託から自己の利益をえてはならないというルール（no profit rule）の表れであり、忠実義務に由来する。その意味では、利益をえれば、そのこと自体で忠実義務違反となると表現してもよさそうである。だが、通常の教科書等では、「信託違反のない場合（であっても）」という表現が用いられている。」と述べている。

17 Scott and Ascher §24.7.

これらについては、「受託者が積極的に利益相反の状態に身を置いたり、あるいは意図的に自己の利益のために行動したりするのではなく、信託に則った行動をしていたら、たまたま自己に利益が入りそうになった、あるいは利益が入ってきたというケース」と説明されている。[18]

(2)　信託違反行為により取得した利益

米国信託法第3次リステイトメント100条は、信託違反を犯した受託者は、①信託財産と信託分配分の価値を、信託財産のうち当該信託違反の影響を被った部分が、仮に適切に管理されていたならば実現していたであろう価値にまで戻すのに必要な額、または、②信託違反の結果として、受託者が個人として得たすべての利益の額のいずれかの額を支払う責任を負うと定めている。

100条について、100条コメントｃは、信託違反を犯した受託者は当該違反から利益を得ることは通常許されず、受益者が当該違反行為を追認するか、当該違反行為を追認しない場合でも①を選択してより大きい額を得る場合以外は、当該違反行為を追認しないことを決めることにより。受託者が不当に得た利益は受託者から取り除かれる旨説明している。

また、Bogert and Bogert§862は、受託者は信託違反から得た利益については信託に損害が生じていない場合でも支払いの責任を負う旨明確に述べている。[19]

(3)　「利益の吐き出し」についての米国の判例

1914年の連邦最高裁判決（Magruder v. Drury, 235 U.S. 106 (1914)）は、事業の一部として住宅ローン貸付業を行っていた遺言信託の受託者が、信託のファンドを当該貸付けの資金にあてて得た利益（貸付手数料分）につき、かかる貸付けにより信託財産が損失を被らなかったことを前提にしつつ当該利益の吐き出しを命じ、その理由として以下のとおり判示した。[20]

「受託者が信託から利益を得てはならないことは、十分に確立したルールである。このようなケースでのルールは、信託財産の利益を守るという受託

18　大塚＝樋口編著・前掲（注８）167頁。

19　Bogert and Bogert 63頁～64頁。

20　樋口範雄『フィデューシャリー［信認］の時代』（有斐閣、1999年）216頁～217頁。

者の義務から発するもので、いかなる意味でも受託者の義務と自己の利益が相反するような状況を作り出さないという義務から生ずるものである。その趣旨は、受認者としての資格で負う義務を忠実に果たすうえで、それを妨げる可能性のある自己利益の介入を完全に排除しようとするところにある」。

(4) 「利益の吐き出し」責任の法的性質

「利益の吐き出し」責任の法的性質は、かかる責任が不当利得の返還か損害賠償かという形で問題とされる。

この点について、米国の信託法では、「利益の吐き出し」責任を損害賠償として認める傾向があるとの議論がある[21]。

しかし、米国信託法第3次リステイトメント100条コメントcは、原状回復および不当利得第3次リステイトメント（Restatement (Third) of Restitution and Unjust Enrichment）43条コメントhにおける「信認義務の予防的な目的は、信認義務違反が意図的なものでない場合であっても、受認者にそれにより得た利益の吐き出しを求めている」との説明を引用していること、100条コメントbにおいては、「信認義務違反からの利益は法が返還を求める不当利得の典型的な例であり、本条（第43条）の機能の一つは、このタイプの違法行為の可能性を排除することにある」と説明されていることに照らせば、不当利得返還として位置づけられていると解されるのではなかろうか。また、利益の吐き出しを返還させる規範の機能として、「このタイプの違法行為」すなわち信認義務違反行為の可能性を排除するという予防的機能をあげていることも注目される。

4 「情報を利用した利益取得」が忠実義務違反となる場合に関する米国における裁判例・議論

米国信託法第3次リステイトメントおよび米国信託法の現代の代表的な基本書においては、「情報を利用した利益取得」は、それ自体が禁止される利益相反行為の独立の類型としては位置づけられておらず[22]、利益相反行為の

21 能見善久「現代信託法講義(6)」信託206号（2001年）22頁注22。

22 なお、米国における信託法の権威であるA.W.Scottは、1949年に発表した自らの論文“The Fiduciary Principle”において、信認義務違反の類型の一つとして未公開情報の濫

類型のいくつかにあてはまる事案の一つとして取り上げられている。以下、その例をあげる。

(1) 受託者による信託財産に対する未払債権または信託財産に係る利益の購入の例[23]（前記2(4)(ウ)④）

訴外Aが訴外Bへのbondの支払いのためにAの不動産に抵当権を設定した。Bは会社Yにbondと抵当権を移転した。他方、Aは会社Xに当該不動産を（抵当権付きで）譲渡した。Yが抵当権を実行しようとしたところ、Xは、かかるbondと抵当権のYによる取得は、Xの弁護士でありYを保有もしくはコントロールするZによりXの知らないところで行われたものであるとして抵当権の実行の差止めを請求した。

Zは弁護士として負っている忠実義務に違反し、Xの秘密情報を利用してdiscount価格でYを通じてかかるbondと抵当権を取得したものであるとして、抵当権の実行の差止めを認めた。

(2) 賃貸借の受託者による自身のための賃貸借の更新または返還を受ける権利の購入の例[24]（前記2(4)(ウ)⑨）

石油会社Xが石油・ガスの含有可能性等の調査のため地質学者Yを雇用していた。Yは密かに職務上得た情報を利用して個人で担当地区の土地の賃借権およびロイヤリティ等の権利を取得した。

XはYのかかる利得について擬制信託の認定と利益の返還を求めて訴えを提起した。

擬制信託および忠実義務の違反を認め、Yが得た権利・利益のXへの返還を認めた。

用を位置づけ、受認者がその事務遂行の過程で得た未公開情報（たとばトレードシークレット、顧客リスト）を自己の利益のために利用することは信認義務違反であり、かかる原則は、信託を含む信認関係に広く適用される旨、明言している。しかし、その後自らその編集に中心的に携わったアメリカ信託法第2次リステイトメント（1959年）においては未公開情報の濫用は独立の類型とはされず、アメリカ信託法第3次リステイトメントおよび最近のアメリカ信託法の基本書においても同様の取扱いとなっている。

23 536 Broad Street Corp. v. Valco Mortg.Co., 135 N.J. Eq. 361, 38 A.2d 903 (Ch. 1944).

24 Pratt v. Shell Petroleum Corp., 100 F.2d 833 (C.C.A. 10th Cir. 1938).

(3) 米国の裁判例の基本的な立場

「情報を利用した利益取得」は、それ自体禁止される利益相反行為の独立の類型としては位置づけられておらず、それに言及している裁判例は、「受託者による信託財産に対する債権または信託財産に係る利益の購入」あるいは「賃貸物件の受託者による自身のための賃貸借の更新等」などの利益相反行為が認められた例として取り上げられている。「情報を利用した利益取得」は、「受託者による信託の事業に従事する間に得た付随的利益の確保」にもあたりうるように思えるが、かかる類型の例としては、信託事務の遂行について第三者から得るコミッション、ボーナス、賄賂等があげられているのみであり、受託者が信託事務の遂行の過程で得た情報を利用して利益を得ることはその例としてあげられていない。

これらのことから、受託者が信託事務の過程で得た情報を利用して利益を得た場合、そのことで直ちに忠実義務違反とするのではなく、当該利用行為に着目し、当該利用行為自体が何らかの類型の利益相反行為にあたれば忠実義務違反とするというのが米国の裁判例の基本的な立場であるように思われる。

5 「情報を利用した利益取得」が忠実義務違反となる場合に関する英国における裁判例・議論

(1) 英国における信認義務とその類型[25]

英国においては、19世紀末の判例、Bray v. Ford 事件[26]においてハーシェル卿が述べた「受認者は、……その地位を利用して利益を得てはならない。彼は自己の利益と義務が相反する立場に身を置いてはならない」という原則が、信託を含む信認関係における受認者の信認義務として認められてきた。[27]

---

25 (1)の論述は、植田淳『英米法における信認関係の法理——イギリス判例法を中心として』（神戸市外国語大学研究叢書第25冊、1995年）１頁以下に依拠する。

26 [1896] A.C.44, at 51.

27 かかる信認義務について、植田・前掲（注25）20頁～21頁は、①自己の利益と義務（受益者の利益）とは相反する立場に身をおいてはならない義務（利益相反避止義務）、②受認者としての地位を利用して、自己（または第三者）の利益を図ってはならない義務の二つの要素から構成されるとするが、後述の Boardman v. Phipps 事件におけるアッ

信認義務違反行為の類型については、英国の代表的衡平法学者であるジョーンズが、以下の類型に分類しており[28]、その中に「未公開情報の濫用」が含まれている。

① 受認者による受益者財産の買受け
② 受認者による自己財産の受益者への売却
③ 受認者による自己財産の受益者への売却
④ 第三者との違法取引
⑤ 受益者との協業
⑥ 受益者財産の濫用
⑦ 未公開情報の濫用
⑧ 秘密報酬、賄賂

(2) 「未公開情報の濫用」についての裁判例・学説

(ア) Boardman v. Phipps 事件以前の英国の裁判例[29]

受認者が信認関係に基づいて獲得した未公開情報を、自己の利益のために利用してはならないという原則は、19世紀末の判例、Robb v. Green 事件[30]において確立されたといわれている。この事件では、被用者（employee）が在職中に使用者の顧客リストを書き写しておいた。その後、彼は退職して自ら同種の事業を開始し、このリストを利用して、元使用者の顧客を勧誘した。裁判所は、彼の行為は信認義務に違反するとして、この情報の利用に対して差止命令（injunction）を発給した。

Aas v. Benham 事件[31]では、船舶ブローカー業を営む組合（partnership）の

プジョン卿の定義「受益者の地位にある者は、彼が受ける信認によって利益を得てはならない。これは（受認者）は、彼の義務と利益とが相反しうる立場に身を置いてはならないというより広範な原則の一部分である」も引用し、かかる定義をハーシェル卿の定義と本質的に同一であるとしていることから、①の義務違反がない場合、すなわち利益相反がない場合でも②の義務違反が生じうるという趣旨で②の要素を①の要素に並立させたわけではなかったのではないかと思われる。

28 Goff & Jones, The Law of Restitution (3rd ed), Ch.34.
29 (ア)の論述は、植田・前掲（注25）140頁〜141頁に依拠する。
30 [1895] 2 Q.B. 315.
31 [1891] 2 Ch.244.

組合員が、その地位に基づいて入手した情報を、自らが取締役に就任する予定の造船会社の設立のために利用した。この会社の業務は、当該組合の業務と競合するものではなかったが、他の組合員が、この情報の利用によって得られた利益の返還を求めて訴訟を提起した。

控訴院（Courtof Appeal）は、組合員がその地位に基づいて入手した情報は、組合の業務と競合しない限りにおいて、その利用を妨げられないとして、原告を敗訴させた。リンドレィ卿（Lindley L. J.）は、判決において「重要な事柄は、情報源がどこであったかではなくて、その情報が何のために利用されたか、である。（当該情報は、）組合の業務と全く関係のない目的のために利用された」と述べた。

Aas v. Benham 事件において、裁判所は、たとえ受認者がその地位に基づいて獲得した情報を利用して利益を得たとしても、受益者の利益と競合しない限り、かかる行為は信認義務違反を構成しないとの立場をとったといえる。

(イ) Boardman v. Phipps 事件[32・33]

(A) 事　案

遺言者が妻と子を受益者とする信託を設定する旨の遺言を残して死亡した。この信託財産の中に、ある私会社（private company）の株式（発行済株式の27%）が含まれていた。当該信託の顧問事務弁護士（solicitor）であったボードマン等は、この会社の運営方法に不満を抱き、信託の代理人としてこの会社に関し種々の調査を行った。この過程で彼らは次のような未公開情報を入手した。すなわち、会社はその収益に比較して、膨大な含み資産を有しており、遊休資産を売却して利益を配当すれば、株主にとって極めて有利であることが判明した。そこで彼らは、信託の受託者に信託の代理人を当該会社に取締役として派遣することが信託の利益を守るために必要である旨助言したが、この計画は実現しなかった。さらに彼らは、信託が当該会社の過半数の株式を取得し、支配権を握ることが得策である旨、受託者に提案したが、受託者は、信託にはこれを行うだけの資金力がないことなどを理由に、

32 Boardman v. Phipps [1967] 2 A.C. 46.

33 (イ)の論述は、植田・前掲（注25）141頁〜143頁・145頁〜148頁に依拠する。

この提案を拒否した。

そこでボードマンらは、自ら過半数の株式を取得することを決意し、当時過半数の株式を有していた当該会社の取締役と交渉に入った。交渉の初期の段階で、その他の株主の名簿を入手したが、その時点ではボードマンらは、信託の代理人として交渉している旨表示していた。しかし、その後は個人として取引する意思を明確にした。交渉の末彼らは、当該会社の過半数の株式を取得することに成功し、資産売却を実行して配当を行ったが、配当後も株式の価値は下落することはなかった。この配当により彼らは約75,000ポンドの利益を獲得した（同時に信託もまた約47,000ポンドの配当を受けた）。

遺言者の子であり、当該信託の受益者の一人であるジョン＝フィップスがボードマンらの行為は信認義務違反であるとして、利益の信託への返還を求めて訴訟を提起した。

(B) 判　旨

貴族院は、被告の株式取得行為は信認義務違反であり、当該株式につき擬制信託が成立し、被告の得た利益は信託に返還すべきであると判示した。ただし、被告の利益への寄与相当額を報酬として差引くことを認めた。

しかし、この判決には、５名の裁判官のうち、２名が反対意見を表明している（すなわち、ホドソン卿（Lord Hodson）、ゲスト卿（Lord Guest）およびコーエン卿（Lord Cohen）の各裁判官が多数意見を、ディルホーン子爵（Viscount Dilhorne）およびアップジョン卿（Lord Upjhon）の両裁判官が反対意見を表明した）。

(C) 利益相反性の判断基準についての意見

Boardman v. Phipps 事件は多岐にわたる論点を提供したが、行為の利益相反性の判断基準は何かという点についても重要な判断を示した。[34]

行為の利益相反性が信認義務違反の要件であるとする点においては、５名

34　Boardman v. Phipps 事件は、行為の利益相反性の判断基準のほか、①当該事案において信認関係が存在するか、②利得の返還請求に受益者側の損失は要件とされるか、③情報を信託財産とみなすことができるか、④利益相反の可能性の不認識により利益相反性は否定されるかといった重要な論点を提供し、多数意見は、①につき肯定、②につき否定、③につき否定、④につき否定した（植田・前掲（注25）143頁以下参照）。

の裁判官は一致していたが、利得返還請求をなしうるために、行為の利益相反性がどの程度現実性を帯びる必要があるかという点に関して意見が分かれた。

多数意見は、本件において、被告と信託側との利益相反は潜在的なものにすぎないが、もし仮に信託の受託者が会社の持株を増加させることの当否について被告に助言を求めたとした場合、利益相反は直ちに現実化していたであろう。よって被告の株式取得行為は、信認義務違反を構成するに足る利益相反性を有していた、と判断した。

一方、少数意見は、被告の行為は信認義務違反を構成するに足るだけの利益相反性を有していなかったと考えた。アップジョン卿によれば、行為の利益相反性が肯定されるためには、合理的判断能力を有する者が諸般の事情を考慮して、利益相反の可能性が現実的であると考えるであろう場合に限定されるべきであって、そうでない場合は利益相反は否定される。したがって、本件被告が過半数の株式を取得した時点において、それ以前に受託者が信託による株式取得は問題外であると述べていた以上、信託による持株増加の当否についての助言を被告が求められる可能性は皆無であると判断するのが当然であり、よって現実的な利益相反の可能性は否定される。

(ウ) Boardman v. Phipps 事件以降の裁判例・議論

衡平法学者ジョーンズは、利益相反の存在が潜在的なものであるにもかかわらず利益相反性を認めたBoardman v. Phipps 事件の判決は誠実に行動した受認者にとってあまりに苛酷な結論を導くとし、行為の利益相反性の判断基準について、行為の利益相反性が肯定されるのは、合理的判断能力を有する者が、諸般の事情を考慮して、利益相反の可能性が現実的であると考えるであろう場合に限定されるべきであるとする少数意見のほうが、現実的かつ常識的であるとした[35]。

また、利益相反性の判断基準としてアップジョン反対意見のような柔軟なアプローチがその後の裁判例において支持されているのではないかという指

35 植田・前掲(注25)150頁~151頁。

摘があり[36]、未公開情報の濫用に関する事案ではないが、利益相反性の判断基準としてアップジョン反対意見に依拠する裁判例として以下の裁判例[37]が見出されている。

ある会社の取締役が、当該会社において取得可能性のあった不動産を個人の会社で購入した。当該会社の株主が、取締役の会社に対する忠実義務違反を主張して提訴した。原審は、忠実義務違反を認め、利益の返還を命じた。

① 本件において適用されうる法理は、受認者は自身の個人的利益または自身が保護すべき義務を負う者の利益と利益相反となるもしくは利益相反となりうる取引関係に入ってはならないというものであり、Bray v Ford においても示されているとおり、かかる法理は厳格なものである。

② 他方、Boardman 事件のアップジョン反対意見において示されたとおり、エクイティ上の法理を適用するか否かについては常に個々の事例の事情そのものに特に注意して判断されるべきである。Roskill 判事の判決[38]による Boardman 事件のアップジョン反対意見の分析においても示されているとおり、アップジョン卿は Boardman 事件において（ディルホーン子爵とともに）結果的に反対意見を述べることとなったが、適用されうる法理については、いずれの裁判官においても意見の相違は生じておらず、ただ当該事案にかかる法理を適用するかどうかにおいて相違があったものにすぎない。

③ 法理を適用するか否かの基準は、Boardman 事件のアップジョン反対意見において示されたとおり、合理的判断能力を有する者が諸般の事情を考慮して、利益相反の可能性が現実的であると考えるか否かである。

④ 本件はかかる利益相反の可能性があった。

(3) 英国の裁判例・学説の考え方

英国において「未公開情報の濫用」について判断した Boardman v. Phipps 事件以前の裁判例のうち、Robb v. Green 事件は情報利用行為が明ら

---

36 Nicholas Collins, *The no-conflict rule: the acceptance of traditional equitable values?* (Trusts & Trustees (Oxford University Press.), Vol. 14, No. 4, May 2008, p213)

37 Bhullar v Bhullar [2003] EWCA Civ 424.

38 Industrial Development Consultants Ltd v. Cooley. [1972] 1 WLR 443.

かに利益相反行為としての競合行為である場合において信認義務違反とされたケースであり、Aas v. Benham 事件は、情報利用行為が競合行為として認められないことを理由に信認義務違反を否定されたケースであった。Boardman v. Phipps 事件も、当該信認関係における受認者が情報を利用して行った株式取得行為が受益者によっても行われる潜在的可能性があったことを理由に利益相反が認められるとして信認義務違反とされたものであり、情報利用行為が信認義務違反となるためには利益相反が必要であるという従来の原則を変更するものではない。

このことから、英国の学説においては、「未公開情報の濫用」が信認義務違反の一類型として掲げられているものの、裁判例に照らせば、未公開情報の利用があれば直ちに信認義務違反になるわけではなく、当該利用行為が競合行為等の利益相反行為にあたって初めて信認義務違反とされるのであり、基本的には米国の裁判例の考え方と同様と解される。

ただ、英国においては、Boardman v. Phipps 事件において、未公開情報の利用行為が利益相反にあたるか否かの判断基準およびそのあてはめの当否について議論され、特に「利益相反がみとめられるのは、合理的判断能力を有する者が、諸般の事情を考慮して、利益相反の可能性が現実的であると考えるであろう場合に限定されるべき」とのアップジョン反対意見の判断基準がその後の裁判例において利益相反の一般的判断基準として支持されているということは注目に値する。

6 「情報を利用した利益取得」における「利益の吐き出し」責任に関する米国における裁判例・議論

情報利用行為が禁止される利益相反行為であり忠実義務違反と認められた場合、受託者は、それにより取得した利益を、米国信託法第３次リステイトメント100条(b)項により、受益者の求めに応じて引き渡す義務を負う。

情報利用行為が禁止される利益相反行為と認められない場合、情報利用行為自体が「信託の管理」でない限り、それにより得た利益は「信託の管理により取得した利益」ではないから、米国信託法第３次リステイトメント99条による引渡しの対象とはならない。

受託者の情報利用行為が問題となるのは、もっぱら当該情報利用行為が受託者個人のために行われる場合であるので、米国信託法第3次リステイトメント99条による利益の吐き出しは通常問題とならず、情報利用行為により取得した利益の吐き出しが認められるか否かは、もっぱら100条による利益の吐き出しが認められるか否か、換言すれば、当該利益の取得が禁止される利益相反行為であり忠実義務違反と認められるか否かにより決せられるといえる。

7　日本法へのあてはめ

(1)　忠実義務違反の内容を具体化する概念としての「利益相反」

米国および英国においては、忠実義務違反となる禁止行為はすべて利益相反行為、すなわち受託者の信認義務と受託者個人の利益が相反する取引に携わる行為に包摂され、忠実義務違反行為の類型は、禁止される利益相反行為の類型として措定されている（前記2(4)・5(1)参照）。

これに対して、信託法は、忠実義務違反となる行為類型として、「利益相反行為の制限」との見出しの下に、受託者が信託財産のためにする行為に関する利益相反行為（31条）および受託者が受託者として有する権限に基づいて信託事務の処理としてすることのできる行為を固有財産（または受託者の利害関係人）の計算でする場合に関するいわゆる競合行為（32条）を定めている。ただ、31条または32条の規定は、30条に規定する忠実義務に違反する受託者の行為のうち、特に典型的と思われる行為類型を具体的・個別的に列挙したものであり、これらの規定により補足しきれない受託者の行為であっても、30条の忠実義務違反と認められうると説明されている[39]。しかし、30条は、受益者のために忠実に信託事務の処理その他の行為をしなければならないと定めるのみであり、31条または32条により捕捉されないいかなる行為が、30条の忠実義務に違反することとなるかの判断基準を提示するものではない。

31条と32条に「利益相反行為の制限」との見出しが付されているというだ

39　寺本・前掲（注3）118頁。

けの理由で、30条で補足される忠実義務違反は利益相反行為以外の行為でなければならないと解すべき理由はない。米国および英国におけるように、利益相反行為の禁止という概念で30条の忠実義務違反を包摂し、30条で包摂される忠実義務違反行為は、31条および32条の類型にあてはまらない利益相反行為であると解すれば、30条の効力規定としての意義はより実質的なものとなるのではなかろうか。[40・41]

(2) 忠実義務違反となる「情報を利用した利益取得」

米国および英国の裁判例においては、忠実義務違反行為の類型は禁止される利益相反行為の類型として措定されていることを前提として、「情報を利用した利益取得」があれば直ちに忠実義務違反とするのではなく、当該利用行為がいずれかの類型の利益相反行為（典型的には競合行為）にあたって初めて忠実義務違反とされている（前記4および5(3)参照）。英国においては利益相反の程度が潜在的なもので足りるか否かについて議論があるが、情報利用行為が利益相反とならない行為である場合に忠実義務違反とならないことについては異論はない。

信託事務を遂行する過程で得られる情報は極めて多岐にわたり、受託者はさまざまな場面でかかる情報を利用する可能性がある。かかる利用行為をすべて忠実義務違反とするなら、受託者に対する萎縮効果は大きく、積極的な信託事務の遂行をむしろ妨げる弊害が大きいと思われことから、情報利用行

---

40 道垣内弘人『信託法〔第2版〕（現代民法別巻）』（有斐閣、2022年）247頁は、「一般的忠実義務は、信託の利益に反する行為を類型的に把握し、信託財産の不利益を防止しようとするものではない。受託者が受益者の利益の犠牲のもとに、自己または第三者の利益を図ることを問題とするものである」としており、30条の一般的忠実義務違反を利益相反行為で包摂する考え方に立っているように見受けられる。

41 信託事務の処理にあたり、リベート、コミッション、賄賂等を取得する行為は、信託法部会において「利益相反行為」と区別される「利益取得行為」の例としてあげられていた。このことから、「利益取得行為」が「利益相反行為」と対置して類型化されることはなかったものの、リベート等の取得行為が、利益相反行為として類型化された31条および32条のいずれにもあてはまらない「利益相反行為以外の忠実義務違反行為」の例として想定されているとも考えられる。しかし、米国・英国においては、かかる利益取得行為も利益相反行為の一類型として位置づけられていること（特に、米国においては自己取引とみなされていることにつき、前記2(4)(ア)(A)参照）に留意されるべきである。

為が利益相反となる場合に限り忠実義務違反とする米国および英国の裁判例の立場は合理的であると思われる。

そこで、日本法の下で「情報を利用した利益取得」についての受託者の責任を考えるにあたっては、まず当該利益取得行為が信託法31条および32条に類型化された忠実義務違反行為のいずれかにあたるかを検討し、そのいずれにもあたらない場合、前記(1)の考え方に従い、当該利益取得行為が実質的に利益相反行為と認められる場合に限り、30条により忠実義務違反とすることが妥当ではなかろうか[42]。また、当該利益取得行為が実質的に利益相反行為と認められるか否かを判断するにあたっては、米国および英国において一般的に提示されている利益相反行為の類型およびそれぞれの類型に該当するものとしてあげられている具体的行為の例を参考にすることができよう[43]。

なお、「情報を利用した利益取得」が信託法31条および32条に類型化された忠実義務違反行為またはその他の利益相反行為に収斂されるとした場合、「情報の利用」の有無を忠実義務違反との関係で考慮に入れる意義はどこに

42　実際に「情報を利用した利益取得」行為が問題となるのは、当該行為が競合行為にあたるか否かが問題とされる場面、すなわち受託者の情報利用行為が、「受託者として有する権限に基づいて信託事務の処理としてすることができる行為であってこれをしないことが受益者の利益に反するもの」といえるかが問われる場面が多いのではなかろうか。かかる場面においては、受託者の利用した情報が信託の目的に照らし信託財産の利益のために利用される可能性のある情報であるか否かが問題となり、その判断にあたっては、Boardman v. Phipps 事件をめぐる議論（潜在的な利用可能性で足りるか否か等）が参考になろう。

43　たとえば、「情報を利用した利益取得」をリベートやコミッション等の取得と同様に「信託事務の処理にあたっての利益取得」の類型に含めることも、「信託事務の処理にあたっての利益取得」を「信託事務の処理にあたって取得した情報を利用した利益取得」にまで広げてとらえれば、考えられなくはない。しかし、米国・英国においては、「情報を利用した利益取得」を、リベートやコミッション等の取得とともに「信託事務の処理にあたっての利益取得」に含めて論じるということは行われておらず、このことは参考とされるべきであろう。「信託事務の処理にあたっての利益取得」もあくまでも利益相反行為の一類型であるということを念頭におくなら、「信託事務の処理にあたって取得した情報を利用した利益取得」は、リベートやコミッション等の取得のような信託事務の処理にあたっての直接の利益取得と同等の利益相反性はなく、同じ類型に含めることはできないとの判断は合理的なものと思われる。

あるかという疑問が生じうる。この点については、「情報の利用」を当該利益相反行為の重要な態様の一つとして位置づけることが考えられる。同じ競合行為であっても、信託事務を遂行する過程で得られた情報を利用して行う競合行為はそうでない競合行為とその態様を異にし、信託財産に与えうる損害がより大きい、すなわち利益相反の度合いが大きいと評価されよう。かかる意味において、情報の利用の有無を問う意義は依然としてあると考える。たとえば、一定の競合行為を許容する免責条項が信託契約に定められている場合、かかる競合行為が当該信託事務の遂行の過程で得られた情報を利用して行われた場合でも当然に当該免責の対象となるかについては、当事者の合理的意思からして疑問に思える。信託事務遂行の過程で得た情報を利用して競合行為を行うことが想定される場合は、当該情報を特定しそれを利用した競合行為を行うことにつき免責を得るべきではないかと考える。

(3) 「情報を利用した利益取得」において利益の吐き出しが認められる可能性

信託法改正前において、「情報を利用した利益取得」について信託財産に現実の損失がない場合でも、その利益を取得・保持する権原が信託財産に認められ、利益取得行為が忠実義務違反と認められる場合には、民法上の不当利得返還請求権の対象となりうる旨の議論があった[44]。かかる議論において提示された不当利得返還請求が認められるための要件についてここで検討するものではないが、少なくとも「情報を利用した利益取得」があった場合、一定のケースにおいては信託財産に現実の損失が生じていない場合でも受託者が取得した利益について不当利得法理により返還を求めうる可能性があることについては、さほど異論はないのではないかと思われる。

問題は、信託法改正の議論の中で、「利益の吐き出し」条項導入の当否が正面から議論され、結果的にその導入が見送られたことが、民法上の不当利得法理を根拠とする「利益の吐き出し」の可能性にも影響を与えるかという点である。この点、かかる議論の中で、「受託者が……受け取った利益が、一体だれに帰属させるべきか、だれに割り当てるべきかというところが問題

44 沖野眞已「救済――受託者の『利益の吐き出し』責任について（日本私法学会シンポジウム資料――信託法と民商法の交錯）」NBL791号（2004年）58頁・49頁以下。

の本質」との指摘がなされ、結局「不当な利益の取得」という表現以上に利益を受益者に割り当てる理由を明確にすることができなかったことが、明文化できなかった大きな理由であるとする解説[45]は注目に値する。かかる理由により「利益の吐き出し」規定の導入が見送られたのであれば、かかる導入の見送りにより、具体的事案において「情報を利用した利益」を受益者に帰属させることが公平にかなうと判断された場合に不当利得返還請求が認められることが妨げられることはないように思われる[46]。

不当利得返還請求としての「利益の吐き出し」の可能性を検討するにあたって、米国においては、信託違反による「利益の吐き出し」を求める規範に、信認義務違反行為の可能性を排除するという予防的機能が与えられている（前記3⑷参照）ということが考慮されるべきであろう。信託法部会においては、英米法の議論に示唆を受けた義務違反を抑止するという政策的根拠について（「利益の吐き出し」規定の導入の議論においては）「説得力を持たなかった」と解説されているが[47]、不当利得返還請求の可否を検討する場面において、かかる予防的機能まで加味して「情報を利用した利益」を受益者に帰属させるべきとの判断を行うべきかについては今後の検討課題とされよう。

（後藤　出）

45　吉永・前掲（注２）141頁～142頁。

46　道垣内・前掲（注40）266頁は、その法的根拠については明示することなく、「信託法における損失額の推定との関係が問題になるが、損失額の推定とは別個に、『利益の吐き出し責任』は認められ得る、と解すべきである」と述べる。

47　吉永・前掲（注２）146頁。

2 民事信託における受託者の善管注意義務・公平義務

本稿では、民事信託の受託者の義務に関し、①米国における受託者免責条項の有効性に関する議論を踏まえた民事信託の受託者の善管注意義務の軽減・免責条項のあり方（後記1）、②米国信託法第3次リステイトメントを踏まえた民事信託の受託者の公平義務（後記2）について検討する。

1 受託者の善管注意義務の軽減・免責条項

(1) 問題点

信託法上、受託者は原則として善管注意義務を負うが、信託行為に別段の定めがあるときは、その定めるところによる注意をもってこれを行えば足りる（信託法29条2項)。

この点、わが国において、専門家のアドバイスによって民事信託を組成する場合、専門家が受託者候補者の意向のみに従い受託者の善管注意義務を軽減する条項を定めようとすることは厳に慎むべきであるが、他方で、委託者によっては、受託者との関係に鑑み、受託者に過度な負担を課すことを望まず、可能であれば、受託者の善管注意義務を軽減ないし免除したいと考えるケースもありうると思われる。

そこで、米国における受託者免責条項の有効性に関する議論を踏まえつつ、民事信託の受託者の善管注意義務の軽減・免責条項のあり方について検討する。[1]

(2) UTC

統一信託法典（Uniform Trust Code)（以下、「UTC」という）1008条は、受託者の免責条項に一定の制限を課している。

具体的には、1008条(a)項(1)号では、受託者が不誠実にまたは信託目的もしくは受益者の利益を全く考慮せずに信託に違反した場合にまで受託者の免責を定める免責条項は無効としている。

---

1 (2)〜(4)の記述は、木村仁「英米における受託者免責条項の有効性」法時78巻12号（2006年）100頁以下に基づいている。

また、1008条(a)項(2)号では、免責条項が規定された経緯に着目し、受託者が、委託者との信任関係もしくは信頼関係を濫用した結果、当該免責条項が規定された場合、当該免責条項は無効としている。なお、受託者によって免責条項が規定された場合は、受託者が、当該状況に照らして当該免責条項が公正なものであり、かつその存在と内容につき適切な形で委託者に伝えられていたことを証明しない限り、信任関係または信頼関係を濫用するものとして当該免責条項は無効とされる。

なお、1008条のコメントによれば、免責条項が公正であるか否かの判断に際しては、裁判所により、①委託者と受託者の既存の関係、②委託者が独立の助言を受けていたか、③事業や信任関係の取引に関する委託者の経験・知識の程度、④受託者が免責条項を規定する理由、⑤免責条項の範囲といった要素が検討され得るとされている。また、信託設定時に委託者が独立の弁護士によって代理された場合、1008条(b)項は満たされるとされている。

(3)　米国信託法第3次リステイトメント

米国信託法第3次リステイトメント96条(1)号では、おおむねUTC1008条(a)項と同内容が規定されているが、信託違反によって受託者が利益を得た場合の免責も無効としている点がUTC1008条(a)項とは異なる。

(4)　各州の動向

木村仁教授によれば、受託者の過失責任の免除を認めないとする州も散見されるが[2]、多くの州が、過失免責条項の有効性を支持しているとのことである[3]。

もっとも、専門受託者にとっては厳格な解釈がなされており、①専門受託者が起草した広範囲な過失免責条項を無効とする裁判例[4]、②受託者が委託者と信任関係にあり、委託者に適切な説明をしないまま規定した過失免責条

2　不正行為以外は免責される旨の条項の有効性が問題となった事例（有効性否定）(Behrman v. Egan, 95 A.2d 599(N.J. Super. Ct. 1953) ; First Ala. Bank of Hunstville v. Spragins, 515 So. 2d 962, 964 (Ala.1987))。

3　木村・前掲（注1）101頁。

4　受託者は投機的な投資を含めてあらゆる投資を行う権限を有し、その結果として生ずる信託財産の損失については免責される旨の条項の有効性が問題となった事例（有効性否定）(Jewett v. Capital National Bank of Austin, 618 S.W.2d 109 (Tex.1981))。

項を無効とする裁判例[5]が散見されるとのことである。

他方、③受託者が非専門家である場合[6]、④明確な文言によって限定された範囲での免責である場合[7]、⑤委託者が免責条項に関する十分な情報を得て、その内容を理解していたことが明確である場合[8]には、過失免責条項の有効性が肯定される傾向にあるとのことである。

(5) わが国の民事信託における受託者の善管注意義務の軽減・免責条項

信託行為において受託者のなすべき行為を限定する定めとしては、①信託事務処理の範囲を限定するもの、②善管注意義務の内容をより具体化し、特定するもの、③善管注意義務よりも事務処理の水準を低くするものがあるとされている[9]。

①は、その範囲を超える行為は信託法29条1項の信託事務処理義務の範囲外となり、善管注意義務は問題とならないとされる。②は、その定めが当該信託の目的に照らして合理的なものである限り、それに従った行為は善管注意義務にかなったものとされる。③は信託法29条2項ただし書の適用場面である。

このうち、③の軽減の程度については、異論もあるものの、「自己の財産におけるのと同一の注意」とすることも許されるが、それより低い注意義務を定めることは許されないと解されている[10]。

---

5 委託者が70歳で脳卒中を患っていたケースにおいて、受託者が故意の違法行為または不誠実な不作為についてのみ責任を負う旨の条項の有効性が問題となった事例（有効性否定）（Rutanen v. Ballard, 678 N.E.2d 133 (Mass. 1977)）。

6 受託者（委託者の友人）の故意の債務不履行なしに発生した損失に対する責任を免除する旨の条項の有効性が問題となった事例（有効性肯定）（In Re Mallon's Estate, 89 N.Y.S. 554 (1904)）。

7 あらゆる種類の財産への投資を許可する旨の条項により分散投資義務が排除されていたかが問題となった事例（有効性肯定）（Hoffman v. First Virginia Bank of Tidewater, 263 S.E. 2d 402 (Va. 1980)）。

8 受託者は株式、債券等の保有または売却の決定についていかなる責任も負わない旨の条項の有効性が問題となった事例（有効性肯定）（Farr v. First Camden National Bank & Trust Co., 66 A.2d 444 (N.J.App.Div. 1949)）。

9 道垣内弘人編著『条解信託法』（弘文堂、2017年）182頁～183頁。

10 道垣内編著・前掲（注9）181頁～182頁。

また、信託法42条に基づく受託者の損失てん補責任等を事前に免除することは許されないとされている[11]。なお、「受託者は故意又は重過失がない限り責任を負わない」という条項については、（責任の軽減条項ではなく）責任の一部免除条項であり、信託法42条に照らしてその効力が判断されるとの見解が有力である[12]。

以上を踏まえると、民事信託の委託者として受託者の善管注意義務を軽減したいという場合には、信託行為において、できる限り、①信託事務処理の範囲を限定したり、②善管注意義務の内容をより具体化したりしたうえで、③受託者の善管注意義務の水準を「自己の財産におけるのと同一の注意」とすることが考えられる。

また、上記のとおり、信託法42条に基づく責任の事前免除が認められない趣旨は、「損失補てん義務が完全に排除されていれば、委託者に信託設定意思はなく、そもそも信託ではないというべきである。受託者は信託財産から利益を得ても責任を問われず、結局、受託者が信託財産に属する財産を自由に扱えることになるからである」とされている[13]。このような趣旨に照らせば、「受託者は故意又は重過失がない限り責任を負わない」という条項のような一部免除条項はその有効性を直ちに否定されるべきではないと思われる。

もっとも、善管注意義務の軽減条項・一部免除条項については、公序良俗や信義則の観点からその有効性が問題となる可能性はあり、その場合には、前記(2)であげた①〜⑤の観点などを踏まえつつ、有効性を判断することが考えられる。

なお、これらはあくまでも善管注意義務の軽減・免責についての検討であり、忠実義務については、別途の検討が必要となる。この点、忠実義務を排除する規定を設けてもその効力は認められないとされている[14]。また、民事信託は、受託者が信託に精通していないことが想定され、かつ、受託者に対

11　道垣内編著・前掲（注９）327頁。
12　道垣内編著・前掲（注９）183頁。
13　道垣内弘人『信託法〔第２版〕（現代民法別巻）』（有斐閣、2022年）56頁。
14　道垣内編著・前掲（注９）202頁。

する監督も十分に働きづらいことが多いと思われるため、忠実義務を軽減することも慎むべきと思われる。

2　受託者の公平義務

(1)　問題点

わが国の民事信託では、委託者兼受益者が死亡した場合にその受益権を消滅させ、第２受益者が新たに受益権を取得する受益者連続型信託（以下、単に「受益者連続型信託」という）が組成される例が散見される。

もっとも、かかる受益者連続型信託を組成するにあたり、受託者の公平義務（信託法33条）について十分な注意が払われていないように見受けられる例もあるように思われる。そこで、以下では、米国信託法第３次リステイトメントにおいて受益者連続型信託に係る受託者の公平義務についてどのような規定が定められているかを概観したうえで、わが国の民事信託における上記の問題点について検討する。

(2)　米国信託法第３次リステイトメント[15]

米国信託法第３次リステイトメント79条２項によれば、受託者は、２人以上の連続受益者があり、かつ、いずれかの受益者の権利が信託の収益を前提にして定められている場合、①信託財産が信託の目的と受益者の現在および将来の多様な利益からみて合理的に適する収益を生むように信託の投資と管理をする義務、②①のように元本と収益について計算する義務（以下、「本件義務」と総称する）を負う。

本件義務は、信託行為によって各受益者に対し与えられるべきとされている受益的給付を与えることができるように信託の投資と管理を行うことを義務づけるものである。

したがって、信託行為の解釈の結果によっては、元本の維持を犠牲にしてでも高い収益を上げることが求められる場合もあれば、反対に、収益性を犠牲にしてでも元本の維持または成長を図ることが求められる場合もあるとさ

15　(2)の記述は、佐久間毅「アメリカ信託法第３次リステイトメントにおける受託者の公平義務――元本と収益の区別に関する公平義務を中心に」樋口範雄＝神作裕之編『現代の信託法――アメリカと日本』(弘文堂、2018年) 133頁～137頁に基づいている。

れている。また、これらのいずれにもあたらない場合には、一般的傾向としては、元本の最大化をめざして信託財産を管理運用することが本件義務を満たすことになるとされている。

(3)　わが国の民事信託における受益者連続型信託と公平義務

わが国の民事信託においても、受益者連続型信託が組成される場合、信託財産の一部を一部の受益権者が先に取得し、他の受益権者はその残部を前提に取得する財産が決まることになるため、信託財産の①運用、②分配については、受託者の公平義務が問題となりうる。

この点、学説上は、①信託財産の運用については、信託行為に定めがある場合には、それに従えば足りるとされている。また、信託行為に定めがない場合については、原則として信託財産を最大にすべく行動すべきであり、その際には各受益者にどのように配分されるかは原則として考慮しなくてよいが、例外的に、各受益者に対する給付額が定まっているような場合には、その趣旨に従った運用が求められるとする見解（以下、「本見解」という）が有力である[16]。本見解は、基本的には、（前記(2)の下線部同様に）トータル・リターン・アプローチによることで公平義務を免れることができるとする見解であるといえる。なお、本見解は、受益者の権利が信託の収益を前提として定められていない場合も対象とするもののように見受けられる。

また、②信託財産の分配については、信託行為に定めがあれば、それによるが、信託行為に定めがないときは、受託者は、信託の目的に照らしてその裁量権を行使することになるとされている[17]。

もっとも、前述のとおり信託行為に定めがない場合における信託財産の運用についてトータル・リターン・アプローチがデフォルトルールとして適用されうるという点は、民事信託の実務上はあまり意識されていないのではないかと思われる。

そもそも、受益者連続型信託が利用されるケースでは、委託者兼受益者としては、基本的には自身の身上保護を優先し、第2受益者については、あくまでも委託者兼受益者の死亡時に信託財産が残るようであればそれを信託行

16　道垣内・前掲（注13）201頁。

17　道垣内編著・前掲（注9）271頁～272頁。

為に基づき給付することを想定しているにすぎないケースもままあると思われる。そして、このようなケースでは、委託者兼受益者としては、自身の身上保護を十分に確保する観点から、信託財産を増加させることよりは、信託財産を毀損しないことを重視しているケースも多いと思われる。

この点、実務上は、信託行為において、信託財産の積極的な運用は禁止される旨が明記されている例も多いが、かかる記載がない例も見受けられる。かかる記載がない場合であっても、信託目的等から上記の趣旨を読み取ることができるケースもあるとは思われるが、疑義が生じないように、特に受益者連続型信託においては、信託財産の運用についての方針等を明記しておくことが望ましいと思われる。

また、本見解のうち、「各受益者に対する給付額が定まっているような場合には、その趣旨に従った運用が求められる」という部分についても、実務上は、特に本見解があることを意識することなく、第2受益者について生涯にわたって定額の定期的な給付がなされることを規定していると思われる例もあるため、信託行為において受益者連続型信託の第2受益者に対する信託財産の給付方法を定めるにあたっては留意が必要であろう。

（冨田雄介）

第4章

わが国の民事信託の専門家の助言業務に関する提言

1 民事信託の受託者に助言する専門家の法的・倫理的な責任

民事信託・家族信託への関心は、2010年代初頭より徐々に高まってきた。信託をめぐる紛争も目立つようになり、裁判例も増えつつあるが、紛争に発展する信託には濫用ないし脱法的なものも散見される。こうした現状への懸念から、受託者や信託組成にかかわる専門家の法的・倫理的責任への関心も高まりつつある。

日本ではこれまで、信託が商事目的で用いられ、金融庁の監督に服する信託銀行が単独で受託してきたので、受託者に助言する専門家をめぐる問題は、ほとんど生じなかった。民事信託・家族信託も、10年余りの歴史で事例の集積も十分ではない。そこで本章では、民事信託を中心に信託実務と法理が展開しててきた米国における知見を参考に、受託者に助言する専門家の法的・倫理的責任を概括的に検討する。

以下では、信託組成の場面から、段階を追って検討を進めてゆく。まず、受託者との間で信託の具体的内容が決まる信託設定時（後記1）、続けて信託設定により受託者と受益者との間に信認関係が成立した段階で、専門家の役割と責任について扱う（後記2）。そのうえで、いわゆる家族信託においてしばしば生ずる利害対立・利益相反に伴う問題を具体的に検討し（後記

３)、信託違反が発生し、そうした対立・相反が顕在化・深刻化した段階での専門家の役割と法的責任を考える（後記４）。

受託者に助言する専門家の責任が難しいテーマであることは、検討を始めると直ちにわかる。専門家の依頼人が誰か、という基本的な問いでさえ、答えは自明ではない。こうした問題に取り組む際に、米国では利益相反と守秘義務が分析の骨組みをなす。信託と専門家責任はいずれも信認関係を基礎とし、受認者たる受託者と専門家が、それぞれ受益者と依頼人の利益のみのために行為することが期待されるから、ある意味当然ではある。しかし具体的論点に踏み込むと、米国でも難問とされる問題も少なくないことがわかってくる。しかも参照すべきものが、判例・制定法、さらには倫理規定など、多岐にわたる。

米国と比較した時、日本の民事信託・家族信託の一つの特徴は、信託組成に専門家として関与できる法律専門職が複数あることである[1]。これには、弁護士のほかにも、司法書士、行政書士、税理士、公証人が含まれ、本章ではこれらの専門職をまとめて専門家として検討する。これらの専門家の中には、弁護士のような厳密な利益相反禁止を倫理規範としない専門職も含まれる。このことは、弁護士以外の専門職の倫理性が低いというわけではない。弁護士の数の少なさを前提にすれば、日本における信託の発展において、司法書士をはじめとする弁護士以外の専門家の関与は必要であろう。ただし米国法の検討からは、家族信託に伴う複雑な利益相反が、問題を難しくしていることが浮き彫りになる。そうした知見が、日本の信託実務にいかなる意味をもちうるかも触れることにしたい。

民事信託にかかわる弁護士の考慮すべき事柄については、日本弁護士連合会によりガイドラインが公表されている[2]。本章も折に触れてガイドラインに言及し、論点によっては批判的に論評している。批判は、ガイドラインの意義を否定するものではない。そもそも本章は、米国法を中心とした検討か

1　吉永一行「信託契約を作成する弁護士・司法書士の行為規範」法学84巻３・４号（2020年）202頁。

2　日本弁護士連合会「民事信託業務に関するガイドライン」（2022年12月16日）（以下、「ガイドライン」という）。

ら、専門家の責任のありかたについて一つの試論を提示するものであり、また米国でも一義的な答えが見出せない問題もある。むしろ、ガイドラインをはじめとする専門家倫理は、民事信託の実務の定着・変容に応じて不断に見直し、実務や判例さらには信託法や関連法令とともに、批判的に検討する必要がある。こうした試みが、信託が潜在力を発揮できる環境づくりにつながるのであって、本稿の検討がその一助になることを期待したい[3]。

1　信託設定時

(1)　依頼人は誰か――委託者と受託者

専門家が財産承継について相談を受ける場合、そもそも誰が依頼人か[4]。たとえば、弁護士のもとに、高齢の資産者が息子に伴われて相談にやってきたとする。相談内容は高齢者の有する財産の承継だが、事情を説明するのはもっぱら息子であり、弁護士費用も息子が支払うという。弁護士は、誰を依頼人とすればよいか。

この場合、日本では、弁護士費用を支払って委任契約を結ぶのが息子であれば、息子が依頼人だと解釈される可能性がある。だが、米国の高齢者法では、あくまでも高齢者と弁護士が信認関係（fiduciary relation）の当事者であり、弁護士費用を支払う契約関係とは異なるとされる[5]。

信託は、有効に活用すれば優れた財産承継の方法である。以下では、信託のさまざまな局面における倫理的な考慮を検討するが、そこでは次の４点を軸として検討する。

①　Client identification（真の依頼人は誰かを確認すること）

②　Conflicts of interest（利益相反に注意すること）

③　Confidentiality（守秘義務を順守すること）

④　Competency（依頼人に十分な能力があるか否かに注意すること）[6]

3　溜箭将之「信託が潜在力を発揮するには」新井誠先生古稀記念『高齢社会における民法・信託法の展開』（日本評論社、2021年）384頁。

4　溜箭将之「高齢者の財産管理の展望――アメリカ信託法からの示唆」公証法学50号（2023年）115頁。

5　樋口範雄『アメリカ高齢者法』（弘文堂、2019年）12頁注15。

6　樋口・前掲（注５）12頁。

この四つのCは、米国の高齢者法を念頭におくが、本章の検討で全般的に有用な観点でもある。

あらためて、専門家の依頼者が誰か考えてみる。この点で参考になるのは、米国における専門家責任を規律するルールであり、米国法律家協会（ABA）は弁護士倫理規定モデル・ルールを公表している。同ルールは、1.2条において、「弁護士は、代理の目的について、依頼人の決定に従わなければならず、……当該目的を追求する手段について依頼人と相談しなければならない」と定める[7]。高齢者が自らの財産の承継について弁護士に相談するのであれば、代理の目的は高齢者の財産処分であり、そうであれば弁護士は、仮に息子が弁護士費用を支払ったとしても、この高齢者を依頼人とみなして、その決定に従わなければならない。

依頼人の決定を聞き出すには、場合によっては、相談の仕方に工夫がいる。米国には、信託と遺産管理を扱う弁護士の加盟する米国信託・遺産管理弁護士会（ACTEC）という団体があり、そこでは米国法律家協会のモデル・ルールを敷衍する解説を公表している。そこでは、弁護士は、依頼の相談があった場合に、受任する前に依頼人になりうる人と一対一で話し合うことを勧めている。そうすることによって、その人がより率直に話してくれたり、場合によっては他の人が同席していると明かせない潜在的利益相反を明かしたりする可能性がある、というのである[8]。

依頼人の判断能力が低下している場合、弁護士＝依頼人関係を維持するのは、より難しくなる。この点は後記(3)で検討するが、そのような依頼人を家族が支えている場合について一言しておこう。判断能力が衰えている依頼人は、弁護士と相談する際に、家族に同席することを望むこともありうる。しかし、前記のACTEC解説は、その場合でも依頼人本人の利益を第一にすべきことを強調する。そして、家族と依頼人の見解が一致しない場合には、依

7　AMERICAN BAR ASSOCIATION (ABA), MODEL RULES OF PROFESSIONAL CONDUCT, Rule 1.2(a) (1983, last revised 2020).

8　AMERICAN COLLEGE OF TRUST AND ESTATE COUNSEL (ACTEC), COMMENTARIES ON THE MODEL RULES OF PROFESSIONAL CONDUCT 36 (6th ed. 2023).

頼人の指示に従うよう求めている[9]。

ガイドラインは、信託契約の締結にあたっては、依頼人は委託者であることを明確にしている[10]。この立場は、米国の倫理規定と一致するだけではなく、次にみるように、日本の実務における信託の脆弱性に照らしても正当化できる。

(2)　受託者主導の信託——構造的な特殊詐欺

信託組成にあたって助言をする専門家にとって、誰が依頼人か明確でないと、当初の財産所有者である委託者の利益が大きく損なわれることになりかねない。実際、近年の日本においては、家族信託の組成の相談が受託者の主導で行われることが少なくない[11]。推定相続人の一人が受託者となり帰属権利者もしくは残余財産受益者となるケースもあり、そうした場合には、高齢の委託者兼受益者（被相続人）の利益がしばしば損なわれることが指摘されている。

受託者主導の信託の抱える危うさが顕在した事件として、東京地裁平成30年10月23日判決をあげることができる[12]。これは、84歳の父親が所有する不動産につき、次男が自らを受託者兼残余権者とする信託契約書を自作し、父親を委託者として公正証書による信託契約を結んだ事案である。信託契約では、父親が委託者兼受益者であれば本来有していた、信託を終了する権利が排除されていた。このため、父親が捺印したら最後、財産をすべて次男の思うがままにされるリスクを伴う契約となっていた。実際、父親は信託契約から３カ月後に、本件信託契約の詐欺取消し、錯誤無効、債務不履行解除、信託の終了などを主張して次男に対し訴えを提起した。しかし、裁判所は最終的に訴えを退けた。

平成30年判決の信託の組成には、司法書士、公証人、金融機関などの専門家が関与していた。しかし、どの専門家も、この信託にどれだけのリスクが伴うか、父親に説明しなかったように見受けられる。しかも、この信託に伴

9　*Id.* at 166.

10　日弁連ガイドラインⅡ第１。

11　八谷博喜「家族を受託者とする信託」ジュリ1520号（2018年）41頁。

12　東京地裁平成30年10月23日判決（金法2122号85頁）（以下、「平成30年判決」という）。

う一連のリスクは、父親が委託者として撤回権を留保すれば、容易に回避ないし軽減できた。こうした事情を誰からも説明されていない父親を前に、裁判所が信託契約の有効性を肯定したのであれば、信託は制度化された特殊詐欺である。[13] 信託が特殊詐欺とならないためには、信託の生成に関与する専門家が、委託者である父親のために行為し、助言することが重要だったといえる。

なお、平成30年判決の教訓として、父親による撤回権放棄が結果として信託設定後の立場の弱さにつながったとして、安易な撤回権放棄を諫める見解がある。[14] しかし、委託者が撤回権を有するか否かは、米国でも任意法規とされる。より実質的にみても、遺言代替であれば委託者が撤回権を保有するのが一般的だが、むしろ委託者が撤回権を放棄する信託は、米国でも少なくない。節税を狙ったり、より緻密な財産承継を計画したりするために信託を設定する場合には、撤回権を放棄するのが一般的である。

重要なのは、信託を組成するにあたって、専門家が撤回権のもつ意味を踏まえ、きちんと依頼人＝委託者に説明し、決定を促すことである。[15] 十分な助言さえあれば、撤回権を保持するか放棄するかは、委託者の意向を踏まえた柔軟な資産承継の選択肢となる。平成30年判決を契機とした撤回権の放棄を警戒する意見の高まりは、専門家の倫理が確立し、履践されないと、信託の柔軟さも失われかねないことも示唆している。

(3) 判断能力・認知症

財産を処分する人が依頼人だとして、次の問題は、依頼人に高齢などの事情で判断能力の低下がみられる場合にどうすればよいかである。米国法律家協会のモデル・ルールも、こうした場面について規定を設けている。それによれば、高齢などで依頼人（委託者）の能力が低下した場合でも、弁護士は、可能な限り通常の弁護士＝依頼人関係を維持しなければならない。[16]

---

13 溜箭・前掲（注３）392頁～393頁。

14 金森健一「信託行為に別段の定めに限界はないのか」駿河台法学34巻１号（2020年）１頁、八谷・前掲（注13）39頁・41頁。

15 *See* ACTEC, *supra* note 9, at 63-64.

16 ABA, *supra* note 8, Rule 1.14(a).

信託の設定は、委託者が取引の内容を十分に理解できることが前提となる。信託は一般の人には不慣れな法制度であり、信託財産の内容も多様かつしばしば高額で、相続や財産承継計画への影響も複雑であり、委託者が撤回権を留保するかなど微妙な法的効果をもつ判断も伴う。その意味で、信託を含む財産承継の助言は、本質的に、十分な判断能力を有する依頼人に対するサービスである。ACTEC 解説は、弁護士は、判断能力を有する依頼人への財産承継計画の助言と付随して、判断能力の低下した場面で依頼人の利益を守る手段について助言を行うべきだとしている。具体的には、成年後見手続を回避する手段として、持続的代理権（durable power of attorney）、医療に関する指示やリビング・ウィル、医療代理人（healthcare proxies）、撤回可能信託などの費用、利点および欠点を助言することになる。[17]

そのうえで、弁護士が依頼人の判断能力の低下を判断するにあたっては、依頼人を取り巻く諸事情の総合的考慮が必要となり、ある程度の判断の幅が出てくる。ACTEC 解説は、考慮する内容として、依頼人がある判断に至る理由を説明できるか、判断の帰結を理解できるか、判断が実質的に妥当か、判断が依頼人の価値観、長期的な目標や重視する物事と一貫するか、などをあげている。[18]また通常の弁護士＝依頼人関係を維持するにあたっては、依頼人に丁寧に説明する、判断能力を発揮しやすい時や場所を選ぶなど工夫する余地もある。

依頼人の判断能力が低下し、何らかの対応をしないと相当な身体的、経済的その他の損害を被る危険性があり、依頼人が自らの利益のため十分に行為できないと判断すれば、弁護士としても適切な措置をとることになる。[19]具体的は、依頼人の世話をできる個人や団体を相談する、訴訟担当後見人、財産管理人、または成年後見人を選任する、といったことを検討する。ただし、米国の場合には、成年後見人の選任は最後の手段とされる。[20]上記の、

17　ACTEC, *supra* note 9, at 166-67.

18　*Id*. at 167.

19　ABA, *supra* note 8, Rule 1.14(b).

20　Uniform Guardianship, Conservatorship, and other Protective Arrangements Act § 414(5) (American Law Institute 2017).

判断能力の低下前に資産計画のアドバイスに付随して助言すべきとされた、持続的代理権、医療代理人、撤回可能信託といった内容は、成年後見手続回避の手段である。こうした手段の費用と適不適を見極め、依頼人の判断能力の低下前に助言することが、米国の弁護士の倫理でもある。

(4) 委託者と受託者を両方代理できる場合

ここまで、信託組成にかかわる専門家にとって、依頼人はあくまで委託者であることを強調してきた。他方で、家族信託は定義上、家族を中心とした財産承継であり、紛争もなく相互の信頼の中で進められる可能性も十分にある。本稿では、家族信託が潜在的には複雑な利益相反が錯綜することを示してゆくが、そのときにすべての当事者に弁護士をつけることは現実的でない。潜在的な利益相反をもつ複数当事者でも、そうした利益相反が顕在化しない間は、弁護士として代理することは許されるだろうか。

この点、米国法律家協会のモデル・ルール1.7条は、弁護士に対し、利益相反の関係を生ずる依頼人を代理することを、原則として禁じている。ただし、利益相反の定義には、やや含みがある。同条(a)項は、利益相反を、一方の依頼人の立場が他方の依頼人の立場と直接に対立する場合（(1)号）と、ある依頼人の代理が、他の依頼人に対する責任によって重要な制約を受ける重要なリスクがある場合（(2)号）とする[21]。これを裏から読めば、複数の依頼人の立場の対立が間接的なものである場合、また相手方を代理しても本来の依頼人に対する責務を十分に果たせる場合には、利益相反にあたらないことになる。ただし、こうした立場の対立関係、代理に対する制約の重大性は慎重に行う必要があり、民事信託の組成の場面では、本来の依頼人である委託者の立場や、委託者への支援の実質面について十分に精査する必要があるだろう。

加えて、1.7条(b)項は利益相反の例外として、双方代理が法的に禁じられておらず（(2)号）、代理が裁判所での訴訟やその他の審問手続におけるものでなければ（(3)号）、弁護士は、各依頼人に対して十分な能力と労力をかけて代理をできると判断したうえで、双方代理を引き受ける余地がある（(1)号）

21 ABA, *supra* note 8, Rule 1.7(a).

としている[22]。ただし、その前提として、各依頼人に対する十分な情報提供と、書面による同意が必要となる（(4)号）。民事信託では関係者の間でしばしば潜在的な利害対立があるので、利害対立が顕在化して紛争や訴訟に発展した場合には、少なくとも一方の代理は終了する必要がある。加えて、民事信託の組成にあたって、複数の関係者の相談に乗る専門家は、受任する前にこうした潜在的利害対立と、仮に利害対立が顕在化した場合にはあくまで委託者の利益のために行為せざるを得ないことを、事前にわかりやすく説明し、同意を得る必要がある。これが難しいようであれば、あくまで委託者のみが依頼人であることを明らかにする必要があるだろう。

ACTEC解説は、家族の財産承継計画に関する事案では、同じ家族の複数のメンバーを代理することは、多くの場合適切だという立場をとる[23]。具体的には、遺産や信託の管理にあたって利害を共通にする複数の受益者、共同遺産管理人や共同受託者などがあげられる。ここでは、財産承継計画や遺産管理は基本的に対立的でないことが強調されている。その場合には、家族が協力し合う状況では、費用を節約できるだけでなく、共通の目的を実現し、資産計画を協調させることが可能になるからである。

その代わり、弁護士は、こうした複数依頼者の代理に伴う利益相反のリスクについて、それぞれの依頼者にきちんと説明し同意を得なければならない。各依頼者から伝えられた情報はすべて共有されうること、また依頼者間の利益相反が、弁護士として各依頼人にとって十分な代理を提供できなくなるほど深刻になった場合には、辞任しなければならないことを伝えなければならない。こうした説明をしたうえで同意を得る際には、各依頼人と別々に話し合う機会をもつべきだとされる。そうでないと、知っておくべき利益相反を見逃したり、後にほかの依頼人には伝えないでほしいという秘密を告げられて、辞任せざるを得なくなったりするからである。

(5)　弁護士・司法書士・公証人

以上の米国弁護士会の倫理規定を参考として、日本においてどのように考えたらよいだろうか。日本では、弁護士や金融機関だけでなく、司法書士や

22　*Id.* Rule 17(b).

23　ACTEC, *supra* note 9, at 105.

公証人、税理士といった異なる専門家が信託組成に関与しており、こうした事情を考慮に入れつつ検討する必要がある。これらの専門家を規律する倫理は、それぞれの職務の特性を反映して異なる点にも注意が必要である。[24]

㋐ 弁護士職務基本規程

利益相反規制が最も厳しいのが弁護士である。弁護士職務基本規程27条は、職務を行い得ないとされる事件として、①相手方の協議を受けて賛助し、またはその依頼を承諾した事件（同条１号）、②相手方の協議を受けた事件で、その協議の程度および方法が信頼関係に基づくと認められるもの（同条２号）、③受任している事件の相手方からの依頼による他の事件（同条３号）をあげている。[25] ③については、依頼者が同意すれば禁止が解除される。この規定が民事信託の組成にいかに適用されるかは、必ずしも明らかではない。弁護士が、受託者ないし受益者となる者から協議を受けた事件で、委託者となろうとする人の依頼を受けることが②の規定との関係で許されるのだろうか、という疑問も生ずる。現時点での実務では、受任を妨げないという理解であろう。

米国の規定と比較すると、日本の規律は、職務を行いうるか否かを一律に規定する形になっていることに気づく。代理が「重要な制約を受ける（materially limit）」「重要なリスク（significant risk）」[26]、「十分な能力と労力（competent and diligent）」をかけた代理[27]、といった実質的判断を伴う要件は含まれていない。日本の一律の規定は、予見可能性が高いようではあるが、やや一律に厳格な禁止規定になりがちのように見受けられる。また、代理に伴う利益相反が潜在的なものから顕在化してゆく可能性にも対応しにくい。一律の利益相反禁止規定を、民事信託の組成の場面に適用するには、一定の工夫が必要になってくる。

---

24 以下の検討につき、溜箭・前掲（注４）391頁～394頁参照。

25 ４号と５号は省略した。

26 ABA, *supra* note 8, Rule 1.7(a).「 」内の用語は、前掲注22の本文の下線部に対応する。

27 *Id.* Rule 1.7(b).「 」内の用語は、前掲注23の本文の下線部に対応する。

(イ)　司法書士行為規範

司法書士の倫理については、2022年に司法書士行為規範が改正され、2023年４月１日から施行されている[28]。第11章では民事信託支援業務を受任した司法書士について２か条をおき、80条で基本姿勢を定めたうえで、81条で民事信託の設定の段階と設定後に分けて、努力義務を定めている[29]。より具体的には81条１項は、設定の段階における委託者の意思の尊重、信託上の権利義務についての正確な情報提供、２項で設定後における、受託者の義務の適正な履行と受益者の利益を旨とした継続的な支援を定める。規定の内容はまだ曖昧であり、今後の事例の積み重ねに照らして、あらためて検討を要する。

31条は「利益相反の顕在化」と題された規律で、「司法書士は、同一の事件で依頼者が複数ある場合において、その相互間に利益相反が生じたときは、各依頼者に対してその旨を告げ、事案に応じた適切な措置をとらなければならない」としている。「事案に応じた適切な処置」には、辞任する選択肢もありうるが、それがどのような場合か、行為規範からは明らかでない。

信託については、紛争が顕在化するおそれがある場合には弁護士に、そうでなければ司法書士に、といわれることが多い[30]。司法書士は争訟性がある事案は受任できないとされ、利益相反の規律、受任・辞任、説明と同意について詳細な倫理規定がないのは、この文脈から理解できる。しかし相続は争族といわれるように、財産承継においては家族間の利害関係がしばしば錯綜し、潜在的な利害対立がどのように紛争として顕在するかはわからない面もある。平成30年判決の事案でも、信託の生成時点で紛争事案であったと直ちにはいえないかもしれない。現実には、司法書士も弁護士同様、財産処分を行う委託者を重視する倫理観を形成していくことも検討の余地がある。

28　日本司法書士会連合会「司法書士行為規範」(2022年６月23日・24日第87回定時総会承認、2023年４月１日施行)。

29　半田久之＝春口剛寛「『司法書士行為規範』の策定と民事信託支援業務にかかる規定」信託フォーラム19号 (2023年) 27頁。

30　たとえば、「スマート家族信託」というサービスを提供するトリニティ・テクノロジー株式会社のウェブサイト「家族信託は司法書士・行政書士・弁護士のうち誰に頼むべきか？」〈https://sma-shin.com/column/43/〉。

(ウ)　公証人倫理要綱

公証人の立場は、弁護士や司法書士と異なる。国家公務員である公証人は、委託者と受益者のどちらの利益を代弁する立場ではなく、その意味で利益相反を超越した地位にある[31]。公証人倫理要項２条は、公証人に信義誠実を求め、公証人は「懇切を旨とし、信義に基づき、誠実かつ公正にその職務を行わなければならない」とするが[32]、利益相反の規律は存在しない。しかし、信託組成において、委託者の財産処分の意思は決定的に重要であり、また現状では、委託者の多くが高齢者で、財産の承継の期待を有する受託者や受益者が信託組成を主導しがちだという現実がある。このことを踏まえると、公証人が信託組成にかかわるのであれば、委託者の信託設定の意思を十分に確認する役割は大きい。公正証書による信託契約作成にあたっては、本人嘱託によるものとすべきであり、公証役場でもそうした実務が一般化しているようでもある[33]。

(エ)　裁判例と今後の課題

近年の司法書士、公証人、弁護士、金融機関がかかわった事例として、東京地裁令和３年９月17日判決がある。この事件では、81歳の財産保有者を委託者とし、次男（受託者）が主導した組成した信託につき、助言を行った司法書士の専門家責任が争われた[34]。紛争の出発点は、被告（司法書士）が信託契約を起案し、公正証書により作成した際に、原告（委託者）が立ち会わず、被告と受託者を代理人としてなされたことにある。このため、金融機関で倒産隔離効のある信託口口座を開設できず、受託者が信託財産を担保に融資を受けられなかったため、信託の目的が達成されなかった。裁判所は、被告が金融機関の信託内融資や信託口口座等についての対応状況や、信託契約

31　日本公証人連合会ウェブサイト「公証人の倫理」〈http://www.koshonin.gr.jp/system/s02/s02_06〉では、「公証人が行う公証業務は、国民の権利義務に関係し、私的紛争の予防の実現を目指すものであり、高い中立性と公正性が求められるものです」とする。

32　日本公証人連合会「公証人倫理要綱」（平成19年５月12日定時総会決議）。

33　原啓一郎＝新井誠「対談　公証役場における信託契約の実情と民事信託における公証人の果たす役割」信託フォーラム19号（2023年）４頁・７頁。

34　東京地裁令和３年９月17日判決（金商1640号40頁）（以下、「令和３年判決」という）。福田智子「判例紹介」信託フォーラム18号（2022年）131頁。

を締結しても信託内融資やそれに必要な信託口口座を開設できないリスクを説明する義務を怠ったとして、不法行為責任に基づく損害賠償を認めた。しかし、被告は信託契約に先立って金融機関と調整を行う義務を生じさせる委任契約上の義務はなかったとして、債務不履行責任は否定した[35]。

令和３年判決は銀行の信託口口座の実務が流動的である現実を背景とするが、根底には受託者主導性と委託者の真意が担保されなかった事実がある。被告の組成した信託契約の問題に気づいた弁護士が、この契約の無効を確認し、新たに信託契約を作成した経緯もあった。令和３年判決が下された後ではあるが、上で検討したガイドラインが公表され、民事信託業務にあたって、弁護士の依頼人はあくまで委託者であり、公正証書の作成にあたっては、委託者の代理人による嘱託は避け、委託者本人が嘱託を行うべきとしている[36]。あくまで弁護士に向けたガイドラインであり、法的拘束力もないが、依頼人は委託者とし、公正証書には委託者本人の嘱託を行う慣行は、今後司法書士や公証人の間でも一般化してゆくと考えられる。こうした形で、今後、各専門職の倫理的規律については、その内容を明確化してゆくとともに、規定のギャップを埋め、平仄をとる努力がなされることが期待される。

2　受託者と受益者の関係

(1)　依頼人は誰か

受託者は受益者のために行為する義務を負う。このことは義務の有無や履行・不履行が争われたときなど、両者の利害が対立しうることを意味する。専門家が受益者のためと思って受託者を支援していたところ、受託者と受益者の間で紛争が生じた場合、依頼人をどちらととらえるかで、専門家のとるべき行動は異なってくる。さらに、専門家が委託者の依頼を受けて信託組成にかかわり、その後も信託の運用への関与を続けた場合、考慮すべき利害関係はさらに複雑になる。

35　なお、弁護士については、日本弁護士連合会「信託口口座開設等に関するガイドライン」（2020年９月10日）第10の４において、委任契約締結に先立って金融機関と調整することが推奨されていた。

36　日弁連ガイドラインⅡ第１の１・第７の２。

米国であれば、信託が撤回可能か撤回不能かで区別される可能性が高い。撤回可能信託の受託者は委託者に対して信認義務を負う[37]。弁護士が委託者による信託設定に助言した場合、委任は信託設定をもって終了することも多いだろうが、弁護士が引き続き関与するのであれば、依然として実質的な受益者である委託者を依頼人とするのが自然だろう。日本でも、委託者が受益者の権利を自らに留保すれば、委託者の権利行使に伴う費用や報酬を信託財産から支弁できる（信託法145条３項）。また遺言代用信託であれば、委託者死亡後に受益者となる者には、委託者死亡まで受益権がないとされる（同法90条２項）。これらの場合も、委託者に助言をしてきた弁護士であれば、引き続き委託者が依頼人となるのが自然だろう。受託者を依頼人としてしまうと、委託者と受託者が対立したときに、以前の依頼人と現在の依頼人との関係で利益相反が生じてしまうからである。

撤回不能信託の場合には、検討も複雑になる。撤回不能信託は、一般には委託者は信託関係から脱落するので、信託に関係して委託者の利害はなくなる。米国の場合には、委託者の意向を知る弁護士は、受託者に助言を与えることが多いように見受けられる。たとえば、委託者が受益者に秘密にしたい内容を弁護士と受託者と共有していた場合のように、守秘義務がかかわってくる可能性もありうる。こうした事情がなければ、委託者の代理が終了した弁護士としては、受益者の依頼を受けることができないわけではないように思われる。ただし、受益者が受託者の信託違反や信認義務違反を主張した場合に、弁護士と受託者の関係が深すぎる場合には、受益者の利益を十分に代表できない可能性があるので、この点は気をつけなければならない。この点は後記４⑴で検討する。

⑵ 成年後見人・監督機関

信託が設定された場合、日本では、受益者の権利行使を担保し、信託の適切な運用を確保するため、監督機関の設置が重視される[38]。ガイドラインでは、監督機関として信託監督人や受益者代理人の選任を原則とし、かつ信託

---

37 UNIFORM TRUST CODE § 603(a).

38 木村仁「信託の委託者の権利と後見人による代理行使について」法と政治70巻１号（2019年）35頁。

締結にかかわった弁護士が監督機関に就任することが望ましいとされる[39]。

米国では、日本と対照的に、成年後見人や代理人を排除するのが一般的である。統一信託法典（Uniform Trust Code）（以下、「UTC」という）は、遺言代用信託について、持続的代理権を有する代理人や成年後見人が委託者に代わって権限行使する余地を限定しており、代理人の権限行使は信託行為の定めの範囲内で、成年後見人の権限行使は後見裁判所の許可があった場合に限定される[40]。一般的な信託契約の雛型でも、委託者の成年後見人や代理人による撤回権や変更権の行使を明示で排除している[41]。

こうした米国の態度には、さまざまな要因が反映していると想像される。まず多くの委託者は、成年後見人や代理人よりも受託者を信頼し、活用したいと考えている。だからこそ、UTC も、デフォルトで成年後見人と代理人を排除している。こうした委託者の態度の背後には、一つには後見裁判所や検認裁判所の複雑な手続で、時間や費用を浪費したくないという動機がある。実際に成年後見は、近年の成年後見制度改革の動きの中でも、最後の手段と位置づけられる。成年後見を扱う統一法典でも、成年後見人が選任されても、成年被後見人に代わって撤回可能信託を変更または撤回する権限を行使する前に、受託者に通知し裁判所の許可を得るものとされる[42]。

より積極的には、信託は成年後見や代理より優れているという考えも一般的なのであろう。信託によって事前にプラニングをすれば、受益者の能力喪失前から喪失後、さらに死亡後の遺産承継まで連続して財産管理ができ、単に成年被後見人の財産の保全を旨とする成年後見制度より、委託者の希望を

39　日弁連ガイドラインⅡ第10。伊庭潔＝多賀亮介「日弁連『民事信託業務に関するガイドライン』の解説」信託フォーラム19号（2023年）20頁・24頁。

40　Uniform Trust Code s 602(e)(f).

41　See eg, Northern Trust Bank, *Form 201 Revocable Trust Agreement: One Settlor-Fractional Share Marital* (n.d.), TENTH, 〈https://www.northerntrust.com/documents/wealth-advisor/forms/pdf/Form_201.pdf?bc=25449120〉. 信託法務研究会「アメリカの撤回可能信託と日本の遺言代用信託商品の対比」信託296号（2023年）24頁〜25頁。

42　Uniform Guardianship, Conservatorship, and other Protective Arrangements Act§ 414(5) (American Law Institute 2017). 溜箭将之「シンポジウム・家族による財産管理とその制度的代替——アメリカ：後見とその制度的代替」比較法研究81号（2020年）50頁。

反映した積極的な財産の投資・運用・分配が可能である。同時に受託者も複数選任し、家族など委託者の希望を知る人と、金融機関や法律家など中立的立場の人とで相互に協力・牽制する形をとることもできる。日本であれば、一人の受託者と一人の信託監督人を選任するところ、米国では両者が共同受託者に選任されるのが一般的である。日本では、信託業法の制約がそのような柔軟な受託者の選任を妨げている。

英米の信託は、受益者による裁判所を通じた受益権のエンフォースメントを前提に成り立っている。その意味で、信託にとって受益者の能力低下は大きな危機である。米国でも、この危機にどう対処するか議論は収束していないようだが、成年後見人や信託代理人を併存させるよりは、むしろ後続受益者に監督権限を与え、裁判所による介入は最後の手段とする方向性を探っているように見受けられる[43]。ただし、米国でも成年後見人の役割が全くないわけではなく、また米国の裁判所の監督的役割も見逃してはならない。このことは、後記３および４で信託内部の利害対立や利益相反が顕在化すると明らかになる。

民事信託・家族信託の利用が始まって日が浅い日本では、受託者監督人や受益者代理人など監督機関の利用の実例も限られている。受託者の配偶者が受益者代理人に選任されるような事例が報告される一方[44]、受託者の任務懈怠を誰も是正できない状況で、裁判所により成年後見人が選任された判決も下されている[45]。今後、監督機関の利用の実績が積み重ねられた時点で、いかなる人を監督機関に任命するのが望ましいか、監督機関に伴う利益相反にどう対応するか、検証・検討する必要がある。監督の実効性とともに、監督機関を常駐させることの費用対効果も論点となりうる。

(3)　専門家の受益者に対する責任

受託者に助言をする専門家は、受益者の直接の依頼人ではないが、間接的

43　David J. Feder & Robert H. Sitkoff, *Revocable Trusts and Incapacity Planning: More than Just a Will Substitute*, 24,40 ELDER L. J. 1 (2016).

44　八谷博喜「信託銀行の視点から見た専門家による民事信託の支援の必要性」信託フォーラム19号（2023年）32頁・33頁、八谷・前掲（注11）41頁。

45　さいたま地裁越谷支部平成４年３月23日判決（2022WLJPCA03236011）。

に受益者の利益のために行為する。この専門家の役割をどのように位置づけ、職務の懈怠があった場合にその責任をいかに把握するかは、必ずしも明らかではない[46]。

一つの可能性が、信託法の類推である。専門家が受託者とともに受益者のために行為すると考えると、専門家を共同受託者との類推で位置づけることが考えられる。この場合、専門家は、受託者と連帯で受益者のため善管注意義務・忠実義務を負うことになる（信託法85条1項）。この定めは、共同受託者が互いに監視義務を負うことに根拠をおくとされる。本来は専門家に受託者に就任してもらいたいが、信託業法の制約で助言する立場にとどめる場合は、共同受託者との類推も正当化されうる。ただし、連帯債務は非常に重い責任であり、共同受託者にとっても過大なリスクを生じさせかねないから、慎重な検討を要する[47]。

また別の可能性は、信託管理人（信託法123条～130条）、信託監督人（同法131条～137条）、受益者代理人（同法138条～143条）との類推である。いずれも善管注意義務と受益者に対する誠実公平義務を負う（同法126条・133条・140条）。こうした条文を類推すれば、受益者はこれらの義務違反に基づく損害賠償や信託財産の塡補を請求できる可能性がある。しかし、信託管理人と信託監督人は信託行為や裁判所によって、また受益者代理人については受益者自身によって選任される。そうした選任手続を経ていない専門家に直ちに類推すべきかは、検討の余地がある。

最後に、専門家に信託事務の処理を委託したものと解する可能性もある（信託法28条）。この場合、受託者は第三者（専門家）に対し、信託の目的の達成のために必要かつ適切な監督を行う義務を負う（同法35条2項）。しかし、受益者が直接第三者の責任を問うことを想定した規定はない。受託者が第三者との委任契約に基づき契約責任を追及するにとどまる[48]。

以上、いずれの類推も、受託者を支援する専門家の職務を適切にとらえる

46　以下の分析の詳細につき、溜箭・前掲（注4）132頁～137頁参照。

47　商事信託の文脈ながら、小出篤「商事信託における受託者機能の分担――いわゆる職務分掌型の『共同受託者』を中心に」能見善久ほか編『信託法制の新時代――信託の現代的展開と将来展望』（弘文堂、2017）209頁・218頁～221頁。

ことに難点を抱える。そうであれば、不法行為法に基づく責任の追及もありうる。受託者の不正に専門家が加功したのであれば、民法の共同不法行為の定めにより、幇助者の共同不法行為責任を追及することが考えられる（同法719条2項）。共同不法行為が認められると、各自が連帯して損害賠償責任を負うことになる。これによれば、行為者たる受託者が善管注意義務や忠実義務などの信認義務に違反し、これを専門家が幇助したとされた場合には、連帯して損失塡補責任を負う可能性が生ずる。

民事信託や家族信託において、受託者が信託法や財産管理に関する十分な知識を有しているとは限らない。同時に、受託者には一家の財産が託されることが想定される。意図的であれ正しいと信じてであれ、不十分な財産管理、投資の失敗、財産の流用などが生ずる可能性も十分にある。専門家が常に個々の受託者の行為を監督するのは大きな負担となる。信託法の類推や民法の共同不法行為の規定を適用すると、専門家が受託者と連帯責任を負う可能性があるとすれば、これは大きなリスクとなる。受託者が無資力の場合も十分あり得、弁護士や司法書士などの専門職は、いわゆるディープ・ポケットとして高額の損失塡補を請求されるリスクにもさらされる。

専門家の損害賠償責任は、受託者の信託違反があった場合に最も先鋭的に問題となる。ここでは、問題の指摘にとどめ、あらためて後記4(4)で比較法を交えて踏み込んだ検討を行う。

3　信託に伴う構造的利益相反

(1)　構造的利益相反の具体例

ここまで委託者・受託者・受益者それぞれの間の利害対立・利益相反との関係で、信託にかかわる専門家の立場を検討してきた。民事信託・家族信託においては、受託者に委託者の家族や親戚が任命されることが多い。同じ人が受託者と受益者に指定されることもあり、この場合は利害対立もさらに複雑になりうる。たとえば、受託者が先行受益者である場合には、信託財産を

48　旧信託法26条3項は、受託者に代わって信託事務を処理する者は、受託者と同一の責任を負う旨を定めていたが、2006年改正で削除された。寺本昌広『逐条解説　新しい信託法〔補訂版〕』（商事法務、2008年）142頁～143頁。

早期に自らに分配して、後続受益者に残す財産は少なくしようという誘惑が生ずる。逆に、受託者が後続受益者の場合には、先行受益者への分配は最小限にして、自分になるべく多くの財産を残したいという誘惑が生ずる。あるいは、受託者が委託者の推定相続人、推定受遺者の場合には、委託者への働きかけや、受託者への権限行使を通じて、信託を通じた財産分配を最小限にして、遺産に残される財産を多くしようとする誘惑が生ずる。

受託者は、本来であれば利益相反の立場で行為することは許されない。しかしこのような信託においては、受託者は、信託設定の当初から、少なくとも潜在的に利益相反の立場におかれることになる。こうした状況を、米国信託法をめぐる議論では「構造的利益相反（structured conflict）」ということがある。[49]信託や成年後見における家族の活用と、これに伴う構造的利益相反の問題は、米国でも難問とされている。判例も、必ずしも一貫した結論に至っているわけではない。

構造的利益相反に加え、家族信託においては、委託者・受託者・受益者の中に認知能力や判断能力の低下した人が含まれることが多い。家族間の力関係に加え、ケアをする人との関係も問題となりうる。

具体的に米国の事例を検討してみよう。[50] Howard v. Howard 事件（2007年）[51]では、それぞれ以前の結婚からの連れ子のいる夫婦が、財産承継のために設定した信託が問題となった。信託の定めでは、夫が妻より先に死亡した場合は、妻の生存中は妻に収益を分配し、妻の死亡後は前妻の子とその子孫に元本を分配するものとされた。そして、妻の連れ子については、財産を遺さない旨が明記されていた。

委託者の死亡後、信託の定めに従い、妻と前妻との息子の一人が共同受託者を務めた。しかし信託財産の分配をめぐって争いとなり、受託者らが裁判

49　ROBERT H. SITKOFF & JESSE DUKEMINIER, WILLS, TRUSTS, AND ESTATES 602-11, 667-69 (10th ed. 2017).

50　詳細につき、商事信託研究会「民事信託における利益相反と受託者の対応」信託286号（2021年）19頁参照。*See also*, Elizabeth S. Scott & Ben Chen, *Fiduciary Principles in Family Law, in* THE OXFORD HANDBOOK OF FIDUCIARY LAW 227, 244 (Evan J. Criddle, Paul B. Miller, & Robert H. Sitkoff, eds., 2019).

51　156 P.3d 89 (Or. App. 2007).

所に訴えを提起した。

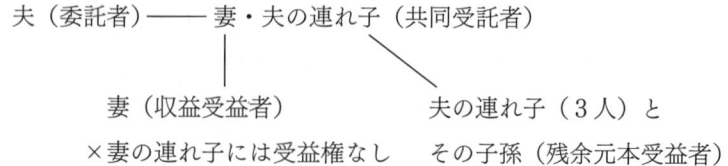

夫（委託者）―― 妻・夫の連れ子（共同受託者）

妻（収益受益者）
×妻の連れ子には受益権なし

夫の連れ子（3人）と
その子孫（残余元本受益者）

元本受益者かつ共同受託者である前妻との息子は、収益受益者である委託者の妻（元本受益者の継母）が信託以外に有する収入や資産を考慮したうえで、収益を分配すべきだと主張した。そうでないと、信託財産が委託者の妻（元本受益者の継母）の資産に充当され、実質的には受益者から排除された妻の連れ子への財産を充実することになる、というのである。

しかし、裁判所はこの主張を退けた。妻の連れ子に受益させないことが、収益分配にあたり妻の他の収入や資産を考慮すべきことを必ずしも意味しないし、妻が自分の子に贈与をしてはならないことを意味するわけではない。裁判所は、信託条項を厳密に検討・解釈した。信託を起案した弁護士のメモによると、夫婦は当初、受託者に元本を取り崩す裁量を与えることを検討したが、夫婦とも経済的に余裕ができたためにその必要はないと判断した経緯があった。弁護士も、夫の希望として、受託者に元本を取り崩す裁量を与えなくとも、自らの死後の妻のための備えを最優先と考えていた旨を証言していた。これらの証拠を踏まえ、裁判所は、信託文書の解釈として、共同受託者が収益受益者に信託財産を分配する広い裁量を認め、妻勝訴とする判決を下した。

続けて、Harootian v. Douvadjian 事件（2011年）[52]を検討しよう。信託を設定した夫は、妻を収益受益者とするとともに、受託者にも指定していた。夫の死亡後、妻は受託者として行為し、信託と妻の負担する税金を信託から支出したり、元本受益者による看護サービスの報酬を信託から支払ったり、信託財産の不動産を維持するための流動資金を確保するため自ら貸付けをする

52 954 N.E. 2d 50 (Mass. App. 2011).

などした。このため、妻が亡くなった時には、元本はほとんどなくなっていた。このため元本受益者は、受託者による上記の支出は裁量権の逸脱にあたるとして、妻の遺産に対し損失填補を求めて訴えを提起した。

この事件でも、信託文書の解釈が問題となった。争いになったのは「〔委託者〕の死後、〔妻〕が生存した場合には、受託者は元本を取り崩し、〔妻〕の合理的な安らぎと扶養のために支出する権限を有する。ただし、受託者に与えられたいかなる権限も、受託者単独の裁量権により行使される」という条項である。

裁判所は、この条項に「必要がある場合には」支出する権限を有する、と限定が付されていたならば、受託者は、収益受益者（本件は妻自身）に別に収入や財産がある限り支出できない、と解釈できるとした。しかし、本件信託条項にはそうした限定句がない以上、受託者は扶養のためであれば、信託財産からの支出につき広い裁量権が認められる。原告（元本受益者）は、上記の条項は収益受益者の「合理的な」安らぎと扶養のための支出権限を与えており、これは収益受益者に他の収入がある場合に支出を認めない趣旨だと主張したが、裁判所はそうした主張を認めた判例はないと判示し、訴えを退けた。

Howard 事件と Harootian 事件は、いずれも受託者が受益者でもある構造的利益相反を伴う信託だった。ただし Howard 事件は、二人の利害の対立する受益者が共同受託者であったのに対し、Harootian 事件は収益受益者が単独受託者だった。その結果、Howard 事件では、紛争が生じた時に早い段階で裁判所が信託条項を解釈し、信託財産の分配方法についての判断を下すことができたのに対し、Harootian 事件では、収益受益者が受託者の単独で裁量権を行使できたため、元本受益者が財産の分配前に裁判所で信託条項の解釈を争う機会を逸してしまった。残余元本受益者が訴えを提起した時にはすでに受託者は死亡しており、また信託財産もほぼすべて受託者＝収益受益者に分配されていた。

二つの事件の推移は、構造的利益相反をはらむ信託にとって、共同受託と裁判所による早期の判断が大きな意味をもつことを示している。同時に、米国の裁判所は委託者の意思を重視しており、受益権の設計、受託者の選任、支出の基準の規律など、信託の設定時点でのプラニングも、同様に重要になってくる。

(2) 利益相反取引における対処

受託者は原則として利益相反行為をしてはならないので、利益相反は受託者を解任する理由となりうる[53]。ただし米国の場合、受託者の解任は裁判所の裁量によるので、利益相反状態にあることが直ちに解任に結び付くわけではない。とりわけ、構造的利益相反の場合には、利益相反の立場にある受託者の選任が、委託者の希望を反映しているため、裁判所としても解任には慎重になる。

信託法リステイトメントは、受託者の解任を裁判所の広い裁量に委ねつつ[54]、解任が必ずしも必要ないし適切ではない場合に、より限定した対応ができることをコメントで示している[55]。具体的は、臨時の共同受託者を選任する、紛争になっている場合には訴訟を担当する臨時受託者（trustee ad litem）を選任する、といった対応が示唆される。加えて、重大な利益相反行為をする場合には、裁判所の指示を得る、法律やファイナンスの分野の独立の助言者を立てる、といった対応も考えられる[56]。

このように、米国の裁判所には、受託者が適切に行為するのを確保するため、時期に応じて信託行為を解釈し、柔軟に対処する裁量権を与えられている。構造的利益相反を伴う信託についても、こうした権限の行使が想定される。この点、日本の裁判所が、どこまで適時に柔軟な対応できるかは、まだ明らかでない。とりわけ現行信託法では、裁判所に全般的な監督権限を与え

53 Restatement (Third) of Trust § 37 (American Law Institute 2007).

54 *Id*. cmts. d, e.

55 *Id*. cmt. g.

56 SITKOFF, *supra* note 44, at 602.

ていた旧信託法14条が削除されている[57]。今後、家族信託における構造的利益相反が問題となる場合には、裁判所の監督権限を活用する方策が模索されるべきだろう。当座は解釈論としてだが、将来的には立法論的な課題でもあるように思われる。

4　信託違反が生じた場合の対処

(1)　依頼人は誰か――受託者と受益者

信託違反が争われると、ここまで検討してきた潜在的利益相反が顕在化する。信託違反が争われるときは、受益者が受託者の責任を追及するから、両者の利害は正面から対立する。受益者のために受託者に助言をしていた弁護士は、受益者と受託者のどちらのために行為すべきかジレンマに立たされる。さらに、弁護士は、受益者から受託者とともに信託違反の責任を追及される可能性もある。

こうして信託違反の疑いは、信託を支援してきた専門家にとっても、大きな試練となりうる。前記2でみたように、専門家の信託ないし受託者や受益者へのかかわり方は、一義的ではない。加えて、前記3でみたように、民事信託では、しばしば受託者と受益者が重複し、利害は構造的に錯綜する。

受託者の依頼を受けて助言してきた弁護士にとって、受益者を代理することは双方代理になりうる。信託の定めや趣旨によっては、受託者が受益者や関係者（たとえば家族や親族の全員または一部）に秘密にしておくべき事実・情報などありうるので、受託者に対し守秘義務を負うこともありうる。したがって、受託者の依頼を受けてきた弁護士は、受益者の弁護士にはなれないだろう。信託違反が顕在化すると予見できるに至った時点で、受益者が相談にきても、自分の依頼人は受託者であり、助言をすることはできないと伝える必要があろう。

他方で、受託者に助言・助力してきた弁護士も、何らかの事情で辞任するか解任されるかしない限り、受託者を代理することは可能であろう。ただし、いかに助言しても受託者が信託違反を是正しない場合、また受託者に信

57　寺本・前掲（注48）29頁。

託違反の損害を填補する意思や資力がない場合は、弁護士は自らに責任追及が及ぶ可能性も考えなければならない。辞任をすることはできる。信託違反の事実を委託者や受益者に伝えることができるかは、受託者への守秘義務が問題となりうる。裁判所に受託者の解任・交代を申し立てることができればよいが、信託法58条の受託者解任の定めは、申立権者を委託者と受益者としている。弁護士は微妙な倫理的判断を迫られる。

弁護士が信託監督人や受益者代理人となっている場合は、状況は異なる。信託監督人と受益者代理人は、それぞれ善管注意義務と、受益者に対する誠実・公平義務を負う（信託法133条・140条）。したがって、信託監督人と受益者代理人は、上の受託者の依頼を受けて行為する弁護士と異なり、受益者への義務を負うことになる。厳密な忠実義務や利益相反禁止ではないが、受益者が受託者の信託違反を疑った時点で、受託者のために行為することは難しいし、受託者にその旨伝える必要がある。そうなると、受託者と有意義なコミュニケーションを保ち、受託者に助言を与えて信認義務の履践を回復することも、難しくなる可能性がある[58]。

すでに述べたように、ガイドラインは、信託契約の締結にかかわった弁護士が、信託監督人や受益者代理人に就任することが望ましい、とする立場をとっている[59]。さらに、民事信託をめぐる紛争を想定し、「当該弁護士が信託監督人又は受益者代理人に就任するに当たっては、委託者を依頼者として信託契約の締結に関与していること及び信託監督人又は受益者代理人の役割等について、信託関係者（特に受託者）に十分説明し、理解を得ておくことが必要不可欠である」としている[60]。しかし、受益者が受託者の信託違反を疑う、さらに信認義務違反を追及するに至った場合において、弁護士のとるべき行動、受託者や受益者に対する説明責任についての記述はない。

こうした紛争を視野に入れたとき、信託監督人や受益者代理人に就任した

58 日弁連ガイドラインⅢ第１の２(1)ウは、信託関係者への十分な説明による解決を志向し、弁護士が信託関係者間の「調整役」であるというのは誤解だとして、「信託関係者（特に受託者）に十分説明し理解を得ておくことが必要不可欠である」とする。こうした規律の実効性は、今後検証する必要があるだろう。

59 日弁連ガイドラインⅡ第10の２。

60 日弁連ガイドラインⅢ第１の２(1)ウ。

弁護士は、倫理的に難しい立場に立たされる。信託監督人や受益者代理人の義務に沿って受益者のために行為した場合に、弁護士は受託者と十分なコミュニケーションをとれなくなる可能性がある。加えて、受益者が弁護士の信託監督人や受益者代理人の義務違反を追及した場合には、受益者とも利益相反の立場に立つことになる。家族信託に構造的利益相反がしばしば伴うことに照らすと、受益者が受託者の信託違反を疑う、信認義務違反を主張することは想定する必要がある。その場合に、委託者に助言をした弁護士としては、信託監督人や受益者代理人に就任すべきかは慎重に検討する必要があるし、信託の運用に継続して関与するとしても、受託者の代理人としてかかわるほうが効果的である可能性も考える必要があろう。その意味で、ガイドラインの規律の実効性は、今後検証を要するように思われる。

⑵　信託財産の回復・追及

信託違反により信託財産が毀損された場合、失われた信託財産を回復する必要が出てくる。日本の信託法でも、いくつかの選択肢がある。一つが、受託者の責任を追及することであり、具体的には、受託者に対し損失の塡補を求めるか、信託財産の現状の回復を求めることになる（同法40条）。この場合、専門家が受託者を代理するのか、受益者のために行為する義務を負うのかで、専門家の責任は異なってくる。これは重要な違いであり、専門家としては早い段階で明確にし、当事者や関係者に伝える必要があるだろう。

もう一つの選択肢が、受託者を解任し、新受託者が受託者の責任を追及することである。これは新受託者の信託事務として行われることになろう。このときには、以前の受託者を支援してきた専門家が、誰のために行為するかが問題となりうる。以前の受託者との関係で、他者に知られてはならない秘密を知ることなどもあり、原則としては、専門家としては解任された受託者に対して守秘義務を負う。そうであれば、この専門家が新受託者を支援して、旧受託者の責任追及をすることは、法曹倫理上、許されない可能性がある。加えて、この専門家は、旧受託者とともに信託に対して生じさせた損失の塡補を求められる可能性もある。専門家自身の責任については、後記⑶であらためて検討する。

受託者が複数いる場合には、信託違反をしていない受託者が、信託違反を行った受託者の責任を追及することも考えられる（信託法85条２項）。受託者を支援する専門家が、信託違反に加功していた場合は別として、この場合は専門家が責任を追及する受託者を引き続き支援することは可能であろう。むしろ、こうした信託違反に対し迅速・継続的に対応するためにも、共同受託を検討することには意味がある。同時に、共同受託者は受益者との関係では連帯責任を負う（同法85条１項）。受益者が共同受託者の責任を追及するか否かで、受託者相互・受益者との間の利害関係が変化しうるので、複数の受託者のいる信託に関与する専門家は、こうした中で有効な助言を提供できるか、慎重に検討する必要がある。ACTEC 解説では、共同受託者の間で対立がある場合には、一方の受託者の代理を継続することができるが、これはもう一方の同意と利益相反の免責を得る必要があるとされる。同意が得られなければ、辞任しなければならない[61]。

もう一つの信託財産を回復する方法として、受託者の信託違反による行為の効果を争い、信託財産を追及することがありうる。信託違反による取引であれば、その効果が信託財産に及ばないと主張できる場合もあるし（信託法21条１項６号・31条２項４号）、受益者が悪意または重過失の取引相手方に対し、取引の取消しを請求できる場合もある（同法27条・31条６項・７項）。取引相手方と対峙する場面では、受託者と受益者の利害は直接には対立しない。ただし、受益者が、信託財産の追及と並行して受託者の責任を追及する場合には、この(2)の冒頭の段落で述べたことが妥当する。また、取引の相手方が専門家自身である場合には、専門家はもっぱら自らの立場を主張する以外に信託にかかわることはできないだろう。受託者を支援してきた専門家であれば、悪意・重過失を否定することは難しいであろうから、受益者の承認（同法31条２項２号）など限られた抗弁を主張することになろう。

(3) 専門家の受託者・受益者に対する責任

受託者または受益者が、専門家の責任を追及した場合、いかなる場合に損害賠償責任が認められるか[62]。この問題は、受託者の幇助者の責任として、

61 ACTEC, *supra* note 9, at 37.

62 溜箭・前掲（注４）133頁～135頁参照。*See also*, Masayuki Tamaruya, *Accessory Liability and Tracing: Modern Adaptations of Japanese Trust Law*, in ASIA-PACIFIC

コモン・ロー諸国でも難問とされてきた。英国と米国でもアプローチが異なる[63]。

この分野で英国の伝統的判例とされてきたのが、Barnes v Addy 事件（1874年）[64]である。この事件で裁判所は、信託関係の第三者が受託者の幇助者として責任を負うのは、受託者の不誠実かつ詐欺的な企図を知りつつ幇助した場合に限られると判示した。裁判所は、委託者が受託者として指定した人と、受託者に指定しなかった人とでは区別すべきだとした。委託者は、受託者に対して財産を処分する権限を委ね、これに対応する責任を負わせたのであって、エクイティの裁判所は、そうでない第三者が単に受託者の代理人として行為しただけで、受託者（擬制信託の受託者）としての責任を軽々に負わせるものではないとした。したがって、信託の第三者は、信託違反を知りつつ信託財産を受領した場合は別として、受託者が不誠実かつ詐欺的な企図を有することを知って幇助した場合でない限り（unless they assist with knowledge in a dishonest and fraudulent design on the part of the trustees）、責任を問われることはない、と判示したのである。判決はさらに、そうでなければ、受託者の弁護士（ソリシター）であれ、銀行関係者であれ、代理人であれ、誰も安心して職務を全うできないだろう、と続ける。信託を設定する人も、受託者と同様の信認義務については、詐欺や不誠実の場合を除いて、あらゆる種類の代理人について免責をするだろう、とも付け加えている。

「悪意の協力（knowing assistance）」の法理を示したとされる Barnes 事件の判示には、受託者の義務の重大さ、第三者である専門家に幇助責任を負わせることが委託者の意思に沿うか、といった重要な考慮要素が含まれている。ただし、英国の判例は、その後やや複雑な推移を示した[65]。1960年代後

TRUSTS LAW, VOL. 2: ADAPTATION IN CONTEXT 327 (Ying Khai Liew & Ying-Chieh Wu, eds., 2022).

63　Deborah A. DeMott, *Accessory Disloyalty: Comparative Perspective on Substantial Assistance to Fiduciary Breach, in* EQUITY, TRUSTS AND COMMERCE 253 (Paul S. Davies and James E. Penner eds, 2017).

64　(1874) LR 9 Ch App 244.

65　こうした経緯について、道垣内弘人『信託法理と私法体系』（有斐閣、1996年）131頁～139頁。

半に英国の裁判所は、幇助責任の要件を緩和し、Barnes事件では受託者の信託違反について悪意が要件とされたところ、過失しかない第三者に対し幇助責任を認めたのである[66]。これらの事件は巧妙な資金の移動が絡んだ事案で、資金決済に応じた銀行に幇助責任が認められたことで、銀行業界には衝撃が走った。反響を受けてイングランドの裁判所は、1970年代から1980年代にかけて、あらためて要件を厳格化させた。

今日の英国においてリーディング・ケースとされるのが、Royal Brunei Airlines Sdn Bhd v Tan事件（1995年）[67]である。この事件で枢密院は、幇助者に法的責任を課す根拠は、幇助した者の不誠実さ（dishonest）にあると判示した。今日、「不誠実な協力（dishonest assistance）」の法理と呼ばれる法理は、Barnes事件の「悪意の協力」との違いについて争いはあるものの、幇助者の責任を認めるためには、より厳格な主観的要件を課すように見受けられる。ただし、Royal Brunei事件の枢密院裁判所は、幇助者の責任については、幇助者の主観を問題とすれば足るとして、信託に違反した受託者の主観は無関係だと判示した。その意味で、Royal Brunei判決は、受託者の主観についてはBarnes事件よりも要件を緩和したことになる。

英国の推移をやや丁寧に紹介した。結果として、英国の裁判所は、幇助者責任について比較的厳格な主観的要件を課している。同時に、受託者の信託違反に対する専門家の幇助責任は、英国でも容易な問題でないこともうかがえる。

この点、米国でも、結論としては、信託の第三者の責任は限定的に解されている。しかし米国信託法のアプローチは、英国の判例とは異なる。米国では、信託法で独自に受託者幇助者の法理を発展させてきた英国と異なり、一般の不法行為法の幇助者責任を出発点とする。経済的損害についての不法行為法リステイトメントによれば、幇助者は不法行為者の行為が不法であることを知り、かつ不法行為の遂行または隠匿を意図的かつ実質的に助力しなけ

---

66 *Selangor United Rubber Estates Ltd v Cradock (No. 3)* [1968] 2 ALL ER 1073; *Karak Rubber Co v Burden (No 2)* [1972] 1 ALL ER 1210.

67 [1995] UKPC 4.

れば、幇助者責任は問われない。[68]

米国では、この不法行為法の規律を踏まえて、信託法の分野における信託の第三者の幇助責任の規律がなされる。信託の第三者としては、受託者と関係する者として信託財産を預かる者、信託財産の売却にかかわるブローカー、法人受託者の役員などがありうるが、いずれも意図的に信託違反に加担するかこれを助力しない限り、損害賠償責任を負わないとされる。[69] ただし、信託法も不法行為法も州法によって規律される米国では、州ごとのばらつきがある。スコットも州の判例法を検討したうえで、受託者の弁護士や代理人は、意図的な加担・助力のほかに、自らが受託者の信託違反に加担していることを知っていた場合だけでなく、知り得たであろう場合についても、信託違反の幇助責任を認められる可能性がある、と指摘する。[70]

こうした法的状況の不透明さを踏まえ、州によっては信託における第三者の幇助責任を排除する立法を行っているところもある。[71] UTC1012条も(a)項において、「受益者以外の者で、誠実に受託者に助力し、または善意かつ有償で受託者と取引したものであって、受託者が権限を踰越または不当に行使していることを知らなかった者は、受託者が適切に当該権限を行使したのと同様に保護される」とし、受託者の信託違反を知らずに受託者を助力したり、受託者と誠実に取引したりした第三者を法的責任から保護している。[72]

1012条は誠実（good faith）を定義していないが、商事取引における誠実性と同旨とされているので、日本流に善意と訳してよいかもしれない。

信託法リステイトメントには、これと同様の規定はないように見受けられる。第三者の責任は、不法行為リステイトメントに委ねる趣旨であろうか。

68　Restatement (Third) of Torts: Liability for Economic Harm § 28 (American Law Institute 2020).

69　AUSTIN W SCOTT, ET AL., SCOTT AND ASCHER ON TRUSTS § 30.4 (5th ed, 2008).

70　*Id.* § 30.6.4., at 2121–22.

71　Peter T. Wendel, *The Evolution of the Law of Trustee's Powers and Third Party Liability for Participating in a Breach of Trust: An Economic Analysis*, 35 SETON HALL L. REV. 971 (2005).

72　Uniform Trust Code § 1012(a).

ただ、UTCについては、リステイトメントと異なり、採択過程で各州議会による採用を意識して、利害関係者の意向を無視できないことが指摘されている。[73] そうだとすると、1012条はむしろ帮助責任を負う立場にある弁護士や金融機関の利害を反映すると考えるのも、あながち無理な推論ではないかもしれない。

以上からは、受託者の帮助者の責任は、英米両国において難問であり、歴史的な変遷もあり、国ごと・州ごとにばらつきもあり、理論構成も異なることがわかる。判例・立法ともに、信託にかかわる利害関係者の影響も、表に裏にみることもできる。日本においていかなる示唆を導くかは、必ずしも容易ではない。

信託法には、受託者の信託違反を帮助した者の責任に関する規律が存在しない。共同受託者、あるいは信託管理人、信託監督人、受益者代理人、信託事務の委任などの規定を準用する可能性もありうる。しかし、すでに前記2(3)で検討したとおり、いずれも一長一短であり、慎重な検討を要する。

民法には、共同不法行為の規定に帮助者の損害賠償責任の定めがある（同法719条2項)。ただし、米国と同様にこれを信託義務違反の帮助者に適用すべきかは、慎重に検討する必要がある。米国の帮助者責任は、経済的損害についての規律の中におかれており、厳格な主観的要件は、経済的損害の賠償を認めるのに謙抑的な英米不法行為法の態度を反映している。日本の不法行為法にはこうした前提がなく、日本の過失責任をベースとした帮助者責任は、米国と出発点が異なる。帮助者責任を認めたうえで、過失相殺を認めるアプローチの適否も、慎重な検討が必要であろう。英米の帮助者責任の主観的要件が厳格とはいえ、ひとたび要件が満たされれば、英国では擬制信託、米国でも利益吐き出しと、受託者の忠実義務違反に準じた厳格な救済が認められるからである。

要するに、受託者の信託違反に対する帮助者の責任については、日本法は信託法をみても民法をみても、欠缺がある。2010年代以降の民事信託・家族信託の高まりは、民法も信託法も想定してこなかった。こうした状況で、紛

73 Thomas P. Gallanis, *The Dark Side of Codification*, 45 ACTEC L.J. 31, 32 (2019).

争が生じて訴えが提起された場合には、日本の裁判所としては、事案ごとの事例の積み上げで試行錯誤する、その意味では英米の裁判所と同様の対応をせざるを得ないように思われる。受託者を支援した専門家の主観（過失にとどまるか、悪意ないし故意が認められるか）、利益相反の有無や程度、委託者の意思、責任を認めた場合の塡補責任の額と、救済に伴う信託違反の抑止効果と専門家への委縮効果といった、場合によっては政策判断を伴う多様な要素を考慮する必要がある。英米の立場にも揺れがあり、日本法に直ちに引き直せるものではない。日本の受託者を支援する専門家のありかたは、信託業法の規制という特殊な状況も反映しており、この点も考慮する必要がある。

5　今後の課題

受託者に助言する専門家の責任について、日本で事例の積み重ねが少ないことから、本章は米国における状況を検討した。利益相反と守秘義務を検討の中心軸として、信託の設定から信託違反が争われる場面まで、できる限り包括的に扱った。ただ、これらの論点をカバーするには、判例法や制定法にとどまらず倫理規定も参照する必要がある。これらが網羅的で、全体として一貫しているか、やや心許ない面もある。むしろ検討からは、これらの問題が、英米でもしばしば難問とされていることがわかってくる。英米でも立場が異なり、歴史的変容も遂げており、米国では州ごとに規律が異なる論点も少なくない。米国の立場を直ちに日本に適用できるかという問題もあり、その意味で本稿の検討は試論的な性格が強い。

ただ、倫理的責任の検討からは、現行の信託法・信託業規制の限界もみえてくる。受託者を信託会社に限定する現行の信託業規制は、金融機関以外の専門家が信託を受託することを妨げている。このことは、司法書士や弁護士による受託を妨げるだけでなく、共同受託により信託の継続性を確保する可能性を制約している。また受益者代理人や信託監督人の乱立と利益相反を招き、受託者責任や専門家責任を複雑にしている面もある。

2006年の信託法改正で、裁判所による全般的な監督権限を定めていた旧信託法14条が削除されたのも、家族信託への関心が高まってきた今からすると、不運だった。米国の裁判所のような時宜に応じた信託行為の解釈や柔軟な対処の余地が限られると、家族信託に伴う構造的利益相反に直面した受託者や専門家のジレンマは深まる。信託違反が深刻化してから紛争が表面化すれば、すでに信託財産も大きく毀損している可能性も高くなる。

今後、日本でも、家族信託の実務や判例が積み重ねられ、日本の実情に即した受託者や専門家責任のあり方について検討も進められることだろう。ガイドラインなど各専門家の倫理規定の再検討、さらに信託実体法と関連する規制法や税法なども含め、包括的な検討が必要になる。そうした取組みが功を奏することは、信託が潜在力を発揮する素地が形成されることでもある。

（溜箭将之）

2 日弁連の民事信託に関するガイドラインの概要と今後の課題

本章1では、民事信託にかかわる専門家が考慮すべき事項が、設定時、設定後の信託関係者との関係、構造的利益相反や信託違反への対処といった多角的視点で詳細に検討されている。米国における経験、状況を踏まえた問題提起や提言は、わが国の民事信託にかかわる専門家の法的・倫理的責任を検討する際に、多くの示唆を与える。その中では、米国法律家協会（ABA）による弁護士倫理のモデル・ルール[1]や、信託・遺産管理を専門に扱う弁護士が加盟する団体である米国信託・遺産管理弁護士会（ACTEC）によるモデル・ルールについての解説[2]とともに、日本弁護士会連合会（以下、「日弁連」という）のガイドライン[3]が言及され、批判的に論評されている。

そこで本稿では、ガイドラインの公表（2022年12月16日付け）までの作業に日弁連信託センターの一員としてかかわった筆者の経験から、ガイドラインの概要と要点、公表当時の狙いを分析して概説する。また、ガイドラインに対する実務家の反応や、公表後約2年を経過した時点での実務への定着状況についても、付言する。

1　ABA (American Bar Association) Model Rule of Professional Conduct の内容は〈https://www.americanbar.org/groups/professional_responsibility/publications/model_rules_of_professional_conduct/model_rules_of_professional_conduct_table_of_contents/〉に詳細がある。

2　ACTEC（American College of Trust and Estate Counsel）の解説（The ACTEC Commentaries）の内容は〈https://actecfoundation.org/news/actec-commentaries-6th-edition/〉を参照。最新版である第6版のレポーターはシアトル州立大学の Karen Boxx 教授、小委員会委員長はルイジアナ州立大学の Elizabeth Carter 教授で、お二人には渡米調査の際にインタビューの機会をいただいたことをあらためて感謝する。

3　日本弁護士連合会「民事信託業務に関するガイドライン」（2022年12月16日）〈https://www.nichibenren.or.jp/library/pdf/activity/civil/minji_shintaku_guide.pdf〉（以下、「ガイドライン」という）。

1　ガイドラインの概要

(1)　ガイドラインの背景となる民事信託の利用実態

2007年の信託法施行後、高齢者の財産管理および資産承継の手段として、高齢の親を委託者とし、子の一人を受託者とする民事信託が急速に広まりをみせている。

あらかじめ親が財産名義を子である受託者に移転し、かつ親自身を受益者にして信託財産から必要な給付を受け取ることで、仮に将来的に親が判断能力を喪失した場合でも、家族の中で財産管理を完結させることができるため、成年後見の代替手段として支持されている。また、委託者である親が死亡した時点で残った財産の帰属先を配偶者や子に指定しておけば、信託財産については委託者の死亡で凍結されることがないため、相続手続を待たずにスムーズに財産を承継することが可能になるため、遺言代替としても利用される。

もっとも、設定された民事信託の中には、「委託者の真意に基づいて設定され、受益者の利益のために運営される」という信託の理念に合致するのかどうか疑わしい事例も見受けられるようになった。

民事信託は、委託者がかなり高齢になってから自らを受益者として設定するのがわが国の実態である。そして、受託者となる子は残余財産の帰属先の一人でもあることがほとんどであるところ、たとえば、委託者の取消権を著しく制限する一方で、受託者が他の法定相続人よりも不合理に有利に残余財産を取得できるような内容の信託については、子の一人が親の財産を確定的に独占するために、親の真意を考慮せずに信託を設定させたのではないか、との疑念を生じうる。このような場合、他の事情と相まって、「受託者の利益を図るための信託であって信託の濫用である」、「委託者の信託設定意思や意思能力を欠いていた」等を理由として、信託の無効を争われる危険がある。

また、受託者である子が残余財産の帰属先でもあるということは、残った信託財産が多いほど子が将来承継できる財産が増えることを意味する。信託収益（信託財産である不動産の賃料や金融資産の配当）から親の生前の給付を賄える場合であれ、信託元本を取り崩して親に給付を行う場合であれ、受託者が信託目的に沿った十分な給付を親に対して行わないときは、受託者が将来の自らの利益を確保するために、受益者の利益を犠牲にすることになり、信託の本質を害する。

このように、設定当初から信託の濫用や悪用が懸念されるとともに、信託の運営の過程でも受託者による信託違反によって委託者兼受益者の利益が害されるおそれが強く意識される。

(2)　ガイドラインの対象および位置づけ

こうした懸念に対して、専門家が関与することにより、民事信託が正しく利用され、かつ信託の適正な運営が担保されるよう、ひいては信託制度への信頼を確保するために、弁護士が民事信託業務にかかわる場合の指針を示すことがガイドライン策定の目的である。

2022年12月の公表に至るまでには、日弁連の内部で慎重な検討・手続を要した[4]。もっとも、ガイドラインは弁護士間で共有されて実践されることのみを想定したものではない。公表されることにより、弁護士以外の信託にかかわる専門職や事業者、信託口口座を提供する金融機関、潜在的利用者等への対外的な影響も考慮しなければならなかった。そのため、一口に民事信託といっても、公表時点までに弁護士の業務としてある程度蓄積された民事信託業務に絞ることが説得的と考えられた。また、わが国の弁護士は、弁護士法のほか、米国のABAモデルルールに相当する弁護士職務基本規程にも拘束されることから、これらの規程との適用問題も言及する必要があった。

以上の観点から、まず、ガイドラインが対象とする弁護士業務は、「民事信託業務」という広汎なタイトルにもかかわらず、これまで弁護士が相談・依頼を受けることの多かった信託の設定にかかわる業務、中でも「信託当事者が家族である信託契約の締結」に絞られている。典型的には、親が委託者

4　日弁連の信託センターで「業務ガイドラインPT」を立ち上げ（2020年6月）、2020年秋頃から2021年春頃まで素案を分担執筆した後、最新情報を随時反映し、解説を簡略化するなど編集作業を行って、2021年活動年度内（〜2022年5月）にセンターで決議した。日弁連内の関連委員会（弁護士倫理委員会、業務委員会、高齢者障がい者権利擁護委員会、司法制度調査会など）の意見照会を経て微修正を行い、2022年12月の日弁連理事会で承認を受けて公表に至った。

兼当初受益者、子が受託者なる信託契約を想定している。

他方で、当初から他益信託として設定される信託や、自己信託（信託法3条3号)、遺言信託（同条2号）は、現時点でガイドラインを示せるほど弁護士がかかわる民事信託業務としては普及していないため、対象としていない。また信託業法との抵触を懸念して弁護士が受託者として信託業務を行うケースはほとんどないため、弁護士が受託者となる場合の業務もガイドラインの対象としていない。[5]

そして、弁護士を拘束する弁護士職務基本規程とは異なり、ガイドラインの内容は個別案件について会員を拘束しないものとした。すなわち、弁護士が信託の相談を受け、受任するにあたってガイドラインに合致しないこと自体が懲戒事由になるものではない。もっとも、弁護士が信託にかかわる業務を行うに際して、弁護士法および弁護士職務基本規程に直接違反する場合は、それ自体が懲戒事由になることはいうまでもなく、それに加えて、ガイドラインの内容が弁護士職務基本規程の解釈に反映されることはありうる。この点は、ACTEC が、ABA モデル・ルールの当該分野に関係する条項について解説を行っている関係と類似する。

さらに、信託にかかわった弁護士が後でガイドラインに沿った説明をしていなかったことを理由に、依頼者から契約責任や不法行為責任を追及されやすくなる可能性はある。[6]

2 ガイドラインの要点

ガイドラインでは、民事信託業務を行う際の留意点（ガイドラインII)、紛争への対応（ガイドラインIII）について、それぞれ指針を示している。以下、弁護士に求められる対応を簡略して述べる。

---

5 ガイドラインの構成も、「II 民事信託業務を行う際の留意点」に全体の3分の1が、「III 紛争の対応」に3分の1が割かれ、いずれのパートも、信託契約に委託者から相談を受けてかかわる弁護士の立場から検討が行われている。

6 東京地裁令和3年9月17日判決（金商1640号40頁）は、信託契約書の案文作成やいわゆる信託口口座開設等の支援を受任した司法書士に、情報提供義務およびリスクの説明義務の違反があったとして不法行為責任を認めた。

⑴　民事信託業務を行う際の留意点

㋐　依頼者の意思確認

弁護士にとっての依頼者は委託者であり、信託契約を締結する前に、委託者と面談し、依頼者の意思能力と信託設定意思を確認しなければならないとする。親族からの不当な影響を排除する必要性、意思確認の工夫、意思能力の確認手段にも言及する。この点は、ガイドラインの狙いの重要なテーマのため後述する。

㋑　民事信託以外の選択肢の検討

民事信託の相談を受けた場合に、民事信託以外の選択肢（任意後見、法定後見、贈与、遺言等）を提示すること、受託者としての適任者がいない場合は信託ができないことを説明することが求められる。

㋒　依頼者らに説明すべき事項

委託者（依頼者）に対しては、信託契約の効果を、受託者候補者に対しては受託者としての義務の説明をすることが求められる。

㋓　信託契約の条項の検討

関連法令の内容と趣旨を踏まえ、一義的に明確で矛盾がない信託契約条項にすることが求められる。

㋔　遺留分への配慮

遺言の場合と同様、弁護士は、依頼者の希望により遺留分を侵害する可能性のある信託契約の設定の依頼も受けるが、その場合は遺留分侵害額請求権を行使される可能性を十分検討し、紛争を解決する時間と費用がかかることを説明しておかなければならない。

㋕　コーディネーターとしての役割

弁護士は、信託契約書の案文を作成するだけでなく、公証人、金融機関、司法書士、税理士などとの間でコーディネーターとしての役割を果たすことが求められる。これらの役割は、あくまでも依頼者である委託者の意思を実現するための活動で、依頼者以外の信託関係者（受託者、委託者以外の受益者）との間で利益を調整する「調整役」ではない。

㋖　公正証書の作成

有効性の担保と紛争予防の見地から、信託契約は、原則として委託者本人の嘱託による公正証書によって行うことを推奨する。信託口口座を開設する場合に、公正証書による信託契約書を要求する金融機関が多いという実務的要請も背景にある。

(ク) 信託口口座の開設

信託財産を預金で管理する場合は、受託者の固有財産と区別するため、信託口口座で分別管理することを求める[7]。そのため、弁護士が信託契約書の案文を作成するにあたっては、事前に、口座開設の可否、要件について金融機関に確認することが望ましいとする。

(ケ) 信託財産の対抗要件の具備等

信託契約に基づいて受託者に信託財産を移転し、第三者対応要件を具備して初めて委託者の意思実現が図られるが、実務上、当事者に任せていてはこれがおざなりになることもある。そこで弁護士は、信託の設定にあたって当事者に対抗要件を具備することを促し、必要な助言を行うことも求められる。

(コ) 弁護士による継続的な関与

受託者に対する実効性のある監督を行うため、原則として信託契約において監督機関を設置することを求める。具体的には、信託契約にかかわった弁護士が信託監督人または受益者代理人に就任することが望ましいとした。この点は、ガイドラインの狙いの重要なテーマのため後述する。

(サ) 信託監督人および受益者代理人への就任

信託監督人などに就任した弁護士に対し、適時適切な監督権の行使を求める。

(シ) 信託の変更

弁護士が信託の変更に関与する場合、信託法の規定と信託契約条項に合致しているかを確認することを求める。

7　なお、日弁連は、信託財産を分別管理するための有効な方法として信託口口座の開設がより多くの金融機関で可能となることを企図して、2020年９月に「信託口口座開設等に関するガイドライン」〈https://www.nichibenren.or.jp/library/pdf/activity/civil/shintakukouza_guide.pdf〉を公表している。

(ス)　民事信託と税務

信託課税に関しては未解明な部分も多いものの、現時点での基本的な知識については弁護士として習得に努め、税理士と共同して過誤がないよう努めることを求める。民事信託で節税はできないことを説明し、信託の各場面で届出や申告の助言にも努めるものとする。

(セ)　マネー・ローンダリング対策

日弁連会規[8]に従ったマネー・ロンダリング対策を行うことも弁護士に求めている。マネー・ロンダリング対策は日弁連の規程に基づいて要請される義務であり、ガイドラインはこれを注意的に示したものである。

(2)　紛争への対応

(ア)　民事信託に関連する紛争への対応

(A)　信託設定に関与した弁護士が信託監督人等に就任している場合

信託設定に関与した弁護士が、信託監督人等に就任している場合に、信託関係者について紛争が生じたとき、代理人となれるかどうかについて検討した結果、以下の解釈をとる。

①　受託者と第三者との紛争において、受託者の代理人となるのは差し控えるべきである

②　委託者と第三者との紛争において、委託者の代理人になるのは差し支えない

③　受益者と第三者との紛争において、受益者の代理人になるのは差し支えない

④　委託者と受託者との紛争で、信託監督人等としての権限行使で足りない場合、あらためて委託者から事件を受任することは差し支えないが、受託者からの受任は、弁護士法25条1号および弁護士職務基本規程27条1号（相手方の協議を受けて賛助し、またはその依頼を承諾した事件）に抵触する

⑤　受託者と受益者との紛争で、受益者の代理人となるのは差し支えない

8　日弁連は、依頼者の本人特定事項の確認及び記録保存等に関する規程および依頼者の本人特定事項の確認及び記録保存等に関する規則を制定し、民事信託に関しても、①依頼者の本人特定事項の確認義務、②取引記録の保存義務等を規定する。

⑥　委託者と受益者との紛争は想定しがたい

このうち、⑥は、ガイドラインが対象とするケースが、委託者を唯一の受益者とする自益信託を想定していることに基づいた解釈である。もっとも、ケースによっては、第２受益者あるいは残余財産受益者として指定された者と委託者との間で紛争が生じることはありうる。この場合、委託者は当該弁護士にとっての元依頼者であるから、受益者側で代理人に就任することは差し控えるべきであるとの解釈になる。そうすると、信託監督人等として受益者の利益を守る立場と矛盾することになる。逆に委託者の代理人となることも、信託監督人または受益者代理人の立場とは矛盾することになる。こうした将来において利益相反する事態の可能性は、信託の設定にかかわった弁護士が信託監督人等に就任する場合の懸念材料の一つである。

(B)　信託設定に関与した弁護士が信託監督人等に就任していない場合

信託設定に関与した弁護士が、信託監督人等に就任していない場合に、信託関係者について紛争が生じたとき、代理人となれるかどうかについて検討した結果、以下の解釈をとる。

①　受託者と第三者との信託に関する紛争において、受託者の代理人になることは、弁護士法25条１号および弁護士職務基本規程27条１号（相手方の協議は紛争の存在が前提）には抵触しないケースが多いが、その後、信託関係者間で紛争が生じたときに、委託者または受益者から事件を受任できなくなるので、慎重にすべきである

②　委託者と第三者との紛争で、委託者の代理人になるのは差し支えない

③　受益者と第三者との紛争において、受益者の代理人になるのは差し支えない

④　委託者と受託者との紛争で、受託者の代理人となることは、弁護士職務基本規程５条（信義誠実）、６条（名誉と信用）に抵触するおそれがあるので避けるべきである

⑤　受託者と受益者との紛争で、受託者の代理人になることは、弁護士職務基本規程５条（信義誠実）、６条（名誉と信用）に抵触するおそれがあるので避けるべきである

⑥　委託者と受益者との紛争は想定しがたい

このうち、⑥は、前記(A)で指摘したとおり、必ずしもそうとはいえない。仮に紛争が生じた場合、委託者は当該弁護士にとって元依頼者であるから、受益者側で代理人に就任することは差し控えるべきだが、そうなっても信託監督人または受益者代理人でもない以上は問題ない。また委託者の代理人となることは差し支えない。

(イ)　民事信託に関連しない紛争への対応

(A)　信託設定に関与した弁護士が信託監督人等に就任している場合

民事信託に関連しない紛争についても、信託設定に関与した弁護士が信託監督人等に就任している場合に、受託者の代理人になることは、弁護士法25条1号および弁護士職務基本規程27条1号（相手方の協議を受けて賛助し、またはその依頼を承諾した事件）に直接抵触するわけではないが、その趣旨に抵触するおそれがあるので、慎重に判断すべきであるとする。

(B)　信託設定に関与した弁護士が信託監督人等に就任していない場合

民事信託に関連しない紛争で、信託設定に関与した弁護士が信託監督人等に就任していない場合でも、受託者の代理人になることは、弁護士職務基本規程5条（信義誠実）、6条（名誉と信用）の点で配慮が必要とする。

3　ガイドラインの狙いと分析

(1)　依頼者は誰かを明確化する

ガイドラインは、最初に「委託者が弁護士にとっての依頼者である」との立場を宣言する。

従来、司法書士を中心として展開された民事信託設定の実務では、専門職にとっての依頼者が誰かが曖昧だった[9]。令和5年4月1日に施行された司法書士会の行為規範でも、「信託目的達成に向けて、委託者、受託者、受益者その他信託関係人の知識、経験、財産の状況等に配慮」とあり、司法書士の民事信託業務においての依頼者は、委託者とは特定されていない。むし

9　渋谷陽一郎『裁判例・懲戒事例に学ぶ民事信託支援業務の執務指針』（民事法研究会、2023年）19頁では、司法書士である筆者の立場として、「依頼者」の定義は「委託者からの委任を受けて民事信託支援業務を行うのを原則とする」と表明するが、稀有な例と思われる。

ろ、受託者その他の信託関係人も含まれるように解釈される。[10]

これに対して弁護士の間では、信託はその設定段階から設定後の運営を通じて、信託関係者間の潜在的利益相反を無視できないものと意識されている。委託者と受託者との間で行われる信託契約は、一時的には家族内での財産管理、資産承継のための円満な準備であり、非紛争型の案件にみえる。しかし、ひとたび利益相反が顕在化すれば、将来の紛争可能性は排除できない。特に、信託設定後に委託者が信託の効力を争う事態や、受託者となった子の信託違反の行為に対して責任追及が必要な事態を想定すると、信託の設定に関与した弁護士は、「誰が依頼者か」を明確に意識していないと、信託関係者間の争いに巻き込まれた際、その立場を引き裂かれて身動きがとれなくなる。

そこでガイドラインは、民事信託が、遺言や任意後見とあわせて本人（委託者）の意思を実現するためのエステートプランニングの一貫であるとの前提に立ち、米国での理解と同様に、「弁護士にとっての依頼者は、信託設定者（委託者）である」との立場を宣明する。

このことは同時に、弁護士は受託者の利益を図るための濫用的信託には関与しないことのアナウンスでもある。

実務的には、信託業務に関する委任契約は委託者との間で締結し、委託者から弁護士費用を受け取ることが要請される。

もっとも、理念的立場だけでは割り切れない実情はある。

弁護士職務基本規程は、利益相反事件の受任を禁止する（27条）が、利益相反が潜在的なものにとどまる場合は適用されない。たとえば、相続事件で複数の相続人を代理することも、その時点で利益相反が顕在化していなければ許される。民事信託を設定する段階では、少なくとも委託者と受託者との間で利益相反は顕在化しておらず、双方を同時に代理しても、双方の了解さえあれば職務基本規程に違反するわけではない。

---

10 司法書士行為規範（2023年４月１日施行）は、新たに「民事信託支援業務に関する規律」を設け、80条では「民事信託支援業務を受任したときは、信託目的達成に向けて、委託者、受託者、受益者その他信託関係人の知識、経験、財産の状況等に配慮して業務を行う」と定める。

また、実際問題としても、ガイドラインが対象とするのは「信託契約」である以上、自己信託や遺言信託のように、委託者の意向だけで信託を設定することはできず、契約当事者でもある受託者候補者の関与が不可欠である。この点、ほとんど自己信託で設定され、弁護士としては、委託者かつ受託者でもある依頼者の意向だけを考慮して信託文書を作成すれば信託が機能し始める米国とは、大きな違いがある。わが国でほとんどを占める契約による信託においては、受託者が信託事務の内容や受託者責任を理解したうえで信託契約を受諾しないことには、信託が始まりもしないし、機能もしない。そのため、弁護士がいったん委託者から依頼を受けて信託の設定に向けた業務がスタートした後は、必要に応じて受託者候補者も同席して打合せを行いながら、信託契約書の案文を作成するのが実情である。

これでは、組成にかかわる専門職が受託者を依頼者の一人として認識しやすいのみならず、受託者のほうも、自分は依頼人の一人だと認識しやすい。この点が、作成にかかわった弁護士が信託の運営に継続関与する場合にも影響する（後記(2)参照）。

(2)　信託設定にかかわった弁護士の継続的関与を求める

ガイドラインは、弁護士が信託契約書の案文を作成する場合、原則として監督機関を設置することを求め、その監督機関（信託監督人または受益者代理人）として、信託の文案作成に関わった弁護士が継続的に関与することを求める。

民事信託の案文を作成した専門職は信託契約の当事者ではないから、信託契約書に名前が残ることはない。信託口口座を開設した金融機関や信託内融資に応じた金融機関からは、家族受託者だけで適正な信託の運営を担えるのかとの危惧も伝えられる。受託者の信託事務や受託者責任は、信託銀行や信託会社といった専門受託者ではない一般の人にはなじみが少なく、信託財産を窃取するような悪質な信託違反をしないまでも、誤解や不注意によって受益者の利益が害される可能性はある。

そこでガイドラインは、信託の設定に関わった弁護士が信託監督人または受益者代理人として、継続的に受託者を監督する責任を担うことを求める。

この点について、弁護士の業務範囲の拡大に資するとの観点から、日弁連内部で表立った異論はなかった。もっとも、継続的に関与する場合の信託関係者と弁護士との利益相反の可能性、信託監督人の責任に見合う報酬について利用者の理解が得られるか、他の専門家と差別化して弁護士の関与する民事信託に対する社会の信頼性を高める効果につながるか、といった検討課題はある。ガイドラインに対する弁護士の反応や、ガイドラインの定着状況とあわせて、後述する。

ところで、米国においても、受益者が高齢になった場合に、受益者自身が受託者の不正を防止することは期待できず、年1回の会計報告では効果的な監視とならないことは認識されている。にもかかわらず受託者の不正を予防するための措置は十分とられておらず、信託財産の窃取といった深刻なものから、滅多に使わない温水プールを高齢の親のためと称して設置するような間違った財産の使い方まで、家族受託者による信託違反は多数起こっている。

そこで、信託監督人に相当する「トラスト・プロテクター」を設置し、受託者からトラスト・プロテクターに対する報告を義務づけたり、トラスト・プロテクターに受託者変更権を与えたりして、信託の適正な運営を担保するしくみを設けることは可能であり、Trust Protector Act もある。

しかし、日本において弁護士が信託監督人等として関与することが推奨されているのとは対照的に、米国では、トラスト・プロテクターになりたい人はまずいないといわれる。米国で信託の設定を行う弁護士の視点からは、トラスト・プロテクター自身の責任や負担の問題が懸念されている。米国では、「特に意図的に不正をする受託者は、露見しないようにうまくやるものだから、そもそも不正は見抜くのが難しい」という現実的な見方が主流である。深刻な不正が起こった場合の責任も危惧されるが、たとえ軽微であっても何か問題が起こったときに監督不足を理由に訴えられるリスクは、米国では無視できないレベルで蓋然性が高い。信託会社の場合は、そうした責任や訴訟リスクを見越した報酬基準の設定も可能だが、個人である弁護士がタイムチャージで監督人を引き受ける場合には、問題が生じたときの責任や訴訟リスクまで組み込めないと考えられていることが背景にある。

そこで、究極的には適任者を受託者に選ぶことに尽きるのであるが、不正の予防としては、受託者以外の別のきょうだいや子が受託者の業務に目を光らせて、たとえば会計報告を共有するなどして監視させ、何か問題が起これば事後的救済を裁判所に申立てて受託者の法的責任を問う、という方法がとられているのが実情である。

4　ガイドラインに対する実務家の反応、実務への定着状況

(1)　組成にかかわった弁護士による信託監督人等としての継続的な関与

金融機関の立場から、信託の適正な運営を担保する役割を期待する、好意的な反応がある。

他方、一部の弁護士からは、信頼できる家族を受託者と定めて信託を設定した当初から、その受託者を監督する立場でかかわることについては、委託者の心理的な抵抗が強いとの声がある。あえて「監督」を強調せず、実質的には「受託者業務の支援」になるといった説明をすることで委託者の理解が得られる場合もあるが、ひとたび委託者兼受益者と受託者との利益相反が顕在化した場合には、当該弁護士は受託者に対して厳しい姿勢で臨むことになるため、受託者業務の支援等と生易しいことは言っておられず、難しい立場になるという声もある。

弁護士は、成年後見における「成年後見監督人」として、あるいは任意後見における「任意後見監督人」として、家族である成年後見人を監督する際にも似たような状況を経験する。すなわち、家族である成年後見人の職務が適正に行われることを担保するべく、日常的な成年後見人の業務に関して相談を受けてアドバイスをしたり、定期的に会計報告を受けてチェックをしたりする。成年後見人と良好な関係を維持している間は、「監督」といいながら実質的には成年後見人の業務を支援する関係にあるが、ひとたび成年後見人の不正が発覚すれば、家族である成年後見人と厳しく対立する関係になる。

成年後見の場合は、日常的な業務の監督においても、家族後見人との対立場面においても、弁護士は、家庭裁判所から直接選任された立場として家族後見人との関係では割り切った対応ができる。また、いずれの場合でも家庭裁判所の権威が支えになる。

これに対して信託監督人の場合は、解任など法的権限を行使する究極的な場面では裁判所の権威（決定権）に従うことができるが、日常的な受託業務の監督にあたっては、そもそも信託に関与する機会のない裁判所の権威をあてにすることはできない。信託行為で同人を信託監督人として指名した設定者は、すでに意思能力を失っているか、あるいは死亡している可能性すらあるところ、信託監督人は、そうした微かな委託者の意思を依り拠として、家族受託者に厳しく臨まなければならない立場にある。

受託者からみれば、信託設定の段階から依頼者の一人であるかのような認識があるため、味方だと思っていた弁護士から厳しく追及されることについては違和感を持つこともあるし、弁護士の方も、受託者に対して成年後見監督人のときと同じように割り切って臨むことは難しい場合もある。

民事信託において裁判所の関与が著しく制限され、成年後見と違って裁判所の権威に依拠できない点は、信託監督人が監督権を行使するうえでは不十分な環境といわざるを得ない。

⑵ ガイドラインが信託普及の「諸刃の剣」となる可能性

㈠ 手続の煩雑さやコストの負担

弁護士がガイドラインを履践する場合、民事信託の利用者にとっても、信託文書を公正証書にする必要性、信託口口座を開設する必要性、監督機関を設置する必要性といった点で、手間とコストがかかる。

成年後見制度が利用されにくい理由として、裁判所や専門職の関与による手続の煩雑さやコストの負担があるところ、民事信託がそれと比較して同じように面倒な制度になってしまうと、信託の普及を阻害するおそれがあり、ガイドラインは「諸刃の剣」ともなりうる。

実際、委託者の中には、信託監督人に対する報酬を専門職による成年後見と同様の負担ととらえて、監督機関の設置を躊躇する向きもあるという。定額報酬ではなく、業務に応じたタイムチャージを提案することで理解を得られるケースもあるが、現在までのところ、信託監督人としての関与を原則化するほどには、ガイドラインは定着していないのが実情である。ガイドラインを説得材料として監督機関の設置を原則化したときに、利用者の理解を得て実務が定着していくかどうか、今後もみていく必要がある。

ガイドラインに沿った信託の設定は、何が何でも家族内だけで簡便かつ安価に財産管理を完結させたい人にとっては、手間と費用面で利用を躊躇させるかもしれないが、裁判所の関与を避けつつ私的自治の範囲で一定の監督機能を備え、コストに見合う規模の財産管理を柔軟な方法で行いたい人にとっては、成年後見や持続的代理権といった他の制度よりも優位性を実感できると思われる。

(イ)　その他の取組み

信託が正しく利用されるために、日弁連は、ソフトローとしてのガイドラインの公表以外に、信託契約書の標準化にも取り組んでいる。公証人連合会の民事信託研究会と日弁連の信託センターが共同勉強会を行い、その成果として信託契約条項についてモデル・ルールの公表を行った[11]。信託契約書を公正証書によって行う場合、公証人のスクリーニングを受けて、最低限、法に則った信託契約書が作成できることは、利用者に信頼感、安心感を提供できる。

また、全国銀行協会との勉強会を経て策定された、信託口口座開設に関するガイドライン[12]や、全国信用金庫協会との勉強会を経て策定した、信託口口座の開設にかかわる信用金庫内部での業務マニュアルは、受託者が信託財産である預金を分別管理する義務を果たすうえでの重要なインフラ整備である。

さらに、民事信託業務に精通した弁護士を育成するための受け皿組織は全国の弁護士会に設置されており、各地域の弁護士会と信託銀行、信用金庫などの金融機関との間では、信託に関する相談を受けた場合の顧客の紹介制度の推進が行われている。

ガイドラインの公表およびその他の取組みを通じての弁護士会のスタンスは、信託のメリットが強調された宣伝広告に惹かれて信託を希望する受託者

11　判例タイムズ1483号から1487号まで5回連載（日公連民事信託研究会＝日弁連信託センター「信託契約のモデル条項例(1)〜(5)」）。また、これに対する批判的検討として、金森健一「『信託契約のモデル条項例　公証人及び弁護士による勉強会を経て提示するモデル条項例』の検討(1)〜(5)」駿河台法学35巻2号15頁以下・36巻1号57頁以下。

12　前掲（注6）参照。

側のニーズではなく、自分のエステートプランニングを真面目に考える委託者のニーズをとらえ、また、弁護士の信託実務に信頼をおいてくれる金融機関その他専門家との連携を通じて、本当に信託が必要な顧客をターゲットとして民事信託にかかわる業務を拡大する方向を模索しているように思われる。

民事信託が普及して長く信託制度への信頼は揺るぎない米国にあっても、それにかかわる弁護士は一貫して高いプロ意識をもち、倫理や利益相反に敏感に対応している。まだ民事信託の歴史の浅い日本において、専門職が生半可な意識では信託を正しく普及させることはできないのは事実である。信託が普及する過渡期にある日本で、ガイドラインが民事信託の普及に貢献できるよう、一層の取組みが求められる。

5　今後の課題

現時点では、民事信託の設定にかかわる専門家としては司法書士の関与が７割以上と圧倒的多数であり、弁護士のみを対象とするガイドラインが信託実務に及ぼす影響力はおのずと制限されるようにもみえる。

しかし、米国において信託の設定にかかわるのが弁護士のみであり、かつ専門家としての法的・倫理的責任を厳しく意識しながら実務を行っている実情が示すとおり、信託は、その設定段階から設定後の運営を通じて、信託関係者間のみならず、関与する専門家も巻き込んで利益相反が問題になる場面を多く含む。すなわち潜在的利益相反と将来の紛争可能性を排除できない制度である。

だからこそ、紛争型業務を扱う資格と経験のある弁護士の問題意識を出発点としたガイドラインは、民事信託業務に関与する専門家であれば誰にとっても考慮すべき重要な事項が含まれているはずである。

また、ガイドライン自体は、今後の実務の動きに対応してアップデートされることが予定されており、実務に携わる弁護士は、利用者の声に謙虚に耳を傾け、社会の要請に応えるべく不断の検討を行う必要がある。

（西片和代）

第5章 わが国の民事信託の担い手としての共同受託の活用

わが国では、信託における共同受託の活用は多くないと思われるのに対して[1]、米国では、共同受託者として複数の受託者に信託を行う場合が多いといわれている[2]。また、日本では、特に民事信託において共同受託があまり活用されていないこともあり、共同受託に関する論文はいくつかあるが、商事信託について論じたものが中心であり、民事信託に関するものは比較的に少ない[3]。

1　旧信託法下であるが、能見善久『現代信託法』（有斐閣、2004年）158頁。なお、新日本法規のウェブサイト（澁井和夫「民事信託こぼれ話第５話　ご夫婦で受託者となった不動産開発運用型民事信託～複数受託者の合有」〈https://www.sn-hoki.co.jp/articles/article414951/〉（2023年７月26日閲覧））にて、ある夫婦（委託者の甥夫婦）と養子縁組をされた方が委託者となり、当該夫婦を共同受託者とする民事信託（工場跡地を信託財産とし賃貸用建物を建設し収益不動産として運用する案件）を設定した案件が紹介されている。その際、民事信託の共同受託に関し「例のないこと」と紹介されている。

2　樋口範雄『アメリカ信託法ノートⅠ』（弘文堂、2000年）86頁～87頁。

3　道垣内弘人「保管受託者（custodian trustee）を用いた信託とその法的諸問題」金融研究21巻２号（2002年）251頁以下、同「職務分掌型共同受託と改正信託法」能見善久『信託の実務と理論』（有斐閣、2009年）152頁以下、小出篤「商事信託における受託者機能の分担――いわゆる職務分掌型の『共同受託』を中心に」能見善久ほか編『信託法制の新時代』（弘文堂、2017）209頁以下など。民事信託を対象とするものとして、商事信託法研究会報告書「民事信託をめぐる諸問題――受託者名義の預金口座に対する差押えおよび職務分掌型共同受託者のある信託における責任分担のあり方」信託280号（2019年）25頁。

本稿では、米国の民事信託に関し共同受託がどのように評価・利用されているか、そして、日本において利用されないのは合理的な理由によるのか、有効活用するための解決策はあるのかを検討する。

まず、米国における民事信託の共同受託への評価（長所・短所）の一例を紹介し、そのうえで実際の利用状況を反映していると思われる共同受託に関する規律の変遷を確認する。そして、裁判例を含めた近時の具体的な紛争事例を紹介し、評価する。その後、日本法の共同受託の規律を確認したうえで、米国の裁判例と同様の事案が日本で起きた場合を想定しながら、米国法と対比し、類型化してその課題と対応策を検討する。

1　米国法における共同受託

⑴　共同受託を活用する理由

統一信託法典（Uniform Trust Code）（以下、「UTC」という）の策定に際して、米国で共同受託が活用されている主な理由が以下のとおり示されている[4]。

① 複数の受託者による意思決定がミスコンダクトや常軌を逸した行為のセーフガード（予防手段）となる

② 専門的能力や技術を有する金融機関と受益者と私的な関係を有する家族を組み合わせることで、異なるスキルという利点を獲得できる

③ 信託の運営に関して、すべての家系を代表させるために共同受託とする

⑵　共同受託に対する評価（長所・短所）

米国の民事信託における共同受託の活用・評価の実態を知るために、共同受託の長所・短所と考えられている内容の一例（テキサス州）を紹介する（〔表１〕参照）[5]。当然に、州法等の差異によって長所・短所も異なってくると思われる。

4　Uniform Trust Code (Last Revised or Amended in 2018) §703 comment. 〈https://www.uniformlaws.org/viewdocument/final-act-132?CommunityKey=193ff839-7955-4846-8f3c-ce74ac23938d&tab=librarydocuments〉（2024年６月30日閲覧）。

5　Gerry W. Beyer “A Guide to Fiduciary Selection”, Estate Planning Development for Texas Professional, July 2014.

〔表１〕　共同受託の長所・短所

長　所	短　所
✓業務量を分担できる ✓複数の者の経験、専門性の獲得 ✓相互の活動を評価しチェックアンドバランスが働く ✓個人受託者と法人受託者の双方の利点の獲得（個人は人間的な感情・洞察力を提供し、法人は信認事務の専門性を提供する）	✓同票となった場合デッドロックに陥り裁判所の判断を仰ぐ必要あり ✓迅速な決定が必要な場合に、十分な人数の受託者の同意を得るのが難しい ✓追加的な費用がかかる（信託報酬、会議費用、ペーパーワーク等） ✓他の受託者の活動について責任を負わされかねない ✓法人受託者は費用が高い

個人受託者と法人受託者の組み合わせも活用されており、各々の長所・短所を紹介する（〔表２〕〔表３〕参照)。

〔表２〕　共同受託の長所・短所（個人受託者の場合）

長　所	短　所
✓無料で従事してもらえる ✓家族の状況、遺言者・委託者またはその代理人の希望や受益者のニーズをよく知っている ✓家族の事業を理解している ✓受益者が共同受託者となれば当事者意識あり	✓プルーデント・インベスターとしての難しい判断の経験なし ✓信認事務の遂行につき不知 ✓信認義務違反を救済するための多額の資産はもっていない ✓家族の場合、守秘性や利益相反の問題が生じやすい ✓受託者が、不満をもち不合理な意見を言う当事者の不幸な審判員となりかねない ✓株式移管代理人や保険会社等の第三者より追加書類が求められる（費用が増えるとともに資産の移管が遅延する） ✓弁護士でない場合、弁護士費用が追加でかかる

〔表３〕　共同受託の長所・短所（法人受託者の場合）

長　所	短　所
✓信託事務のスキルがある ✓投資経験、機会がある（大規模な信託部門は異なるタイプの投資を行う複数の部門あり） ✓継続的に存在する（病気にならず休暇をとらない、家庭の緊急事態もなし） ✓州法・連邦法の規制により受益者の十分な安全が確保 ✓信認義務違反の場合に受益者が請求しうる資産あり ✓追加的費用なしで一定のサービス可（金庫での貴重品の保管、税のアドバイス等）	✓信託事務の手数料がかかる ✓低価値の資産や信託の場合、費用対効果が低い ✓人間味がない（impersonal）（受益者のニーズに十分な注意を払わない場合がある） ✓投資判断が過剰に保守的かリスキー ✓合併や異動によるサービスの継続性の減少 ✓個人の責任なし

ここでは一例を確認したにすぎないが、共同受託に関して米国特有の評価があるとまではいいがたいように思われる。

⑶　共同受託に関する規律の変遷

㈠　UTC 以前の伝統的な法制

伝統的には、共同受託は委託者が任命するセーフガードであり、受益者は共同受託によって受託者のミスコンダクトから保護されると考えられていた。[6]

6　Morley, John D. and Sitkoff, Robert H. (2019) “Making Directed Trusts Work: The Uniform Directed Trust Act” ACTEC Law Journal: Vol. 44: No. 1, Article 2, at 57. The Uniform Directed Trust Act を解説した日本文の論稿としては、松元暢子「信託に関する権限を有する者（受託者・指図権者）が複数存在する場合の責任の検討――米国の2017年 Uniform Directed Trust Act を参照しつつ」神田秀樹責任編集／資本市場研究会編『企業法制の将来展望――資本市場制度の改革への提言〔2019年度版〕』（財経詳報社、2018年）296頁～330頁、木南敦「信託についての権限を有する者の定めがある信託について――Uniform Directed Trust Act とその前後を中心にして」トラスト未来フォーラム研究叢書『財産の管理、運用および承継と信託に関する研究』（2022年）77頁～138頁。

共同受託者に委ねられた権限は、一般に、合手的に行使するものと解されてきた（合手的行動の義務）。その結果、共同受託者のうちの一人が権限行使をしても当該行為は無効とされ、後に他の受託者が追認しない限り、信託には影響を与えない。合手的行動の義務により全員一致の行動が義務づけられ、信託違反がないよう万全を期していた。背景として、多くの委託者が共同受託者に対し合手的行動を望んでいたという推測があり、権限の円滑な行使よりも信託違反防止を望むという前提でルールが成り立っていた[7]。

(イ)　UTC による変更

2000年に採択された UTC は、共同受託者の権限行使の原則に大きな変更を加えた。

まず、UTC703条は、合手的な義務を捨てて全員一致から多数決主義へ転換した（(a)項）。また、共同受託者の地位に欠缺が生じた場合の規定等を設けた（(d)項）。一方で、共同受託者を定める一つの理由が相互監視にあることには意義を認めている。具体的には、共同受託者は、他の受託者が重大な信託違反を犯すことを防止し、万が一違反が生じた場合は是正するよう強制するため、合理的な注意を払う義務を負うものとしている（(g)項）。この義務は、委託者が共同受託者の役割・機能を限定していたとしても適用される（(f)項）。以上のとおり、共同受託による相互監視の意義は認めつつも、受託者の権限の円滑な行使よりも信託違反防止を望むという従来の前提を明示的に改めたといえる[8]。

また、米国信託法第３次リステイトメントは、「受託者が免責される事項についても、共同受託者が信託違反を犯している又は犯そうとしていることを知った場合、ミスコンダクトを防止するための合理的手段をとる義務を負う」と説明している。さらに、「防止する義務や疑うべき根拠がない場合であっても、受託者は自らが参加を求められていない信託管理に関して合理的な情報を求める権限を有する」とする[9]。

7　樋口範雄『アメリカ信託法ノートⅡ』（弘文堂、2003年）90頁〜91頁。

8　樋口・前掲（注７）102頁〜104頁。

9　Morley・前掲（注６）at 58.

(ウ)　UDTA による調整

(A)　UDTA の規律

UTC808条は、指図権限に関し、指図権者は受認者と推定され（(d)項）、受託者は指図権者（撤回可能信託の委託者を除く）の指図に従わなければならないが、権限の行使が明らかに信託条項に反するか、または指図権者が信認義務に反することを受託者が知っている場合は従ってはならないと定めていた（(b)項）[10]。

2017年に採択された統一指図型信託法典（the Uniform Directed Trust Act）（以下、「UDTA」という）[11]では、前記(ア)(イ)のこれまでの共同受託者に関する規律と、UDTA における指図型信託の受託者に関する信認義務を軽減させる基準（９条〜11条）が非常に対照的であるため、起草委員会にてその調整に相当な注意が払われた。当該委員会の目的は、既存の信託のプラクティスを毀損することを避け、UDTA で認められた委託者の広範な自律性を共同受託の規律にもたらすことにあった[12]。

UDTA12条は、「信託の定めにより、指図型信託において UDTA９条ないし11条に従い受託者が指図権者の指図権に関し義務及び責任を免れるのと同程度に、受託者に対し他の共同受託者の権限の行使または不行使に関し義務及び責任を免れさせることができる」として、指図型信託の受託者に関する規律の共同受託への適用について定めている。

UDTA９条〜11条では、指図権者を受認者と位置づけて受託者責任を負わ

10　指図型信託を法制化した州で UTC808条(b)項をそのまま適用する州はなく、変更した規律を適用していた。変更した主な規律とは、①指図型信託の受託者は指図権の行使について義務・責任を負わない（アラスカ州、ニューハンプシャー州、ネバダ州、サウスダコタ州）、②指図型信託の受託者の指図に従うことが故意または意図的なミスコンダクトとならない限り責任を負わない（デラウェア州、イリノイ州、テキサス州、ヴァージニア州）という二つである。

11　UDTA の主なポイントは、指図型信託と伝統的な共同受託の規律の調整のほか、①信認義務の割当（指図権者が信認義務を負い、受託者は「故意によるミスコンダクト」を回避する義務のみを負う）、②フィデューシャリーに関係のない事項（指名等）の包括的な取決め、③タックスプランニング、撤回可能信託、指名権限（power of appointment）等の既存の法令や委託者の自律性を留保する適用除外の定めにある。

12　Morley・前掲（注６）at 58.

せ、他方で指図型信託の受託者の信認義務を軽減することを許容した[13]。具体的には、指図権の行使・不行使に従うために合理的な行動をとらなければならないが、故意によるミスコンダクトとなる場合を除き、当該行動について責任を負わない（9条)、受託者は指図権者等に対して受託者の権限・義務および指図権者の権限・義務に合理的に関連する情報の提供義務を負う(10条)[14]、受託者は指図権者をモニタリングする義務、委託者や受益者等にアドバイスをする義務を負わない（11条)[15]と定めた。

そのうえで、委託者は共同受託者の一方を「指図権者」とし、他方を「指図型信託の受託者」と呼んでUDTAの規律を選択することもできるのであり、共同受託に関してUDTAによる軽減された規律を選択することを否定する理由はほとんどないことから、共同受託者間の受託者責任の分担に関して指図型信託と同様に委託者の自律性を拡大している（12条)。

(B) UDTAの主な調整内容

UDTAによる共同受託に関する法令との調整の主な内容は以下のとおりである。

第一に、UDTAは、指図型信託と共同受託の区別を残している。UDTAでは、「指図権」を受託者が保有できないと定めており（2条(5)号)、複数の受託者間の関係は原則として共同受託に関する法令で規律される[16]。

第二に、UDTAの下では、委託者は共同受託に関する規律からオプトアウトすることができ、この場合、指図型信託の受託者に関するより許容的な信認のルールによって規律される。つまり、信託の定めによって、共同受託者は、指図型信託の受託者が指図権者の指図権に関して義務・責任を免れるのと同程度に、他の共同受託者の権限の行使、不行使について義務・責任を

13 前掲（注10）①のとおり、アラスカ州、サウスダコタ州、ニューハンプシャー州、ネバダ州のように、指図型信託の受託者は信認義務を負わないと定める州もある。

14 大抵の州ではこの義務（受託者と共同受託者以外の受認者間の情報提供義務）について規定されていなかった（たとえば、デラウェア州、サウスダコタ州では規定がない)。例外的にコロラド州法では一定の場合の相互の情報提供義務を定めている。ただし、本章で問題とする共同受託者間の情報提供義務には伝統的に定めがある。

15 他の法で定められた開示・報告・説明の通常の義務は免責されない（UTC813条等)。

16 Morley・前掲（注6）at 58-59.

免れる（信託の定めがなければ免れない）（12条）。このような信託の定めがある場合、共同受託者は、他の共同受託者の権限の行使・不行使に関して、少なくとも9条で定める故意によるミスコンダクト基準（willful misconduct standard）[17]で要求される義務（故意によるミスコンダクトを回避する義務）を負えば足りる（9条で要求される指図型信託の受託者の義務・責任の詳細は後記(C)参照）。同様に、信託で定めれば、他の共同受託者の信託違反を防止するために合理的な行動をとる義務、および情報共有や相互のモニタリングに関する義務を排除し、指図型信託の受託者に関する要求水準の低いルール（10条・11条）に置き換えることができる[18]。また、9条(d)項のセーフハーバーにより、9条に基づく受託者の義務に合理的な疑いがある場合は、裁判所に指示を求める申立てを行うことができることを確認している。

第三に、伝統的な共同受託に関する規律と指図型信託に関する規律の適用関係は解釈問題である。原則として前者が適用されるが、信託において反対の意思が明確な場合は後者が適用される。よく知られているドラフト技術として、「特定の事項に関して共同受託者間の意見が一致しない場合、特定の受託者が決定権を有し他の受託者は責任を負わない」とするものがある。また、別のドラフト技術として、「一定の信託財産の投資に関して一の共同受託者に権限を付与する」というものがある。たとえば、家族の受託者に対して、信託された家族の事業に関する優先的な決定権を付与する場合がある。このような信託では、投資に関する指図を行わない受託者を他の共同受託者がコントロールする事項から免責させるのが通常である。これまでの伝統的な規律では、このような定めをおいても決定権を有しない受託者は信託違反を防止するために合理的な手段をとる義務を負っていたのに対して、UDTAでは、決定権を有しない共同受託者は、自らの故意によるミスコンダクトに関して責任を負えば足りる。言い換えれば、決定権を有する受託者は指図権者のように扱われ、決定権を有しない受託者は指図型信託の受託者のように

17　起草委員会は、州法によって定義がさまざまであるのが現状であること、指図型信託や指図権の行使にも相当な幅があり裁判所の判断に委ねるのが妥当であることから、willful misconduct standardを定義しなかった。

18　Morley・前掲（注6）at 59-60.

扱われるのである。[19]

第四に、共同受託に関する規律に関しUDTAが変更したのは信認によるガバナンスに関してのみであって、共同受託者と契約等を行う第三者の権利は変更していない。共同受託と指図型信託の主要な相違点は、共同受託ではすべての受託者が信託財産に関する権限を有するが、指図型信託では信託財産に関する権限は受託者にのみあり、指図権者にはないという点である。[20]

以上から、共同受託をもって受託者のミスコンダクトを防止するという抽象的な目的には変更はないが、委託者の自律性を拡大し、信託契約で定めれば共同受託者は他方の受託者の権限行使・不行使の内容に関してほぼ責任を負わない（受託者自身の行為が故意によるミスコンダクトとならないようにすれば足りる）ようにできるようになったといえる。

(C)　UDTAが要求する指図型信託の受託者の義務・責任

UDTA 9条で要求される指図型信託の受託者の義務・責任（(a)項・(b)項）を検討するにあたって[21]、たとえば、「受託者が指図権者より特定の有価証券を購入する指図を受けた」ときに、①指図に従うための合理的な行動をとる義務、②故意によるミスコンダクトを回避する義務の二つが想定できよう。

①（指図に従うための合理的な行動をとる義務）は、ⓐ指図権に従う方法（manner）に適用され（②との区別）、ⓑ指図権者の指図権の範囲に限定される（たとえば、信託契約で書面の指図が求められている場合に口頭の指図に従うと違反となる）。ⓒ「受託者が指図権者より特定の有価証券を購入する指図を受けた」ときには、受託者は合理的な時期および合理的な費用で有価証券を購入するよう注意を払う必要があり、自己取引その他の利益相反を回避する義務を負う。ⓓ受託者は、指図の内容が合理的であることを確保する義務を

19　Morley・前掲（注6）at 60.

20　Morley・前掲（注6）at 60-61. なお、信託財産に関する権限の所在は、第三者との取引および税・財産等の信託法以外の法の対象事項に重大な結果をもたらすと指摘されている。

21　特に断らない限り、UDTA起草者による9条に関するコメントに拠っている〈https://www.uniformlaws.org/viewdocument/final-act-50?CommunityKey=ca4d8a5a-55d7-4c43-b494-5f8858885dd8&tab=librarydocuments〉（2024年6月30日閲覧）。

負うものではない（ただし、②の義務を負う）。言い換えれば、指図の執行に際して自らの信託違反のみに責任を負えば足り、指図権者の指図権行使に係る信託違反に関して免責される。「受託者が指図権者より特定の有価証券を購入する指図を受けた」ときには、受託者はポートフォリオに関して当該有価証券の購入がプルーデントであるか（慎重であるか、思慮分別があるか）を評価する必要はなく、合理的な執行のみ求められる。

②（故意によるミスコンダクトを回避する義務）は、ⓐ指図権者に従うか否かの決定（decision）に適用され（①の義務との区別）、ⓑ義務的な最低限（mandatory minimum）となり信託契約の定めをもって低減させることはできない（②の義務は①の義務の例外）。ⓒ UDTA では、「故意によるミスコンダクト」は定義されていない（たとえば、デラウェア州法では「misconduct とは、単なる過失、重過失又は無謀とは異なる意図的な不正行為（wrongdoing）」であり、不正行為とは、「悪意のある行為、詐取のための又は法外な利益を求める行為」を意味すると定義されている[22]）。ⓓ受託者は、指図権者による指図に従うと故意によるミスコンダクトを行うことになる場合は、当該指図に従ってはならない。ⓔ信託契約にて、受託者が義務を負わない、受託者はフィデューシャリーではない等と定めても当該条項は執行できず、代わりに当該条項は「故意によるミスコンダクト基準」を定めたものと解釈される。

⑷　共同受託に関する近時の紛争事例

㈠　親族である個人受託者間の不和①――カリフォルニア州の例

⒜　事案の概要と裁判所の判断

共同受託に関して、インターネットを用いて検索するとトラブル事案が散見される。たとえば、以下は、2017年のカリフォルニア州の例で[23]、エステートプラニングを専門とする弁護士事務所が共同受託をめぐる争いについて「共同受託者間の争いがカリフォルニアの信託の紛争を激化させている」[24]と

22　Delaware Trust Code §3301(h)(5).

23　カリフォルニア州は、本件記事（後掲（注24））の公表時点では UDTA を法制化していなかったが、2024年に法制化した。

24　Jeffrey S. Galvin “Co-Trustee conflict Fuels California Trust Litigation”, June 26, 2017 〈https://www.trustontrial.com/2017/06/co-trustee-conflict-fuels-california-trust-litigation/〉（2024年6月30日閲覧）。

して記載した説明の概要であり、実情がよくわかる。

① 信託の紛争は、しばしば家族の共同受託者間の意見不一致、衝突によって生じる。多くの親は、自らが死亡したときまたは意思能力を失ったときのために、（誰か一人を選ぶのではなく）複数の子どもを後継の受託者に任命する。

② 共同受託者としては衝突を避けるために他の受託者に任せるという受動的な対応をとることもあるが、これは危険である。カリフォルニア州では、個々の受託者が信託の管理に参加する独立した義務を負っているからである[25]。

③ 家族の共同受託者が衝突しまたは協力せずに信託の管理を滞らせ受益者に損害を与えるような場合、裁判所が全共同受託者を解任し[26]、第三者を単独の後継受託者として任命し、膠着状態を終わらせることができる[27]。第三者には銀行の信託部門等が含まれる。多くの場合、共同受託者の一人が他の受託者に問題があるとして解任の申立てを行うが、裁判所は、善い受託者と悪い受託者を見分けるのは難しく、また両親（委託者）による兄弟の選任の判断を尊重し、申立てを懐疑的にみるようである。

④ 結論として、兄弟を共同受託者とすることは慎重になるべきで、多数決ルールの採用は一定の解決方法になるが、正当な事項が僅差で決まってしまいかねないことから、第三者を後継受託者とするのが有効であるとする（報酬が増えるが、共同受託者間の争いにかかる費用より相当に安いとする）。

(B)　実務の観点からのコメント

受託者の選任にあたり子どもの一人を受託者にすることを嫌がり共同受託者とするという内容は散見される。これが米国における多数の意見であれ

25　California Trust Code §16013は、共同受託に関して、「各受託者は、信託の管理に参加する義務、他の受託者による信託違反を防止する義務及び当該信託違反を是正させる義務を負う」と定める。

26　California Trust Code §15642(b)(3).

27　California Trust Code §17200(b)(10).

ば、家族（親族）を共同受託者とする類型では、共同受託という制度を必ずしも積極的に評価して利用しているわけではないように思われる。また、共同受託者間の不和により信託財産管理が滞る場合は、即時に裁判所の指示を求めることが積極的に行われているようである。共同受託者が受動的な対応を行うのが危険というコメントは、共同受託に関する伝統的な規律を前提としており、UDTA ルールが採用され、委託者が信託契約等において共同受託者間の権限分配を明確化していれば故意によるミスコンダクト基準が適用されることになり受動的な対応でもそれほど危険ではないことになろう。

(イ)　親族である個人受託者間の不和②——ニューヨーク州の例

(A)　事案の概要と裁判所の判断

共同遺言実行について、2019年のニューヨーク州の例（遺言執行者の事例）を解説した記事によると、共同受託者の対立が生じた場合の裁判所の対応等は以下のとおりである[28]。

共同受託者が対立することはあまりに多く、財産管理に支障が生じる場合、受託者は他の受託者の解任を求めて裁判所に申立てを行うことができる。解任の根拠は法令に定めがあり（Surrogate's Court Procedure Act）、以下の内容が含まれる（一部省略）。

① 受認者が受認者としての資格又は能力を失った場合

② 受認者が管理財産を浪費した場合、許容されない投資を行った場合

③ 裁判所の指示の遵守に関し、故意に拒絶しまたは十分な理由なく怠った場合

④ 住所の変更について十分な理由なく変更後30日以内に裁判所への連絡を怠った場合

⑤ 裁判所の事前の許可なく、州の外に財産を持ち出した場合

⑥ 受認者が重大な濫用（substance abuse）、不誠実（dishonesty）、不適切（improvidence）、理解の欠如（want of understanding）により必要な資格

28　Farrell Fritz P.C., “Can't We All Get Along: When Non-Cooperation Leads to Removal”, April 16, 2020〈https://www.nyestatelitigationblog.com/2020/04/articles/fiduciaries/cant-we-all-just-get-along-when-non-cooperation-leads-to-removal/〉(2024年6月30日閲覧)。

を有していない場合またはその他の理由で職務の遂行に適していない場合

共同受託者間の不和の場合によって信託の管理が停滞してしまう場合、通常は⑥のうち「理解の欠如」つまり、受認者としていかにあるべきかを理解していないことを理由に解任の申立てが行われる。ただし、解任は簡単な業務ではなく、裁判所は委託者の選択を相当に尊重することになる。解任の申立根拠が争われた場合、裁判所は聴聞を行わずに解任しないのが原則であるが、以下のようにそうでない事例もある。[29]

遺言者は、兄妹であるJames P. Sullivan（ジェームズ）とJudith Sullivan（ジュディス）を共同執行者とする遺言を残して2015年6月に死去した。遺言の内容は、人的財産をジェームズとジュディスに残し、その他の資産をジェームズ、ジュディス、教会等に一定の割合に応じて残すというものであった。不動産の売却に関して裁判所の許可を得ているにもかかわらず、ジュディスがテナントに関する十分な情報を提供しないため売却が18カ月遅れていること等を理由に受認者としての責任を放棄していると主張し、ジェームズはジュディスを執行者から解任する申立てを行った（上記解任事由④⑥)。また、不動産の修繕等の打合せのためジェームズの弁護士が連絡をとったところ、ジュディスから心身に重大な健康の問題を抱えているので弁護士に任せると連絡があり、その後、何らの進展がなかったことも主張した。

ジュディスは、解任申立てに反対する宣誓陳述書を提出せず、代わりに彼女の弁護士が信託財産管理の経緯、進展がないことについてジェームズを非難する書面を提出した。弁護士は、ジュディスが州外にいるため宣誓陳述書の正本を受領していないが、ジュディスが署名し「弁護士の書面を読んでおり、その内容を自らの陳述とする」と記載した書面の写しを提出した。しかし、正本は提出されなかった。

29　John V. Sullivan a/k/a John Sullivan, File No. 2015-1495/B. なお、以下の三つの裁判例は、Farrell Fritz P.C. のウェブサイト〈https://www.farrellfritz.com/〉において近時の重要な裁判例として紹介されているもののうち共同受託（共同執行）に関する事案を筆者が選択したものである。

本件について、裁判所は、以下のように判断した。

① 遺言執行者が自ら直接見聞して知っている（personal knowledge）事実に基づかない弁護士の主張は証拠価値がない

② ジュディスは十分な理由なく住所変更の裁判所への連絡を行っていないことは争いがなく、共同執行者からの解任は（聴聞なく）その理由のみをもって行われる

③ 遺言者による受認者の選択には最大限の尊重を払う必要があるが、共同執行者の非協力により資産の適切な管理が妨げられるまたは実現可能性がないのであれば解任される

④ ジュディスが身体的または精神的に受認者としての能力を欠いているとの主張に対して、ジュディスから直接的かつ明確には否認されていないし、解任事由の「理解の欠如」にも該当する

(B) 実務の観点からのコメント

自らの死後の財産の取扱いも想定した信託契約（前記(A)の裁判例は遺言）では、不完備契約（取引で発生しうるすべての状況とその対応を事前にすべて記載することのできない契約）の問題があるとともに、委託者に親族である個人受託者間で争いが生じた場合の対応（詳細な解任事由等）を信託契約に定めることは酷である場合もあろう。これらの点に関して、米国では、法令による詳細な解任事由等の定め、裁判所の迅速な指示・判断が共同受託に実効性をもたらす前提となっていると思われる。

本件で、ジュディスが認知能力を失っていたかは不明であるが、それが争点となって争われるとなれば多大な時間と労力を有することになりかねない。実際には住所変更の連絡が多少遅れたのみで聴聞なしに解任することはないと思われるが（法令上も「十分な理由」の有無が問われる）、共同受託者の消極的な対応により信託の管理に実質的な支障が生じている場合に、それを理由に解任できるという点である意味うまく運用されているのではないかと推察される。

(ウ) 法人受託者と個人受託者の対立――ニューヨーク州の例

(A) 事案の概要と裁判所の判断

信託を設定するうえで最も重要な事項の一つが適切な受託者の選択であ

り、これに関連して、2017年のニューヨーク州の例（共同受託者の事例）では、法人受託者を単独受託者とするか、個人受託者との共同受託とするかが問題となることもあると指摘されている。また、法人受託者の長所として、共通してあげられるのは投資および財産管理に関する経験と洗練度であるとする。さらに、家族その他の個人受託者では難しい一定の客観性（objectivity）を提供できることも法人受託者の長所としてあげられている。一方で、特にコストの問題から法人受託者の選任がすべての信託に適切であるわけではなく、委託者における家族や親友との関係が彼らを個人受託者として選任する重要な根拠となる。しかし、法人受託者は、感情（emotions）、個人的な関係（personal agendas）、利益相反（conflicts of interest）、先入観（bias）（これらはすべて、委託者の意図に従った適切な財産管理に影響を及ぼしうる）に影響される可能性が低いという利点があると指摘している[30]。

本件[31]は、1997年に、Ronald Sinzheimer（ロナルド）とMarsha Sinzheimer（マーシャ）（夫妻）は、撤回不能信託（Credit Shelter Trust）[32]を設定した。1998年にロナルドが亡くなった後、信託の元本および収益は、マーシャの健

30　Brian Corrigan “Removed Corporate Trustee’s Refusal to Turn Over Trust Assets to Individual Trustee Was Prudent and Appropriate”, FarrellFritz Attorneys, New York & Estate Litigation, August 21, 2017〈https://www.nyestatelitigationblog.com/2017/08/articles/fiduciaries/removed-corporate-trustees-refusal-to-turnover-trust-assets-to-individual-trustee-was-prudent-and-appropriate/〉（2024年6月30日閲覧）。

31　Matter of Sinzheimer, 2017 NY Slip Op 31379 (U) (Sur Ct. New York County 2017).

32　（以下はあくまで2024年6月時点の説明であるが）富裕層の既婚者が遺産税の免除を合法的に最大化するために使用するツールである。このストラテジーでは、1名の配偶者が亡くなった後のために二つの別の信託を設定する。通常、夫婦の財産のうち亡くなった配偶者の部分は、適用される除外額（1170万ドル）まで、信託B（バイパス信託）に入れられる。この信託は撤回不能であり、生存配偶者以外の受益者（通常はその子ども）のものとなる。生存配偶者は、その運営から過度に利益を得ることなく、信託の計画に従う必要があるが、多くの場合、生存配偶者に対してその存命中に収益を交付する。夫婦財産のうち生存配偶者の部分と、除外額を超える死亡配偶者の残りの資産は信託Aに入れられる。生存配偶者はこの信託を管理し、自らの要望に応じてそれを使用できる。生存配偶者が亡くなると、両方の信託が指定された受益者のものとなる（Legal Information Institute, Cornell Law School）〈https://www.law.cornell.edu/wex/credit_shelter_trust〉（2024年6月30日閲覧）。

康、生活扶助、扶養、教育のために受託者の裁量でマーシャに交付されていた。マーシャが亡くなった場合、信託財産は、サブトラストに交付され、サブトラストはロナルドとマーシャの両親の子孫のうち最後に生き残った者の死亡により終了し（ただし、永久拘束禁止則に反しない限り）、残余財産は、指定された個人または財団に交付されることとなっていた。

信託契約では、個人受託者の任命及び辞任と法人受託者の解任（理由を問わない）について規定されていた。ロナルドの死亡時（1998年）に法人受託者が任命されたが、その後解任され、メリルリンチ信託会社（バンクオブアメリカの一部門）が就任し、個人受託者の辞任に伴いロナルド夫妻の息子のAndrew Sinzheimer（アンドリュー）が個人受託者に就任した。アンドリューの前任者は、辞任前に法人受託者（メリルリンチ）を解任したが、後任を選任していなかった。アンドリューは（法人受託者から交付を受けたうえで）すべての信託財産をマーシャに交付し、信託を終了する意思を表明していた。これに対して、メリルリンチは、後任の法人受託者の選任を求めたが、アンドリューは、後任の法人受託者は必要ないとしてこの選任を拒絶した。

アンドリューとマーシャは、法人受託者の解任、法人受託者による信託財産のアンドリューへの交付（交付されない場合、信託財産の価額および利息の損害賠償、さらに信託報酬相当額および40万ドルの懲罰的損害賠償）の執行を求めて裁判所に申し立てた[33]。これに対して、法人受託者は、アンドリューが後継の法人受託者を選任すること、さもなければ、法人受託者に対してアンドリューへ信託財産を交付する権限を付与することの命令を求め申し立てた。

これらの申立てを解決するには、本件信託契約16条の解釈が問題となった。

> B．ロナルドが死亡した場合、個人受託者は法人受託者として銀行又は信託会社を任命しなければならない（NY州の内外を問わない）。ロナ

33　懲罰的賠償を求める請求の原因（cause of action）はないが、法人受託者が信託財産を引き渡さないことが横領（conversion）にあたると主張した。

ルドが死亡する前において、個人受託者は、いつでも追加の受託者として銀行又は信託会社を任命できる（NY州の内外を問わない）。個人受託者は、いつでも法人受託者を解任できる権利を有する。ロナルドの死亡後、個人受託者が法人受託者を解任した場合又はその他の理由で法人受託者が存しない場合、個人受託者は、その代わりの銀行又は信託会社を任命しなければならない（NY州の内外を問わない）。

C．常に少なくとも一人の個人受託者が存するのが委託者の意図である。したがって、退任、無能力、死亡の理由により個人受託者が存しない場合、収益受益者のうち成人でかつ同意を付与・留保しうる者の多数決により、又は3カ月以内に後継受託者が選任されない場合法人受託者の任命により欠員を補充しなければならない。

D．いかなる個人受託者も裁判所の許可を得ることなくいつでも受託者を辞任できる。

アンドリューは、C項第一文の解釈により後継の法人受託者を選任する必要はないと主張した。

本件について、裁判所は、以下のように判断した。

① アンドリューは単独で受託者としての任務を行えるのであればマーシャにすべての元本を交付して信託を終了させようとしており、この問題は重大であり、また、すべての信託財産の交付を請求されたため、受託者たる銀行が書面による基本的な情報提供（予算、納税申告書）を求めているのに対してアンドリューとマーシャはこの提供を拒絶している

② 信託契約における委託者の意図は、法人受託者をロナルドの死後継続的に存在させることが明らかである

③ アンドリューが引用した先例[34]は信託契約において法人受託者の交代について指示がない事例であり、銀行特有の専門的マネジメント（professional management）および独立性（independence）がある本件のよう

34　Matter of Palmer (6 Misc 2d 180［Sup Ct. NY County 1957］). この事例では、信託契約において、後任受託者の指名について「義務ではないが許容される」と定められていた。

な事例とは重大な差異があり、この差異が裁判所による条項の解釈に影響する

④　アンドリューは残余受益者（彼自身は含まれていない）の権利に配慮せずに信託を終了することを意図しており、銀行が信託財産の引渡しを拒絶したことは、残余受益者に対する信認義務により本件の事実関係の下ではプルーデントで適切なものであった

⑤　銀行はアンドリューの受託者としての権利を否定しているわけではなく後任の法人受託者の選任を求めているにすぎないこと等の事実関係の下では、銀行はアンドリューへの信託財産の引渡しを一時的に保留する権利がある[35]

⑥　信託契約に従い法人受託者が解任された場合で、残された個人受託者が信託契約に従った後継法人受託者の選任を拒んでいるときは、解任された法人受託者は信託財産を個人受託者に引き渡す義務を負わない

(B)　実務の観点からのコメント

アンドリューの主張は信託契約の解釈として無理があり、裁判所の判断は妥当である。法人受託者、特に銀行を受託者としている場合、裁判所がその重要性（委託者の意思）を尊重しようとする判断がよくわかる裁判例である。個人受託者間の不和とは異なり、法人受託者と個人受託者の対立はむしろ一定のガバナンスが効いていることの証左である場合も多いであろう。

しかし、受託者としては、他の共同受託者が後任受託者を選任しない限り受益者に対して信認義務を負い続けるというのは就任に躊躇する理由となりかねない（日本では米国のような豊富な先例はなく、かつ裁判所の指示等の迅速な判断が見込めないとなるとなおさらである）。信託契約において、「一定期間内に後任が選任されない場合、個人受託者に信託財産を交付すれば免責される（個人受託者への信託財産の交付が法人受託者の信託事務となる）」と定めることも考えられるが、そうすると本件のように個人受託者が委託者の意図に反して信託を終了させることも考えられ、委託者の意図を達成できないので悩ま

35　先例（Bradly v Roe（282 NY 525, 531［1940］）によると「適法に財産を占有した場合、所有者が権利を証明するまでは、当該財産を継続して管理し所有者からの引渡しを拒絶しても横領には該当しない」と判断している。

しい。

(エ)　共同受託に関する権限委譲、免責条項等――ニューヨーク州の例

(A)　事案の概要と裁判所の判断

2011年のニューヨーク州の例（事実上の共同受託者の事例）[36]は、今日的な信託実務である権限分担に関する合意を対象としたさまざまな法的問題（免責条項、投資責任の委譲、忠実義務、事実上の共同受託者としてのアドバイザーの地位等）を対象とする興味深い事案であると紹介されている[37]。

本件は、問題となる信託は、Helen Rivas（リバス）を委託者として、ロチェスター大学（以下、「大学」という）にクリニックを開設するための贈与を目的に、ロチェスター証券信託会社を受託者とし、大学を受益者として1945年に設定された（その後、バンクオブアメリカが後継受託者となった）[38]。委託者（リバス）は、収益をクリニックの維持・運営に使用するよう指示し、3名の個人から構成される投資アドバイザリー委員会（以下、「委員会」という）を設置した（3名のうち2名は大学が任命し、残り1名は受託者が任命する）。

信託契約によると、委員会は信託財産の投資の重大な権限を有し、信託ファンドを設定する投資、証券の売買およびファンドの再投資に関する単独かつ排他的な権限を有し、当該権限の行使に関し受託者に書面で指図する権限を付与された。

信託契約7条は以下のとおり規定していて、最終文に受託者の免責条項が設けられている。

> 第7条　委員会は、信託財産に関し、信託ファンド組成のための投資、有価証券の売買、ファンドの再投資について常に単独かつ排他的な権

36　Matter of Rivas, 2001 NY Slip Op 50008（U）［30 Mise 3d 1207（A）］.

37　Frank Santoro, “Construction, Exoneration, Delegation and Fiduciary duty”, January 11, 2011 〈https://www.nyestatelitigationblog.com/2011/01/articles/fiduciaries/construction-exoneration-delegation-and-fiduciary-duty/〉（2024年6月30日閲覧）.

38　リバスは同日付けでロチェスター大学に約200万ドルを寄付し、この寄付金はクリニックの開設、研究・教育等に活かされた。

限・コントロールを有する。信託ファンドの販売、投資、再投資に関する決定、指図は上記に定める書面による方法で受託者に連絡しなければならない。受託者は、委員会からの書面の指図又は連絡を実行する限り、信託ファンドの投資または再投資に関しいっさい責任、義務を負わない。

また、信託契約８条は以下のとおり規定している。

第８条　委員会は、受託者に対し、委員会がその裁量により随時指示する、預託を受けた有価証券又その一部を継続保有するよう指図できる。また、委員会は、受託者に対し、委員会が適切に決定する金額・割合について、財産権、収益投資（income producing investments)、株式又その他の有価証券への投資を指図することができる（信託ファンドに関し法令上許容される投資について制限はない)。

1945年以降、受託者と委員会は協働して運営を行ってきたが、2009年に、委員会はすべての信託財産をロチェスター大学の長期投資プール（long-term investment pool)（以下、「LTIP」という）[39]に投資する動議を採択し（全員一致ではない）を受託者に指示した。

これに対して、受託者が委託者の意図や信託契約に反しないか懸念を示したため、大学は、受託者との間での LTIP への投資の条件・責任を定める契約をドラフトした。そこでは、①大学に対して全信託財産の裁量が付与されること、②契約の発効日以降、受託者の留保は信託財産の10％に限られ、③委任する期間が定められ、④大学にカストディに対する指示権が付与され、

39　判決によると、LTIP には寄付金および大学が唯一の残余受益者となる約15の他の慈善信託の資産が含まれており、幅広い資産に投資され、十分に分散投資され、85の会社により運用される。なお、ロチェスター大学のウェブサイト〈https://www.rochester.edu/endowment/fiscal-2009-report/〉（2024年６月30日閲覧）によれば、2009年当時は、国内株式（17％)、外国株式（16％)、国内の債券（９％)、オルタナ投資（ヘッジファンド、PE)（58％）に投資していた。

⑤一方当事者が契約を終了する場合、受託者への返金が3年間猶予されると定められていた。

受託者は、LTIPへの投資は委託者の意思に反すること、LTIPにより信託財産はカストディに移管されるがこれによって受託者と契約関係または信認関係のない信託会社（the Northern Trust Company）が信託財産を保有することになりプルーデントインベスタールール違反となることに加え、LTIPの投資および契約は受認者としての責任を受託者から大学に移譲することになり許容されないと主張した。

これに対して大学は、LTIPへの投資はこれまでのアセットアロケーションとは乖離が生じるが、委員会は特定のガイドラインに従わなければならないわけではなく、また信託契約上信託財産のアロケーションを随時変更できる権限を有する委員会の決定は撤回・変更できないと主張した。

そこで、受託者は、信託財産をLTIPに投資することが許容されるかの決定を求めて裁判所に申し立てた。

本件について、裁判所は、以下のように判断した。

① 米国信託法第2次リステイトメントによれば、受託者はアドバイザーの指図に従う義務を負っており、アドバイザーは共同受託者として信認義務を負う。本件では大学がアドバイザーの地位にある

② 信託契約7条の受託者の免責条項にかかわらず、受託者の責任（accountability）はあらゆる信認関係の本質的な要素であり放棄できない。受託者を完全に免責することは信託の本質に反しており、また当該免責条項は公序に反し無効である。

③ 信託契約7条・8条にかかわらず、委託者の意図は、契約が作成された時点の事実および状況を踏まえて契約全体から解釈されなければならない。信託契約7条・8条を解決の手がかりとするのであれば、受託者をおく意味はほとんどない。委託者は、（有価証券も大学に寄付できたのに）信託契約を締結することで有価証券を受託者で保有することを選択している

④ 信託契約全体からすれば、委員会と受託者は大学の精神医学部門に資金提供するという委託者の目的を促進するため一致して行動しなければ

ならない。信託契約は委員会に広範な権限を付与しているが、信託の目的に反して行使されてはならず受託者と委員会は事実上の共同受託者（a defacto co-trustee）として信託目的に合致した方法で投資・運営を行う信認義務を負う

⑤　LTIP への投資を許容した場合、受託者および委員会は信託財産を管理する役割を失うことになり信託財産が移管されるカストディ銀行は信託に対して信認義務を負わない。信託財産のアセットアロケーション、資産の選択・販売等は大学が行うことになる。

⑥　委員会のメンバーのうち２名は大学で雇用されており、委員会の多数決で投資判断がされることから、当該２名は大学および信託の双方に忠実義務を負っており、忠実義務の不可分性（undivided loyalty）に反している。

⑦　LTIP への投資は権限委譲の範囲が過度に広く信託目的に反している。また、LTIP は85の投資会社で運営されており、受託者および委員会ではモニタリングをできないことから統一プルーデント・インベスター法（Uniform Prudent Investor Act）（以下、「UPIA」という）に基づく義務に反することになる[40]

⑧　以上から、信託契約および委託者の意図に反すること、委員会において許容できない忠実義務の分割が生じること、UPIA に反することから、LTIP への投資は許容できない

(B)　実務の観点からのコメント

現時点でニューヨーク州では UDTA は法制化されていないため（そもそも2011年の事案である）、事実上の共同受託者という構成を用いているが、実質的には指図型信託を取り扱った事案といえると思われる。共同受託者は、伝統的な規律に従い、他の受託者が信託違反を犯さないようモニタリング等を行う義務を負うことが前提となっているようであり、本件のようなモニタリ

40　投資権限の委譲にあたっては信託目的に従った範囲・条件を定める必要があるところ（FPTL11-2.3(c)(1)(B)）、信託目的に反し広範な権限を委譲したこと等が違反になると判示している。

ングが行えない投資の指図に従うことは違反となるということであろう。

仮にUDTAの法制化後の事案であった場合、本事案のような免責条項は「故意によるミスコンダクト基準」を採用したものと解釈され、共同受託者の権限行使に従うことが故意によるミスコンダクトに該当する場合は免責されない（UDTA 9条(c)項）。事実関係次第ではあるが、指図に従うことが明らかに法令違反または信託契約違反となるような場合は故意によるミスコンダクトに該当しかねない事案であると思われる。受託者としては、セーフハーバーを活用して裁判所の指示を仰いでおり適切な対応と思われる。

2　日本法における共同受託

(1)　共同受託に関する規律の変遷

(ア)　2006年改正前の信託法

2006年改正前の旧信託法では、受託者が2人以上ある信託に関し、①信託財産の所有形態を合有とすること（同法24条1項）、②原則として受託者共同で信託事務を処理すべきこと（同条2項）、③受益者および第三者に対する受託者の債務は連帯とすること（同法25条）を規定していた。

しかし、わずか2カ条にとどまり、内容にも合理的とはいえない部分があるところ、今後、信託の利用と信託事務の内容の多様化・複雑化が進展するに伴い、専門的な能力・技術を有する受託者を複数選任するニーズが増加することが予想されるため、信託法改正にて規律の明確化・合理化を図るものとした[41]。

(イ)　2006年改正後の信託法

2006年信託法改正において、UTCの内容が参考にされている[42]。

本改正において、前記(ア)①は踏襲された（同法79条）。

②については、内部的意思決定と対外的執行に分けて考え、効率的な信託事務の処理を重視し、前者について原則として多数決主義を採用することを

41　寺本昌広『逐条解説　新しい信託法〔補訂版〕』（商事法務、2008年）232頁。

42　法務省民事局参事官室「信託法改正要綱試案　補足説明」〈https://www.moj.go.jp/content/000011802.pdf〉（2024年6月30日閲覧）88頁。

定め（同法80条1項）、後者は各受託者が単独で行うことができるものとした（同条3項・5項）。また、共同受託者間に職務分掌の定めがある場合、各受託者は自己の分掌する職務の限度で独立して信託事務の処理を決定し執行することができ、その効果として信託財産および当該事務処理をした受託者の固有財産が責任財産となることが原則とした（同条4項・83条2項）。

③については、旧信託法を維持し、第三者に対して債務を負担した場合は連帯債務となるとした（信託法83条1項）。共同受託者が任務違反行為により損失てん補責任を負う場合にも共同受託者が連帯債務者となること等が明確化された（同法85条）。

このほか、職務分掌者の当事者適格や信託事務の処理の決定の他の受託者への委託の規律等が明確化された（信託法81条・82条）。

信託法79条以下の規定は、共同受託（受託者が相互に監視義務を負う場合）のみに関するものであり、職務分掌が定められた場合も、当該定めがない場合と比べれば要求されるレベルには差があるが受託者は相互に監視義務を負うと考えられている[43]。損失補てん義務を連帯して負担する場合の任務違反行為にも他の受託者に対する監視義務違反が含まれる。

(2)　米国法との比較

信託法の共同受託のガバナンスに関する規律について、UDTA による調整を中心とする米国法の規律と主要な点を比較すると以下のとおりとなる（〔表4〕参照）。

43　寺本・前掲（注41）238頁。なお、小出・前掲（注3）219頁・221頁は、職務分掌の定めがある場合に共同受託者の相互監視義務を排除することは認められるべきではないかと指摘する。

〔表４〕　共同受託のガバナンスに関する規律

		米国法	日本法
多数決主義		採用	採用
他方の共同受託者の行為に関する責任	相互監視義務	信託行為の定めにより免除可能（UDTA11条）	職務分掌を定めることはできるが、相互監視義務を完全に免除することはできない
	共同受託者の最低限の義務	故意によるミスコンダクトの回避義務（UDTA９条・12条）	職務分掌の定めがある場合、相互監視義務が要求されるレベルは変わるが、最低限の内容は明確ではない[44]
	共同受託の規律の適用範囲	相互監視義務を負わない共同受託もありうる	相互監視義務を負わない場合（複数受託）、信託法の共同受託の規律の対象外[45]
	信託事務処理の決定を他の受託者に委託した場合の責任	UDTAの規律が適用（伝統的な共同受託の規律の適用に対する反対の意思表示となる）	決定内容の処理について共同受託の規律が適用され相互監視義務を免れない
共同受託者の解任	共同受託者による裁判所への解任申立権	あり（UTC706条）	なし（ただし、委託者または受益者を兼ねていればあり（信託法58条４項））
	受託者の解任申立事由	共同受託者の非協力により信託財産の管理が著しく阻害される場合[46]等（UTC706条(b)項）。各州法により具体的な定めあり	「任務違反により信託財産に著しい損害を与えたことその他重要な事由があるとき」（信託法58条４項）という包括的定めのみ
	受託者の解任権	信託行為で解任権を定めることは可能[47]	信託行為で解任権を定めることは可能（信託法58条３項）
受託者の義務のセーフハーバー（裁判所への指示申立て）		あり（UDTA９条(d)項）	なし

44　寺本・前掲（注41）238頁注４。

45　寺本・前掲（注41）232頁〜233頁。複数受託の場合、各受託者が単独で信託財産を所有し、信託事務の処理についての意思決定および執行も各受託者が単独で行う。

46　前掲（注４）のUniform Trust Codeのcommentによると、他方の受託者が非協力的である場合、信託違反が関係する必要はなく、受託者が合意しないことで信託の管理が著しく害されたか否かが重要な要素となる。解任が特に適当な場合として、受託者数が偶数であり、受託者間で合意ができないことと相まってデットロックに陥った場合があげられている。

47　樋口・前掲（注２）94頁。

日本法は、共同受託者間の相互監視義務を共同受託の本質とし、職務分掌の定めがある場合もその免除を認めていないのに対して、UDTAは委託者による自律性を拡大し信託行為の定めにより相互監視義務を免除できるとしている。UDTAは、共同受託者の一方が通常の信認義務を負っていることを前提に他方が信認義務を低減されること（相互監視義務の免除を含む）を認めている。

日本法では、相互監視義務まで負わせないが、意思決定の多数決によってチェックさせるような共同受託のアレンジメントは難しくなるといえる（契約で定めることは可能であろうが、信託法の外の合意ということになる）。また、信託事務処理の決定を他の受託者に委託し、当該決定に基づく信託事務の遂行について他の受託者は責任を負わないというアレンジメントも難しいことになる。

日本法において、職務分掌の定めがある共同受託者の一方が他方に対して負う最低限の義務の内容も明確ではないことは、指図型信託に関する規律が明確になっていないことも一因として、共同受託に関する規律が十分に整理しきれていないことにも起因するのではないかと思われる。共同受託の規律に関し、委託者の意思に基づく柔軟なアレンジメントが難しい内容となっていることは否定できない。

また、UDTAでは、共同受託者が他方の共同受託者の解任申立てを裁判所に対して行えるのに対して、日本法ではそのような方法はない。

このほか、UDTAでは、たとえば、受託者が他の受託者の決定に従う場合に自らの行為がミスコンダクトに該当しないか疑義がある場合に裁判所の指示を仰ぐことができるというセーフハーバーが設けられているが、日本法ではこのような定めはない。もちろん、訴訟になってから受託者に責任がないことを争うことはできるが、争ってみないとわからないのでは予測がつかず、有能な受託者の成り手不足、共同受託の積極的な活用に影響が生じかねないという問題がある。

(3)　米国での紛争類型への日本法のあてはめ

米国で実際に起きた近時の紛争（前記1(4)で取り上げた紛争事例）が日本で起きた場合、共同受託者はどのように対応できるのであろうか。

(ア)　親族である個人受託者間の不和

日本でこのような事態が発生したが信託契約の解任事由に明示的には該当しない場合（前述のとおり、委託者に共同受託者間が不和の場合の解任事由を設けることを求めるのは事実上難しいと思われるし、仮に設けたとしても受託者の一人が一方的に悪いような場合を除き該当するか当事者では明確に判断できない場合も多いのではないか）、共同受託者の一人はどのように対応できるのか。受託者が任務に違反して信託財産に著しい損害を与えたことその他重要な事由があるときは、委託者または受益者の申立てにより、裁判所が受託者を解任できる（信託法58条4項）。つまり、不和がこの事由に該当するか検討が必要であるが、仮にそのような事由があるとして、共同受託者が委託者または受益者を兼ねていない場合、共同受託者には解任の申立権はないので委託者または受益者に解任申立てを促すしかない。委託者または受益者の協力が得られない場合（委託者はすでに亡くなっている可能性もある）、解任申立てはできない。裁判所に解任の妥当性について積極的な判断を求めることは難しいことになる。

受託者が法令または信託契約違反をしようとしている場合、他の受託者は差止請求権を有するが（信託法85条4項・44条）、協力を拒む等消極的な対応（任務懈怠）の場合には差止めまではできない（差止めをしても意味がない）場合もある。日本法では、共同受託者が積極的に信託財産に損害を生じさせるような場合以外は他方の共同受託者は対応しにくいといえる。

もちろん、信託契約の定めにて（委託者または受益者でない）共同受託者に解任権を認めることは可能であるが（信託法58条3項）、委託者が共同受託とした意図等から考えると過剰な権限となる場合もあろう。

米国法のように、法令で（事後の状況変化を踏まえ委託者の意図を補う観点で）受託者間の不和も含みうるような解任申立事由を定め受託者による裁判所への申立てを認めるほうが、紛争の沈静化の機会が得られ、また不和により信託事務が滞ることもなく望ましいのではないか（運用としても、委託者の意思を尊重し解任は謙抑的になされることが望ましい場合がある）。

(イ)　個人受託者と法人受託者間の対立

日本の信託銀行の実務としても、後継受託者が選任されない限り、信託財産の引渡しを拒むのが通常の対応であろう。しかし、法人受託者は多くの場合委託者または受益者ではないため、共同受託者間で争いが生じても法人受託者から打開する方法はない（解任権を認めるのは委託者からみれば過剰である可能性があるのは前述のとおりである）。また、前述のとおり、他方の共同受託者が後任受託者を一定期間内に選任しない場合の対応（信託財産を個人受託者に交付できる等）を契約に定めることが望ましいが、委託者のニーズに反しないか悩ましい。裁判所の許可を得て辞任できるが（信託法57条２項）、共同受託とした意味が失われることになる。

結局のところ、立法論となるが、米国法のように共同受託者にも裁判所への解任申立権を認め、また受託者にセーフハーバー（裁判所への申立て）を設けることで客観的で妥当な結論を導けるのではないか。

(ウ)　指図型信託（事実上の共同受託）をめぐる対立

日本でも契約上受託者と定められていない者が受託者と認定された裁判例はあるが[48]、契約上で明確にアドバイザーであること（受託者ではないこと）が定められていた場合に、共同受託者と認定されるかは不明である。委員会が共同受託者と認定されない場合、たとえば、委任契約に基づく受任者ということになり、委員会の委員のうち大学が指名した２名は利益相反があることになるが、適切な利益相反管理（開示・承諾等）がなされていれば投資としては有効とされることもありうる。

仮に、アドバイザーが（職務分掌のある）共同受託者と認定された場合、相互監視義務を完全に免除するような特約は無効となると思われる。ただし、職務分掌の定めがある場合、相互監視義務の要求は低減されることから、LTIP への投資も有効で定期的に報告を受けて監視する義務を負うという結論になりかねない。セーフハーバーは認められていないことから、受託者としては対応に頭を悩ましかねない。

48　最高裁平成14年１月17日判決（民集56巻１号20頁）等。

3　わが国における今後の共同受託の活用に向けて

(1)　共同受託の類型化による検討

共同受託を積極的に活用している米国での共同受託の評価（長所・短所）は、日本と大きく異なるとは思われない。一方で、前記2で検討したとおり、日本において共同受託があまり利用されないことについて、法制度の差異等それなりの理由があることがわかる。委託者の死亡後も存続する民事信託を想定する場合、かなりの長期間存続することになる。その間、委託者が信託設定時に考えていた信託関係者等への感情、信頼、共同受託者間を含めた相互の人間関係、信託財産の状況等が大きく変わる可能性はある。委託者自身ではもちろん、専門家のアドバイスを受けても、あらゆる事態を想定した信託行為を作成するのは現実的ではないし、仮に想定していたとしても心情的に信託行為では明確にせずに関係者間の協議等に委ねてしまうこともありうる。この点に関し、米国法では、裁判所の判断、法令の定めで補充されていることが裁判例によりうかがえたが、日本法ではそのような前提は少なくとも現状ではないように思われる。共同受託者の一者を法人受託者とすることにより、共同受託の客観性・継続性を補うことは有効であろうが、前述の通り、共同受託者の責任を軽減できるかが必ずしも明確ではないことにより成り手の確保に支障が生じかねない。

以上を前提として、日本における共同受託の活用に向けて検討するのであれば、共同受託の長所を活かしながら、短所による弊害を可及的に防止する必要がある。その際、米国での共同受託に関する規律および近時の紛争の実態も踏まえ、共同受託を一括りに検討するのではなく、類型化したうえで事案に応じて評価することが有益であろう。ただし、今回取り上げた裁判例等は数件にすぎず、また検討の対象をガバナンス（内部意思決定、受託者の責任、解任等）に限定していて限界がある。より多くの裁判例（ニューヨーク州以外の裁判例を含む）の分析や共同受託の対外的関係等の検討は今後の課題となる。

(2)　共同受託の類型化案

前記1・2での検討を踏まえ、共同受託の類型化にあたっての主な検討項目は以下のものが考えられる。

① 委託者の意思の実現の可能性（特に長期的な目的で、かつ具体的であるもの）

② 共同受託者間でのトラブル発生の回避、トラブル発生時の出口の確保可能性（受託者の解任、後任受託者の選任、共同受託の解体、裁判所の関与等）

③ 共同受託者のなり手の確保（他方受託者の権限行使に対する責任・義務の明確化、免責条項、裁判所の関与、保険制度等）

④ コスト

これらの検討項目に即して、以下のように類型化をしてみたい。

(ア) 類型Ⅰ：個人－個人型（家族・親族・友人）

類型Ⅰは「親族等の一定の人間関係に基づく個人が共同受託者の双方となる類型」である。

この場合、共同受託者間の専門性に大きな差異があることはあまり想定されず、職務分掌を定め信託事務を分担して負担を軽減し、相互に協議、チェックするという趣旨で共同受託とすることが想定される。

米国の裁判例でみたとおり、個人同士の場合は人間関係の不安定さがあることは否めず、委託者の意思の実現可能性の低さ、共同受託者間のトラブル回避の難しさという問題は残る。他方で、コストが安い、なり手の確保に苦労しないというメリットはある（ただし、少子化・高齢化の影響はありうる）。この類型の場合、受託者が受益者も兼ねていることも想定され、他方の受託者が非協力的で信託事務が著しく滞る場合、委託者または受益者として他方の受託者の解任申立てを行うことができるが、委託者または受益者を兼ねていないときは解決策が見出しがたくなる。委託者としては、（心情的に難しいのかもしれないが）受託者に優先順位をつけて、最も優先する受託者に他方の受託者の解任権、後継受託者の指名権を付与すること（後継受託者がいない場合は単独受託となる選択権を付与すること）が望ましい。

親族や友人のためだからといって安易に受託者に就任しかねない面もあり（情誼性）、米国でこれだけ紛争が起きていることも踏まえ、トラブルや受託者本人の債務負担の可能性の注意喚起があったほうが望ましいのではないか。

(イ)　類型Ⅱ：個人－法人型（委託者の親族と金融機関または信託会社）

類型Ⅱは「親族等の一定の人間関係を有する個人と金融機関等の法人とで共同受託する類型」である。

この場合、法人受託者の専門性、客観性を活かすことが想定され、たとえば、職務分掌を定め、法人受託者が専門家として信託財産の管理・運用を担当し、その他の事務を家族のことをよく知る個人受託者が担当すること等が想定される。

法人受託者の客観性・継続性による委託者の意思の実現確保という観点での有用性があると思われる。ただし、委託者からみればコスト（信託報酬）の問題があり、法人受託者からみればトラブルに巻き込まれたくない、仮に巻き込まれるとしても合理的な解決策が必要である（解決策がないのであればそもそも就任しない）という要望がある。法人受託者の場合、委託者または受益者を兼ねていることは想定しがたく、個人受託者が非協力的で信託事務が著しく滞る場合であっても個人受託者に関する解任申立てはできないであろう。信託契約にて法人受託者の責任を財産管理等に可及的に限定したうえで、法人受託者に他方の受託者の解任権および後継受託者の指名権（指名順位等はあらかじめ委託者が指定する）を付与することも考えられるが、個人受託者が委託者の親族等であることを想定すると法人受託者の介入はあまり現実的な条件ではないかもしれない。このほか、裁判所の積極的な関与（共同受託者の解任に関する法令の定めの補充を含む）が望めない以上あまり有効な解決策はなく、現時点では類型Ⅲ（指図型信託型）を活用するのがベターではないか。

(ウ)　類型Ⅲ：指図型信託型（個人受託者と法人指図権者）

類型Ⅲは「親族等の一定の人間関係を有する個人が受託者となり、金融機関等の法人が指図権者となる類型」である。

この場合、法人は信託受託者ではないため財産管理自体を行うことはできず、たとえば、法人が専門性を活かし財産運用の指図を行い、受託者（個人）が当該指図に従って信託財産の運用を行うことが想定される。

法人が財産管理等の指図権者となることで客観性・継続性が確保される。

他方で、指図権者に関し法令による規律はなくいかなる責任を負うか不安定となりかねない。また、法人は受託者ではないので信託の存続という意味で類型Ⅱ（個人－法人型）より劣ることになる。ただし、反対にいえば、受託者ではないので信託法・信託業法等の規律にとらわれずに契約にて相互監視義務に関する免責条項等を柔軟に定めることができ（信託業法における指図権者の行為準則や消費者契約法等には留意が必要である)、受託者よりはなり手が確保しやすい。一方で、個人受託者が指図に従わない場合の解決策は信託契約等に定めておく必要がある。

法人を指図権者とした場合、コストの問題は残るが、受託者よりは安いのではないか。

⑶　今後の課題と期待

以上のとおり、米国における紛争事例や規律を踏まえ、共同受託の活用を検討した。これまで検討してきたとおり、米国法と比較して日本法では共同受託を有効に活用しづらい理由があることは否定できない。しかし、共同受託の短所については一定の解決策もあり、長所を活かした有効活用の検討の余地は相応にあると思われる。長所・短所は共同受託の類型によっても異なることから、近時の紛争事例等を踏まえ類型化したうえで課題を検討していくことが今後の共同受託の活用につながるであろう。

紛争事例が目立つことになりがちであるが、米国でも特に問題が生じずに有効に活用されている共同受託の事例も多数あるものと思われる。本稿冒頭で述べたとおり、日本では特に民事信託に関して共同受託に関する先例や検討は少なく、今後の有効活用および議論の進展を期待したい。

（松田和之）

第6章

米国の金融機関と民事信託のかかわり
――OCCの個人受認者業務のハンドブックを手がかりに

本稿は、米国の通貨監督庁（OCC：Office of the Comptroller of the Currency）（以下、「OCC」という）から発出されている個人受認者業務（Personal Fiduciary Activities）に関するハンドブックを取り上げて、米国で民事信託を扱う金融機関にはどのようなリスクがあると考えられており、また、そのようなリスクをどのように管理するべきとされているかを紹介するものである。

OCCは、同庁の検査官が国法銀行の業務を検査するために使用することを想定したハンドブックを業務分野に応じて発出しており[1]、個人受認者業務に関するハンドブックはその中に含まれている。個人受認者業務とは、投資管理サービスの提供、信託の受託者として行為すること、個人や家族の財産のためにさまざまな責任を引き受けることなどの幅広いアレンジメントを対象とする業務であり、他の資産管理のためのアレンジメントとの違いは、

1　信託については、資産運用（asset management）分野の九つのハンドブックがある。具体的には、資産運用（Asset Management）、資産運用の業務および統制（Asset Management Operations and Controls）、合同投資基金（Collective Investment Funds）、利益相反（Conflicts of Interest）、カストディ・サービス（Custody Services）、投資管理サービス（Investment Management Services）、本稿で取り上げる個人受認者業務（Personal Fiduciary Activities）、退職年金商品およびサービス（Retirement Plan Products and Services）、ユニークで評価困難な資産（Unique and Hard-to-Value Assets）がある。

受認者としての資格に基づいて行われることにある[2]。個人受認者業務の商品・サービスの中核は、信認関係、顧客資産の投資管理、手数料を得て行う投資顧問の提供であり、「プライベート・ウェルス・マネジメント」、「プライベート・クライアント・サービス」または「プライベート・バンキング」などとも呼ばれる富裕層に対する幅広い金融商品・サービスの提供を伴う[3]。このような個人向けの信認関係は、従来、主として富裕者に対して提供されてきたが、近時は、顧客が税務上有利な方法で金融資産を管理するためだけでなく、顧客が指定する個人・法人に資産を譲渡するしくみを希望するようになってきたことに対応して、より広範な顧客に対して提供されるようになっている[4]。

個人受認者業務をテーマとするOCCのハンドブックは、2002年8月に初めて公表され、2015年2月に改訂版が公表された[5]。2015年の改訂のポイントは、連邦貯蓄金融機関に適用される法律および規制の改正の反映、各州の信託法に基づいて指図型信託の受託者として行為する銀行の実務慣行に関するガイダンスの明確化、リスク管理ガイダンスの見直しなどであるとされる[6]。2015年の改訂後に米国銀行協会から発刊されたABA Trust Letterの記事[7]によれば、個人受認者業務をテーマとするOCCのハンドブックは、銀行が扱う同業務に関連するリスクとその管理の枠組みに関する基礎的かつ良質な情報源であり、また、監督当局の銀行に対する期待や銀行が検査に備える方法を理解するうえで有用な資料であることが示されている。

2　OCC, *Personal Fiduciary Activities*, Feb. 2015, at 1. 〈https://www.occ.gov/publications-and-resources/publications/comptrollers-handbook/files/personal-fiduciary-activities/pub-ch-personal-fiduciary.pdf〉.

3　*ID.* at 2.

4　*ID.* at 4.

5　なお、2002年8月に公表されたときのハンドブックのタイトルは個人受認者サービス（Personal Fiduciary Services）であり、改訂にあたってタイトルの変更がなされた。

6　OCC Bulletin 2015-12| February 10, 2015 Personal Fiduciary Activities: Revised Comptroller's Handbook Booklet. 〈https://www.occ.gov/news-issuances/bulletins/2015/bulletin-2015-12.html〉

7　*OCC "Personal Fiduciary Activities" booklet Updated*, ABA Trust letter, April, 2015, at 2. なお、ABA Trust Letterは、2018年1月発刊の最終号をもって休刊となっている。

日本でも、社会資本・個人資産の保有・蓄積が進んだ一方、少子・高齢社会の進展に伴い民事信託に対するニーズが高まっていることが指摘され、このような状況を踏まえて営業受託者と民事信託とのかかわりについて議論されるようになっている[8]。こうした中で、米国の金融機関が取り扱う民事信託に関するリスクとその管理方法に関する情報は、将来における日本における営業受託者のかかわり方を考えるうえで参考になる点もあるように思われる。このような問題意識から、以下では、米国における信託業の規制を概観したうえで、次いで、OCCのハンドブックにおいて解説されている個人受認者業務に関する金融機関のリスクとその管理方法をみていくこととしたい。

1　米国における信託業の規制

(1)　信託業の主な担い手[9]

そもそも米国で本格的な信託業が営まれるようになったのは19世紀前半とされる。最初に信託業の免許を受けた会社は1822年のニューヨークの農民火災保険貸付会社（Farmers' Fire Insurance and Loan Company）であり、同社は保険会社の兼営業務として信託業務（遺言の執行や財産管理等の個人信託業務）を営んだとされる。1830年には、社名に「Trust」を用いた最初の会社であるニューヨーク生命保険信託会社（The New York Life Insurance and Trust Company）が登場している。米国では、当初、信託会社は信託業務を営み、商業銀行は銀行業務を営むというように、信託会社と商業銀行の取扱業務はそれぞれ分かれていたが、19世紀後半から20世紀初頭にかけて信託会社が銀行業務に進出し、次いで商業銀行が信託会社の銀行業務への進出に対抗する形で信託業務に進出することとなり、信託兼営銀行が形成された。

以上の経緯を経て、現代の米国における信託業の主な担い手は、信託会社

8　たとえば、西川紀之「民事信託に対する商事信託の関わり方」信託法研究44号（2019年）は、高齢社会における民事信託の課題を整理したうえで、受益者の保護という観点から日本における営業受託者による民事信託へのかかわり方を検討する。

9　主な参考文献として、青山和司『アメリカの信託と商業銀行』（日本経済評論社、1998年）8頁以下、樋口範雄『アメリカ信託法ノートII』388頁以下（弘文堂、2003年）など。

と信託業を兼営する商業銀行（信託兼営銀行）となっている。[10]

⑵　信託業の規制

㈠　信託法制[11]

信託会社・信託兼営銀行が営む信託業については、信託に関する私法・業法が適用される。

まず、信託に関する私法的な側面については、各州における判例法の展開と制定法によって規律される。判例法の整理として信託法リステイトメントがあり、直近では米国信託法第３次リステイトメントが策定されている。制定法については、州法の統一をめざしたモデル法である統一信託法典（Uniform Trust Code）（以下、「UTC」という）がある。[12]

次に、信託法の業法的・規制的な側面については、州法および連邦法が担っている。連邦法上、国法銀行が営む信託業務については、レギュレーション９（連邦行政規則集第12編第９章）が適用される。州法銀行の監督は州の監督当局が行うが、州法銀行についても、レギュレーション９に準じた監

10　米連邦預金保険公社（FDI：Federal Deposit Insurance Corporation）から公表されている預金保険制度の加入金融機関を対象とした調査結果によれば、2023年12月末時点で調査対象とされる全機関数4,587社に対して信託の免許を取得している機関数は1,452社（このうち商業銀行1,347社、貯蓄金融機関105社）である。この調査に「個人受認者業務」（Personal Fiduciary Activities）という分類はないが、類似する「個人信託および代理勘定」（Personal trust and agency accounts）として管理されている財産額は1,185,316百万ドルであり、このうち、金融機関が裁量権を有するものが768,516百万ドル、裁量権のないものが417,053百万ドルとなっている。なお、信託機関が管理している資産は総額161,393,533百万ドルであり、このうちの大部分は、信託ではなく個人・法人の資産管理、記録等を行う資産が含まれるカストディ・セーフキーピング勘定で管理されている資産であり、128,174,279百万ドルがカストディ・セーフキーピング勘定で管理されている。カストディ・セーフキーピング勘定で管理されている資産を除いた資産額は33,219,254百万ドルである〈https://www.fdic.gov/system/files/2024-07/fdic-v18n1-4q2023.pdf〉。

11　主な参考文献として、沖野眞已「１．米国の信託法制」信託226号（2006年）143頁～145頁。

12　統一信託法典は各州が立法として採用することで法的効力をもつものであるが、2023年３月末時点で36の法域で採用されている〈https://www.uniformlaws.org/committees/community-home?CommunityKey=193ff839-7955-4846-8f3c-ce74ac23938d〉。

督が行われている。なお、銀行業を兼営しない信託会社は州法によって設立され、その規制も州法による。州法に基づいて設立される信託会社については、州の当局による監督を受ける。

(イ)　レギュレーション9[13]

レギュレーション9は、国法銀行の受認者業務に適用される基準を示す目的で定められた業規制であり、連邦準備制度理事会が1916年に発したレギュレーションFを基にして、1962年にOCCに受認者業務の監督権限が移行したことに伴って制定された。レギュレーション9の概要は以下のとおりである。

「第1条　根拠、目的及び範囲」は、制定法上の根拠、目的、適用範囲を規定する。レギュレーション9の目的は、国法銀行の受認者業務に適用される基準を示すことにある。

「第2条　定義」は、11個の定義を規定する。このうち後述するハンドブックにも出てくる主な用語の定義は、以下のとおりである。「受認者資格(Fiduciary Power)」とは、受託者、遺言執行者、遺産管理人、株式および債券の登録機関、名義書換代理人、後見人、破産債権者のための譲受人、財産保全管理人、未成年者への贈与に関する統一州法に基づく保護者、銀行が投資助言に関して手数料を受け取る場合の投資顧問、銀行が他者のために投資裁量権をもつ者、OCCが合衆国法律集12編92a条または1464n条に基づいて許可するその他の資格をいう。また、「適用法」とは、信認関係を規律する州またはその他の法域の法、そのような関係に適用される連邦法（たとえば、連邦証券法や1974年従業員退職所得保障法）、信認関係を規律する証書または法律文書の条項、信認関係に関する裁判所の命令をいう。

「第3条　承認要件」は、国法銀行が受認者権能を行使するためには、事前にOCCの承認を得る必要があることなどを規定する。

「第4条　受認者権能の執行」は、受認者業務が取締役会の指示または取締役会から委任された委員会の指示に基づいて運営されなければならないことなどを規定する。

「第5条　方針及び手続」は、国法銀行が受認者業務を維持するためには適当な「方針および手続」を書面により作成し、これに従わなければならないことなどを規定する。

「第６条　信認勘定の検査」は、国法銀行が信認勘定を引き受ける場合には事前に当該勘定を検査しなければならないこと、投資裁量を有する場合には引受け後に最初の検査および年次検査をしなければならないことなどを規定する。

「第７条　複数州における受認者業務」は、国法銀行が複数の州にまたがって業務を行う場合について規定する。

「第８条　記録保持」は、国法銀行が各信認勘定の引受けおよび終了について適当な書類を作成し、一定期間、記録を保持しなければならないことなどを規定する。

「第９条　受認者業務の監査」は、国法銀行が少なくとも毎暦年に１回、受認者監査委員会の指示に基づいて重要な受認者業務を監査しなければならないことなどを規定する。また、受認者監査委員会の設置を義務づけたうえで、その構成についても規定する。

「第10条　投資又は分配のために待機中の信認基金」は、国法銀行が投資裁量権を有する勘定については投資・分配のための待機資金を合理的期間内に投資しなければならないこと、適用法で禁止される場合を除いて自行預金ができることなどを規定する。

「第11条　信認基金の投資」は、国法銀行が信認勘定の資金を適用法に合致する方法で投資しなければならないことを規定する。

「第12条　自己取引及び利益相反」は、国法銀行の利益相反行為が原則として禁止されること、適用法によって利益相反行為が禁止されていない場合であってもその取引が公正でなければならないことなどを規定する。

「第13条　信認資産の保管」は、信認勘定にある財産を分別管理しなければならないことなどを規定する。

13　主な参考文献として、折原誠＝寺本恵「Ⅱ．レギュレーション９の概要」信託226号（2006年）146頁～153頁、安部圭介監修／折原誠＝寺本恵訳「Ⅲ．レギュレーション９（全訳）」信託226号（2006年）154頁～168頁。なお、同参考文献の公表後、レギュレーション９は、2008年、2012年、2017年、2020年、2021年にそれぞれ一部が改正されている。

「第14条　州当局への証券の預託」は、受認者業務を行う国法銀行による州当局への証券の預託が州法によって求められている場合に関する規定である。

「第15条　受認者の報酬」は、適用法によって禁止されない限り、国法銀行が受認者業務についてサービスに対する合理的な手数料を請求できることなどを規定する。

「第16条　銀行の倒産管財又は任意清算」は、国法銀行が倒産した場合または任意清算された場合の信認勘定の閉鎖、他の受認者への移転について規定する。

「第17条　受認者権能の放棄又は撤回」は、国法銀行が与えられた受認者権能の放棄を求める場合、OCC がいったん承認した国法銀行の受認者権能を撤回する場合に関する規定である。

「第18条　合同投資基金」は、適用法に合致する場合には、国法銀行が信認資金を２種類ある合同投資基金に投資できること、合同投資基金の要件などについて規定する。第一は、国法銀行または系列銀行が維持する基金で、受託者、遺言執行者、遺産管理人、後見人または未成年者への贈与に関する統一州法に基づく財産管理人としての資格で基金に拠出した金銭を専ら合同投資または再投資することを目的とするものであり、第二は、連邦所得税を免除されている退職一時金、年金、利益配分、株式賞与等の資産のみで構成される基金である。

「第20条　名義書換代理人」は、国法銀行が名義書換代理人として行為する場合の証券取引委員会（SEC）のルールの適用について規定する。

「第100条　信託証書受託者及び債権者としての行為」は、債券発行に関して、一定期間に限り国法銀行が信託証書受託者と債権者の両者の立場で行為できることなどを規定する。

「第101条　有料投資助言の提供」は、有料で投資助言業務を行うことが受認者資格に含まれるという解釈を明らかにする趣旨の規定である。

2　個人受認者業務に関する金融機関のリスクおよびその管理方法

OCCのハンドブック「個人受認者業務」(以下、単に「ハンドブック」という)の構成は以下のとおりである。はじめに、「導入」として、個人受認者業務の概要、個人受認者業務に関連するリスクおよびリスク管理の枠組みが解説される。次に、「検査手続」として、検査官が個人受認者業務を検査するためのチェック項目が記載され、銀行のリスク量、その方向性およびリスク管理の質を評価できるようになっている。次に「付属資料」として、個人向け信託の種類、統一法委員会が採択した信認法分野の統一法典のリスト、検査官が銀行の個人受認者業務と信認勘定を評価するために基礎的情報を記入するためのワークシート、略語集が掲載されている。最後に、「参考資料」として、個人受認者業務に関連する法律、規制、OCCの発出文書、裁判例等の一覧が掲載されている。[14] 以下では、主に「導入」の部分から、個人受認者業務の概要、リスクおよびその管理方法に関して、民事信託にかかわる金融機関の立場から特に重要であると思われる部分を紹介する。

(1)　個人受認者業務の概要

銀行は受認者サービスを個人のさまざまな種類の勘定に対して提供しており、勘定のしくみによって銀行受認者の役割は大きく異なるとされる。顧客は、通常、自らの顧問弁護士の支援を得て法的しくみを設定するとされる。[15]

個人向けの信認勘定は、大まかに分けて、①裁判所の監督を受ける勘定(Court-Supervised Accounts)、②信託の合意(Trust agreements)、③投資勘定(Investment accounts)の三つに分類され、ハンドブックではそれぞれ概要、以下のとおり説明されている。[16]

14　前述したABA Trust Letterの記事によれば、検査手続やワークシートといった情報も銀行にとって有用であると解説されている。ABA, *supra note* 8 at 4.

15　OCC, *supra note* 2, at 3-4.

16　*ID.* at 4.

(ア)　裁判所の監督を受ける勘定[17]

遺産、人身に関する後見（guardianships）、財産に関する後見（conservatorships）および一定の信託は、適用される州の信託法に基づいて裁判所の監督の下で管理される。裁判所の主な役割は故人、未成年者および無能力者の利益を保護することとされ、裁判所は、州法の要件に従って受認者を任命し、また、その特定の勘定に関して受認者がしたすべての行為を検査する。州によっては、遺言者の死亡時から効力を生じる信託も、裁判所の命令・保護の下で管理される。

このうち特に遺産に関して、包括的な遺産計画（Estate Planning）には、個人の希望に従って資産を処分すること、効果的な税務戦略を定めること、無能力となった場合に自分自身および家族を養うこと、専門的な資産管理サービスを利用すること、人格代表者の選任、未成年である子どものための後見人の指名、個人情報のプライバシー確保、遺産の受益者に保護を与えることが含まれる[18]。

実効的な遺産計画を作成・実行するためには、さまざまな法律上・財務上の専門知識と遺産計画チームのメンバー間の良好なコミュニケーションが必要とされる。遺産計画における一般的な文書には、遺言書、信託の合意文書、委任状、事前の医療上の指示、生前の意思表示、1996年医療保険の携行性と説明責任に関する法律（Health Insurance Portability and Accountability Act）の免除、指示書、保険証書による受益者の指定、個人退職勘定（IRA）並びに退職年金が含まれる[19]。

遺産計画の作成における重要事項は、さまざまな受認者権能を提供することについて適切な個人または企業を選ぶことであるとされる。これらの能力には、遺言執行者、人格代表者、受託者、未成年の子どものための保護者および持続的代理権に基づいて執行する代理人または事実行為の代理人が含まれる。他人から代理権を与えられた者は、本人に代わって財務上・法律上の決定を行うものとされており、持続的代理権のある代理人の代理権は、その

17　*ID.*

18　*ID.* at 4.

19　*ID.*

委任者が無能力となった場合でも引き続き効力を有する。[20]

州信託法では、通常、銀行および信託会社だけが法人受認者の役割を果たすことが認められている。法人受認者は、遺産のための後見人として職務を行うことができ、また、場合によっては、財務または財産目的のための委任状に基づく代理人として職務を行うことができる。ただし、一般的には、後見人または健康維持に関する委任状に基づいて代理人として職務を行うことは認められていない。

遺産計画の策定における銀行受認者の役割の一つは、ファシリテーターであり、銀行は、顧客や顧問と協力して、非常に高い注意を払うべきである。顧客弁護士の役割は、遺産計画を作成し、法律文書を起草することである。銀行受認者は、法的概念や遺産計画の代替案について顧客や見込み顧客と相談することがあるが、実際の遺産計画の作成については、適用される州信託法に精通している弁護士だけが行うべきである。

(イ)　信託の合意（Trust Agreements）[21]

信託は、遺産計画、専門的な資産管理、障害についての計画、プライバシー、検認の回避、委託者およびその他の人々への財政支援、その他の特別なニーズを満たすためなどに利用される。委託者は、生存中に合意文書または宣言文書に基づいて信託を設定するか（生前信託）、または、有効な遺言書の執行（execution）を通じて信託を設定することができる（遺言信託）。委託者は財産の法的権原を受認者としての受託者に移転する一方で、財産についての利益（収益および元本）が指名された受益者またはクラスとして指定された受益者に割り当てられる。信託の合意文書（または信託証書）は、信託条項を定めた正式な書面であり、一般的には、弁護士が作成するか、または、弁護士による評価が行われる。信託の合意は、遺言書、遺言書以外の証書または裁判所の命令によって設定することができる。[22]受託者に就任した銀行は、州の信託法を含む適用法に従って信託を管理しなければならない。

近時の州の信託法は、主に委託者に対してさまざまな選択肢を提供するよ

20　*ID.*

21　*ID.* at 9.

22　*ID.* at 9.

うになっている。たとえば、以下に述べる選択肢は、グランター、委託者、遺言者の利益を代表する複数の当事者を指定することで、これらの者の特定の利益に焦点を当てる機会を増やすことが可能となるものである。[23]

(A)　信託のデカント[24]

信託のデカントは、受託者が撤回不能信託を変更するために用いることができる手順であり、これを認める信託法を制定する州が増えてきたことにより、デカントは一般的になってきている。デカント法によって、ある信託から、それと異なる条項をもつ新しい信託（または別の既存の信託）に対して、受託者が資産を「注ぎ込む」ことが認められる。デカントによって撤回不能信託を変更する能力は、問題のある信託契約や時代遅れとなった信託契約に対処しようとする場合だけでなく、本拠としている州（home state）や信託の所在地（situs）を変更しようとする場合に有用である。

信託のデカントについては税務上の影響を生じる可能性があるため、銀行は、選択肢としてデカントを検討する際に税理士に相談するとともに信託のデカントに関する州法に精通している弁護士に相談するべきである。信託のデカントをしようとする銀行は、特に、デカントの費用を銀行から信託に求償する場合、または、信託関係の手数料を増加させる場合、デカントの手順が信託および最終的な受益者にとって明確な利益をもたらすことを確保するように注意しなければならない。

(B)　信託プロテクターまたは信託助言者[25]

一部の州では、一つ以上の信託の権限をもつ者であって受託者、受益者または委託者以外の者を、信託プロテクターまたは信託助言者として選任することを認める法律が制定されている。これらの権限には、投資についての指図権限、受託者を解任または交代させる権限、信託を変更する権限が含まれる。プロテクターの規定は、一般的に、プロテクターに対して、受託者の任務終了および自らの後任プロテクターの指名権限を与える。プロテクターに対して受託者の任務終了権限に加えて新受託者を指名する権限が与えられる

23　*ID.* at 14-15.

24　*ID.* at 20.

25　*ID.*

ことがあるが、このやり方はプロテクターと受託者を分離するという本来の目的に反して権限を集中させることになる可能性がある。

(C)　観念的代表[26]

UTC および多くの州信託法では、未成年者、無能力者、出生前の子または確認ができない者（unascertainable person）について、限定された状況の下で、特定の疑問や紛争に関して実質的に同一の利害関係を有し、能力のある成人が代表することができる。たとえば、成人と未成年の子どもは、納税義務を最小限に抑えるために信託を変更することや、信託の投資を分散させたりすることについて、同一の利害関係をもつことがある。未成年者を親が代表することを認めることによって、受託者は、たとえば、未成年者の利益を代表させるために裁判のための後見人（guardian ad litem）の選任を裁判所に申し立てる時間・費用を回避することができるようになる。

一部の州では、従来の観念的代表制度の範囲を拡大し、より幅広いクラスの者が将来の残余財産受益者の代表として職務を行うことができるようにしている。ある法域では、受託者と観念的代表者は、歴史的に前提条件とされてきた裁判所の事前承認がなくとも、撤回不能信託を変更することができるようになっている。観念的代表制度に依拠する銀行受託者は、観念的代表者と共に個人または集団を代表して行為するにあたり、適用法がそれを許可していることを確認する措置をとらなければならない。

(ウ)　投資勘定[27]

銀行は、個人顧客向けの投資サービスの主要な提供者である。銀行は、投資一任型の投資管理サービスを提供する場合もあれば、有料の投資助言のみを提供する場合もある。銀行が投資裁量権をもっているか、または有料の投資助言を提供している投資勘定は、レギュレーション9において信認勘定と定義されており、OCC による受認者規制の対象とされる。

(2)　個人受認者業務に関連するリスク[28]

銀行に対する監督という観点から、リスクとは、予想される事象や予想し

26　*ID.* at 20-21.

27　*ID.* at 21.

28　*ID.* at 22-23.

ていない事象が、銀行の収益、資本、営業許可や企業価値に悪影響を及ぼす可能性のことをいう。OCC は、銀行を監督する目的から、信用リスク、金利リスク、流動性リスク、価格リスク、オペレーショナル・リスク、コンプライアンス・リスク、戦略リスク、レピュテーション・リスクの八つのカテゴリーを定義している。これらのリスクは相互に排他的なものではなく、銀行は複数のリスクにさらされる可能性がある。また、リスクは相関関係にあり、正の相関関係にある場合もあれば、負の相関関係にある場合もある。検査官は、この相互依存性を認識し、一貫性のある包括的な方法で影響を評価しなければならないとされる。

個人受認者業務の商品・サービスを提供する銀行は、さまざまなリスクにさらされる。銀行の商品・サービスの性質や範囲によってリスクの種類とリスク量が決まるものの、それぞれの個人信認勘定は、固有の顧客特性、受認者の義務および責任を伴う独立した法律関係であることから、リスクの種類・水準は広範囲に及ぶ可能性があるとされる。

個人受認者業務に関連するリスクとは、ほとんどの場合、オペレーショナル・リスク、コンプライアンス・リスク、レピュテーション・リスクおよび戦略リスクであり、ハンドブックではそれぞれ概要、以下のとおり説明されている。

㋐　オペレーショナル・リスク[29]

オペレーショナル・リスクは、個人受認者業務の提供と管理から生ずる。受認者としての銀行は、多くの種類の取引を処理し、報告する責任を負っており、かつ、これらの取引から収益の大部分を得ていることがある。個人受認者としてのビジネスは、その性質上、業務が集約的（intensive）なものであるため、成功するかどうかは、受認者が取引および情報をどれだけうまく収集、処理、報告できるかにかかっている。

取引、計算および情報報告の例は以下のとおりである。

①　勘定の引受けおよび設定

②　勘定について生じる所得の受領および支出

29　*ID.* at 23.

③　勘定についての投資の購入、売却、評価および実績評価

④　裁量による分配の評価および実施

⑤　勘定の財務記録の維持および顧客財務諸表の作成・配付

⑥　税務申告書および関連報告書の作成・提出

⑦　内部の財務記録および報告書の作成

個人受認者としてのビジネスは収益性が高いものの、その運営に必要とされる記録管理・計算・報告システムは複雑であり、また、その構築や維持に多額の費用がかかる場合がある。銀行は、自らが提供する個人受認者業務ごとに、内在するリスクの種類と水準に応じた受認者情報システムと内部統制をもたなければならない。また、銀行は、適切かつ十分な訓練を受けた人員を配置するべきである。

これらの業務を第三者に委託する場合、銀行は、取引の正確な処理および適時の文書作成だけでなく、取引の機密性保持についても第三者の事業者に依存することになるため、銀行にとってリスクが増大する可能性が高い。

銀行が財産を損失・損害から適切に保護できなかったことに起因する勘定の損失、および、取引の処理から生じた勘定の損失は、コンプライアンス（適用法違反や顧客による訴訟）やレピュテーション（事業面での損失）などの他のリスクにつながる可能性がある。経済的な損失は、銀行の収益や資本との関係で大きなものになりうる。不適切なオペレーショナル・リスク管理による評判の低下は、銀行の競争力、および、個人受認者ビジネスにおいて経済的に成功するための銀行の能力を著しく損なう可能性がある。

(イ)　コンプライアンス・リスク[30]

銀行は、適用法を遵守しなかった場合、訴訟の提起や規制当局による処分を受けたり、その評判が大きく損なわれる可能性がある。訴訟、規制当局による処分、犯罪行為による経済的影響を見積もることは困難であるが、収益や資本への影響は大きなものになる可能性がある。加えて、このような不利な状況は、銀行の市場分野で大きく報道され、銀行の評判をさらに損なう可能性がある。

30　*ID.* at 24.

受認者である銀行は、信認関係を設定した規律証書（governing instrument）の条項を、そのような条項が法的なものであると仮定して遵守しなければならない。銀行の責任は、証書の条項や引き受けた役割によって大きく異なる。信託の合意書、遺言書、委任契約書および裁判所の命令は、受認者の義務および責任を規定する法律関係を設定する。これらは法的な強制力のある文書であり、遵守しなかった場合、訴訟を提起されたり、経済的な損失を被る可能性がある。

また、受認者である銀行は、連邦、州または地方が定めている、銀行や個々の勘定を対象とする多数の法律、規制を遵守しなければならない。これらには、信託投資法、証券法、銀行法、租税法、契約法、銀行秘密保護法、環境法、消費者保護法、刑法および米国財務省外国資産管理局（OFAC）の法律・規制が含まれる。連邦裁判所および州裁判所は、長い間、法人受託者については最高水準の注意を払わなければならないという立場をとっている。

銀行員は、適用される銀行の方針、内部の業務手続および統制システムを遵守しなければならない。個人信認勘定の管理は複雑な場合があるため、適切な法律の知識を有し倫理的で高度な訓練を受けた職員、および、実効的な内部統制システムを必要とする。内部の方針・手続を遵守しなかった場合には、不適切なリスクの選択、事業戦略の失敗、財源の浪費、顧客からの訴訟、規制当局からの監視強化につながる可能性がある。

㈟　戦略リスク[31]

銀行の個人受認者業務は、収益性および株主価値の重要な要素となりうる。経済的な成功を収めるには、銀行の取締役会および上級管理者による健全な戦略計画手順が必要である。このビジネスには、財政資源、人員および技術的資源を十分に投入する必要がある。人員、情報システム、商品開発、販売チャネル、内部統制システムのための支出は、銀行の受認者業務の種類と複雑さに適切に対応していなければならない。不適切な戦略計画の策定や事業計画の実施は、業績悪化、資本の浪費および株主価値の低下につながる

31　*ID.* at 24-25.

可能性があるとされる。

銀行は、個人受認者の分野における戦略計画の手順の一部として、特定の業務に関連して生じるリスクを検討する必要がある。たとえば、銀行が商品の範囲拡大を計画している場合、特に葬儀のための信託、生命保険証券の売買（Viatical Settlements）、障害者のためのスペシャル・ニーズ・トラストなどの商品については、銀行は、これらの商品を提供することで想定されるリスクの増加を検討するべきである。資産やこれらの商品に関連するリスクを十分に認識するための予備知識をもたない消費者の範囲にまで個人受認者サービスを拡大させるという戦略決定は、銀行のリスクを増加させることになる。

特に信託法を最近改正した州に所在する銀行や、顧客に提案する個人信託の選択肢を拡大することを決定した銀行は、これらの決定に伴う戦略リスクを考慮するべきである。たとえば、信託のデカント、観念的代表、プロテクター等のように最近改正された州法の規定に基づく信託を提案するという銀行の決定は、リスクの増大を招くこととなる。このことは、信託法に制定されたこれらの新しい規定を裁判所が解釈する機会がまだない州においては、特にそうである。

㈹　レピュテーション・リスク[32]

個人受認者業務を提供する銀行が成功するかどうかは、現在および将来の顧客の評判と一般的な市場における評判にかかっている。信認関係には暗黙のうちに高度な信頼関係が存在するため、顧客から個人信認勘定を引き受けて維持するためには、しっかりとした評判が不可欠である。個人顧客は、期待する投資実績、商品選択、情報の報告、サービスおよび先進技術の利用などの面で要求が高い。個人顧客に対する競争は非常に激しく、ネガティブな評判は、その理由にかかわらず銀行の競争力を害する可能性がある。勘定の受益者との紛争は、特にそれが公表された場合、レピュテーション・リスクを高める可能性がある。

市場における銀行の評判は、オペレーショナル・リスク、コンプライアン

32　*ID.* at 25.

ス・リスク、戦略リスク、それぞれの個人信認勘定の財務リスクを実効的に管理する銀行の能力次第である。訴訟、規制措置、犯罪行為、不適切な商品・サービス、低い投資実績やサービス品質、戦略構想・計画の弱さは、評判を低下させ、結果として競争のための能力を失わせる可能性がある。

(3) リスク管理[33]

各銀行は、業務の規模および複雑さに適合する実効的なリスク管理システムを導入することによって、リスクを特定し、測定し、監視し、統制することが期待されている。OCCの検査官は、銀行のリスク管理システムの実効性を評価する際は、銀行の方針、手順、人員および統制システムを考慮するものとされる。

個人受認者業務に関連するリスクを銀行がどのように管理するべきかについて、リスク戦略や組織構造はさまざまであるため、すべての銀行に通用するようなリスク管理システムというものは存在しない。したがって、銀行は、それぞれのニーズや状況に適したリスク管理体制を構築するべきであるとされ、ハンドブックでは、リスク管理についてそれぞれ概要、以下のとおり説明されている。

(ア) 取締役会および管理者による監督[34]

個人受認者業務は、銀行の取締役会によって、または、取締役会の指示の下で管理されなければならない。取締役会は、銀行の取締役、役員、従業員または委員会に対して、受認者権能の行使に関する職務を移譲することができる。取締役会は、系列会社の適格な職員および施設を利用して、受認者としての責任を果たすことができる。他の機関に一定の責任を割り当てる場合であっても、最終的には、取締役会が銀行の受認者業務に対する責任を負う。

レギュレーション9は、適用法によって禁止されていない限り、国法銀行が受認者権能の行使に関連するサービスを購入することを認める（4条（c）項）。取締役会が第三者のサービスを利用する場合、取締役会は、その業務が安全かつ健全な方法で行われ、また、適用法が遵守されるよう確保するべ

33　*ID.*

34　*ID.* at 26.

きである。取締役会および上級管理者は、外部のサービス提供業者を含む、個人受認者業務の管理権限を与えられている者を適切に監督するべきである。

銀行の取締役会および上級管理者は、受認者リスク管理システムに健全な内部統制と適切かつ実効的な監査計画が含まれるよう確保することについて責任を負う。個人受認者業務が重要な受認者業務である場合、国法銀行はレギュレーション9に基づいて（9条)、その業務を銀行の受認者監査計画の対象に含めなければならない。

(イ)　方針および手続[35]

レギュレーション9は、銀行は、適用法を遵守して銀行の受認者業務を維持するために適当な書面による方針および手続を採用し、それに従わなければならないとする（5条)。方針および手続の範囲・詳細さは、提供する商品・サービスの複雑さによって異なる。一般的に、提供するサービスが複雑であればあるほど、形式的で詳細な方針および手続の必要性が高くなるとされる。

レギュレーション9は、必要に応じて、銀行の受認者方針は以下の事項に対処する必要があるとする（5条)。

①　仲介あっせん業務

②　証券取引に関する内部情報の利用

③　自己取引および利益相反

④　弁護士の選任・維持

⑤　信認資金の投資

各信認勘定の設定および終了について、適当な記録を作成しなければならない。レギュレーション9は、銀行は、すべての信認勘定について適当な記録を保持する必要があるとする（8条)。これらの記録は、勘定の終了またはその勘定に関する訴訟の終了のいずれか後に生じたほうから少なくとも3年間は保持しなければならず、また、他の銀行記録と分別して管理しなければならない。これらの受認者の記録保持要件に加えて、個人信認勘定の取引

35　*ID.* at 26.

の性格によっては、銀行は、特定の証券取引について記録を作成し、取引確認書類を提供しなければならない場合がある（連邦行政規則集第12編第12章）。また、銀行は、個人信認勘定に関連する連邦および州の税務記録や申告書が必要となるだけでなく、さらには、適法な受益者を特定することができなくなった個人受認者資産について州の不動産復帰（escheat）記録が必要とされることがある。

銀行が提供する特定の個人受認者商品・サービスに応じて採用しうる方針および手続のテーマ事例には、以下のようなものがある。

① 勘定の引受け
② 勘定管理（administration）
③ 経営情報の報告

銀行の方針および手続には、顧客やその他の第三者との間で、銀行に代わって合意書に署名する権限を与えられた委員会または個人の資格と義務について規定をおくべきである。顧客から銀行が適切に受認者の責任を果たさなかったと主張されるなど、訴訟の可能性があるため、銀行受認者は、受認者業務およびその責任について説明した文書を作成し、遵守状況を慎重に監視することを奨励するべきである。

(ウ) 勘定の引受け

(A) 引受前検査[36]

レギュレーション9は、銀行は、信認勘定の引受け前に、当該見込み勘定を検査しなければならないとする（6条(a)項参照）。この検査では、銀行がその勘定を実効的に管理できるかどうかについての記録文書を作成しなければならない。銀行は、勘定を適切に管理するための専門知識およびシステムをもっているかどうか、また、その勘定が銀行のリスクおよび収益性の基準を満たしているかどうかを判断しなければならない。引受前検査は、銀行の受認者としての役割がどれだけ限定されているかにかかわらず、銀行が受認者として行為するすべての勘定に対して必要とされる。たとえば、投資についての全責任を第三者が負う指図型信託の受託者として指名を受けた銀行は、

36　*ID.* at 27.

その勘定を管理するための人員および資源をその銀行がもっているかどうかを確認するために、その勘定の引受前検査を行う義務を負う。銀行は、勘定の投資管理責任・裁量権をもっていないとしても、受託者として行為しているだけで、勘定の管理が不十分だった場合には、勘定を適切に管理する義務に基づくレピュテーション・リスクに直面する可能性がある。

リスクを早期に把握することは、銀行が引き受けるリスク量を統制し、また、そのリスクを適切に値決めすることを可能にする。銀行の方針および手続は、望ましい信認勘定の種類についての指針を提供し、また、新たに勘定を引き受けるための具体的な条件を定義するべきである。銀行は、勘定引受方針の遵守を確保するための手続を採用し、実施するべきである。これには、1970年銀行秘密保護法（Bank Secrecy Act）（以下、「BSA」という）および反マネー・ローンダリング（Anti-Money Laundering）（以下、「AML」という）に係る潜在的な問題を特定するために設計された手続が含まれる。連邦金融機関調査委員会（FFIEC）の銀行秘密保護法・反マネー・ロンダリング検査マニュアルは、BSA および AML 分野全般について概説しており、銀行の引受前検査手順には、これらのリスクの検討が含まれるべきである。銀行は、各見込み勘定を検査するためのデュー・デリジェンス手順を確立するべきである。デュー・デリジェンス手順では、適用されるリスク管理上の問題を検討し、また、銀行の方針および手続の遵守を確保するべきである。勘定のデュー・デリジェンス検査の結果について、文書を作成して適切な銀行のファイルに記録するべきである。

レギュレーション９は、銀行は、その勘定を適切に管理できるかどうかを判断するための事前検査手順の一部として、個人信認勘定に資金供給するために用いられる財産を検査しなければならないとする（６条(a)項参照)。銀行は、適切に管理するための技能・専門知識を職員がもっていない資産を保有する勘定を引き受けてはならない。銀行は、その勘定の引受前に適切な専門知識をもたなければならず、そうでない場合には指名を辞退しなければならない。不動産、家業、石油・ガス資産、外国資産および美術品など、流動性が低い傾向にある財産については、慎重に検討する必要がある。

(B) 利益相反[37]

銀行は、信認勘定の引受前に、利益相反の可能性に関して規律証書を確認するべきである。利益相反は、通常、もっぱら顧客の最善の利益のために行為する銀行の能力が低下する場合に生じる。たとえば、信託証書の条項によって、銀行がその持株会社または系列会社の株式を保有することが認められる場合がある。レギュレーション9は、銀行受託者が信託財産を投資する裁量権限を与えられている場合、銀行は、たとえば銀行自身または系列会社の株式取得のような、裁量権限のある受認者として行う意思決定をするときに利益相反が生じるとする(12条参照)。そのような利益相反について権限が与えられることがあるが、それにもかかわらず、そのような利益相反は、引受前・引受後および年次勘定検査の一部として対処されるべきである。このような利益相反が存在する場合、銀行は、勘定を引き受ける前に、適切な措置を講じて利益相反を解決すべきである。

(C) 受託者の交代[38]

コモン・ローの下では、受託者がいないからといって信託が失敗に終わるわけではない。一般的には、以下の四つのことから、受託者の欠員を生じる可能性がある。

① 受託者として行為するように指名された個人・法人の拒否(つまり、行為することを拒絶した)
② 法人受託者の解散または個人受託者の死亡
③ 信託証書の条項に基づく受託者の辞任
④ 信託証書の条項、または、適切な管轄権を有する裁判所による受託者の解任

受託者の欠員が生じた場合、ⓐ信託証書の条項、ⓑ適用される州法に規定された手続、ⓒ信託を管轄する裁判所のいずれかによって、後任の受託者が選任される。一般的に、後任の受託者は、信託証書に反対の規定がない限り、元の受託者に与えられた権限のすべてを行使することができる。

銀行は、裁判所から依頼を受けて、後任の受託者として就任することがで

37 *ID*. at 28.
38 *ID*. at 29.

きる。この場合、銀行は、前任の受託者の行為に起因して生じる潜在的な責任を負う可能性がある。コモン・ローの下では、後任の受託者は、前任の受託者が行った不適切な投資を保持していた場合、受認者財産を把握しなかった（つまり、棚卸しと鑑定をしなかった）場合または前任の受託者がした信託違反に対する是正措置をとらなかった場合には管理を怠ったものとして責任を負う可能性がある。後任の受託者の義務は、前任の受託者に対してその勘定が持っている全ての請求を行うことである。

銀行は、後任の受託者に就任する前に、それまでの勘定の業務すべてについてデュー・デリジェンス検査を行い、すべての勘定財産を特定して確認し、可能であれば、信認関係を引き受ける前に行われた行為について、前任の受託者から補償を受けるべきである。州によっては、前任者の行為から後任の受託者を保護する法律を制定しているところもある。しかし、銀行は、適切なデュー・デリジェンス調査が行われたことを示す記録文書をもつか、または、裁判所もしくは受益者全員から適切な免除を得るべきである。裁判所命令または生涯保有権（life tenant)、残余権者、次順位受取人の全員による免除は、後任の受託者が負う責任に対して一定程度の保護を与えることができる。

(D)　免責条項[39]

遺言や信託証書には、受託者が負う特定の責任についての免責条項がおかれる場合があるとされる。ただし、受託者は免責条項によって常に保護されるというわけではなく、信託違反や違法行為については、通常、免責されることはない。

銀行は、信認勘定を引き受ける前に、信託文書にあるこのような免責条項の有効性について法律面での助言を受けるべきである。

(E)　共同受託者[40]

信託証書には、銀行が共同受託者と共に信託を管理することが規定される場合があり、銀行とともに共同受託者となる者は、一人もしくは複数の個人である場合もあれば、他の銀行・信託会社である場合もある。

39　*ID*. at 29-30.

40　*ID*. at 30.

共同受託者を選任する目的は、特別な専門知識を提供するため、意思決定を行う際に特定の家族の利益が考慮されるようにするためである。

信託証書は、一般的に、共同受託者が一致して（in unison）行為することを求める。銀行が他の銀行と共に共同受託者として行為する場合、各銀行は、まるで自分が単独受託者であるかのようにその義務を遂行しなければならない。二つの銀行による共同受託者の合意書には、両者が共同で義務と義務を遂行するための条件を定めなければならない。共同受託者として行為することに関して特別の責任を負う可能性があるため、信託証書については、各銀行の弁護士が検討し、また、取締役会または指定の委員会の承認を得るべきである。

(F)　勘定の設定および引受後の勘定検査[41]

信託の合意書や代理契約書などの法律文書は、正式に信認関係を設定する。規律証書には、銀行の受託者としての責任および義務を明確に定め、また、代理人・本人の各当事者としての地位の性質および限界を明確に定めるべきである。銀行受託者は、個人、銀行またはその他の金融機関などの受認者（共同受託者）に係る証書の規定を分析して、銀行が異例または特別の責任を負うかどうか判断するべきである。

勘定管理者は、しばしば、勘定の設定に必要なすべての情報を確実に入手するために、チェックリストを使用することがある。これらのチェックリストは、通常、勘定設定に必要なすべての文書（たとえば、規律証書、財産目録、手数料の一覧および裁判所の文書）を箇条書きにしたものである。備忘システム（tickler system）を採用し、これに依拠することは、法律に基づく記録作成、納税、勘定の検査、収益の送金および元本の分配が適時に行われ、保険や税金について期限が守られ、または、これらのことが終了事由の発生に対応して行われるようにするために必要不可欠である。

勘定が設定された後は、信託勘定への資産の移転によって基金が構成される。この基金には、信託の現在の資産と、その後に勘定のために購入した資産、委託者が追加した資産が含まれる。勘定管理者は、適切な計算ができる

41　*ID.* at 30.

ように、勘定に預け入れる資産の目録を業務部門に提供することができる。すべての資産は、正確に目録に記録されていなければならない。

レギュレーション９は、銀行が投資裁量権をもつ信認勘定を引き受けた場合、銀行は、その勘定の全資産を速やかに確認し、その財産がその勘定に適切かどうかを検査しなければならないとする（６条(b)項参照)。各資産の適切性は、勘定の目的および勘定受益者のニーズ・状況に依存する。勘定の投資目的および戦略を確立するために、投資方針書を作成するべきである。

銀行が投資管理のリスクと報酬を最初に評価することは、特定の勘定の健全なポートフォリオ管理の基本である。受認者として投資管理の委託を引き受ける前に、勘定の管理がその根本的な目標と目的に一致していることを確認するため、顧客の目的、特性および投資ポートフォリオを評価する手順を徹底するべきである。銀行の承認権限は、引き受けた個人信認者勘定の種類が、銀行の全体的なリスク戦略と一致しており、また、方針によって認められていることを確保するように構成するべきである。リスク管理者は、銀行がポートフォリオを適切に管理するために必要な資源と専門知識をもっていること（または合理的なコストで専門知識を得ることができること）を確保するべきである。

要約された記録の評価は、最初の引受後検査の期間中に行われることが一般的である。要約情報には、銀行の権限、特別な状況（保持しなければならない財産や独占的なミューチュアル・ファンドへの投資に必要な権限を含む)、および、受益者に関する情報を記載した規律証書の要約が含まれている。また、要約情報には、勘定の投資方針書の簡単な要約を含めるべきである。

(エ)　勘定の管理[42]

受託者の基本的な義務は、もっぱら顧客の利益のために勘定を管理すること（Account Administration）である。忠実義務が最も重要な義務であり、個人信認勘定の管理全体の根底にある。成功した勘定管理は、各受益者の利益を公平に取り扱い、安全かつ生産的な方法で顧客のニーズを満たすものである。

42　*ID*. at 31.

遺言書、信託の合意書、裁判所命令または代理契約などの規律証書は、信認勘定の管理について統制する。規律証書に記載がない場合や、州法や連邦規則に変更できない規定が含まれている場合（たとえば、州の夫婦共有または共同財産法）、レギュレーション9の規定が優先される。制定法も規律証書も特定の問題について具体的に定めていない場合については、受認者の責任を判断するのに有用なコモン・ロー（裁判所による規律）体系が発展してきた。

(A)　投資管理[43]

実効的なリスク管理のために、銀行は、特定の個人信認勘定またはその勘定のポートフォリオに特有の投資リスクを特定し、理解することが求められる。リスク評価手順は、リスクが何であるか、どのように測定するべきか、どのような統制・監視システムが必要であるかを判断するために有用である。個人受認者分野のリスク管理責任者は、それらの勘定に埋め込まれているリスクの種類を熟知し、また、それらの勘定への投資から発生するリスクの水準を推定できるようにするべきである。事業ライン、ポートフォリオおよびその他のリスク管理者は、銀行のさまざまな種類の個人受認者顧客およびそのポートフォリオに係る特性・期待を理解し、適用されるリスクを特定するべきである。管理者は、次に、特定の顧客に影響を与えるリスクの水準、個人受認者分野の全範囲にわたるリスク、および、最終的に銀行に影響を与えるおそれのある関係から生じるリスクを推定することができる。

関連するリスクの特定・理解を容易にするために、銀行は、勘定管理者、第三者のサービス供給業者および投資相手方に対し、どのような種類のリスク測定・報告手順を期待しているのかについて明確にするべきである。ハンドブック「投資管理サービス」に詳述しているように、リスクは、顧客の属性・ニーズ、ポートフォリオ構成、銀行の戦略、ならびに、国内外の資本市場の変化によって時間の経過とともに変化する。したがって、個人信認勘定の投資管理リスクを評価する際のリスク評価の中には、継続的に行われるべきものや、制限なく行われるべきもの、定期的に実施するべきものや、重要

43　*ID.* at 31-32.

な変化が生じたときにのみ実施するべきものがある。

個人受認者の投資ポートフォリオのリスク評価に際して考慮するべき点として、ポートフォリオの評価がどのように行われ、どのような種類の投資実績報告書が作成されているか、承認された証券投資リストに当該有価証券が載っているか、ポートフォリオは資産配分モデルおよび関連する基準に依拠しているか、投資方針に対する例外報告書にフラグが立てられているか、ならびに、個人信認勘定への投資を行う際に株式や債券の統計や関連する解説をどのように評価しているかといったことがある。

(B)　記録の保存と文書のセキュリティ[44]

レギュレーション９は、銀行は、以下のことを行わなければならないとする（８条参照）。

① 各信認勘定の設定および終了について、適当な書類を作成し、適当な記録を維持する

② 信認勘定の記録は、勘定の終了または勘定に関する訴訟の終了のうち、いずれか後に生じたほうから３年間保持しなければならない

③ 信認勘定の記録は、銀行の他の記録から分別されているようにしておかなければならない

受認者は、規律証書およびその他の文書の原本を健全に統制することが期待される。この統制は、権限のある裁判所に提出された文書の原本が適切に承認され、将来の計算のために保存されるよう確保するべきである。コピーを勘定ファイルに保存することも可能であるが、原本または法的に認められる電磁的記録は、集中管理される場所に保管されるべきである。取締役会および委員会の議事録の原本（承認・実施された措置を記載した添付書類を含むもの）については、同じ水準で保管するべきである。

(C)　定期的な勘定の検査[45]

レギュレーション９は、銀行は、銀行が投資裁量権限をもっている各信認勘定の全資産について、毎暦年に少なくとも１回の検査を実施することを求めている（６条(c)項参照)。この信認勘定の年次検査では、その勘定にとって

44　*ID.* at 32.
45　*ID.* at 33.

勘定資産が個々に、また、全体として適切であることを判断しなければならない。銀行の受認者委員会が行う検査では、通常、勘定の投資方針書を検討し、投資実績を分析し、資産配分指針を含む投資方針書の再確認または変更を行うべきである。特定の資産がその勘定にとって適切でなくなった場合は、慎重な投資慣行に一致するようにそれらの資産を入れ替えるべきである。検討するべき項目には、勘定の目的、受益者のニーズおよび所得税の影響が含まれる。

年次の投資評価手順は、時とともに進化してきた。自動化されたシステムに依拠する銀行では、勘定が保有している市場性のある有価証券を日常的にスクリーニングする能力をもっていることがある一方、手動の投資評価手順は、投資評価のためのより実践的なアプローチを定める。市場性のある有価証券やユニークな資産を、通常、同じ時期に評価することで、管理者、ポートフォリオ管理者およびユニークな資産の管理者との間でより深い対話ができるようになる。

自動化された投資評価は、投資管理およびコンプライアンスの手段として有用である。ミューチュアル・ファンドまたは合同投資基金で構成されるモデル・ポートフォリオに投資されているような低リスクの勘定は、自動化された手順に適している。自動化されたシステムにより、市場性のある有価証券を効率的かつ頻繁にスクリーニングし、承認されたリストに載っていない資産、資産の集中、銀行自身の有価証券、勘定の目的に対して矛盾する配分がされている勘定を特定することができる。自動化により、さまざまな種類の例外事象について効率的な特定、報告、エスカレーションおよび継続的な監視が可能となるが、自動化された投資評価は、優れたポートフォリオ管理または委員会の監視や説明責任にとって代わるものではない。

受認者はまた、勘定が規律証書の条項および条件に従って管理されているかどうかを判断するために、定期的に管理勘定の検査を行うことが期待されている。定期的な検査は、勘定が銀行の信託会計システムにおいて適切に符号化（coded）されていること、分配が規律証書または州法に準拠していること、勘定の変更が銀行のシステムによって適切に把握されていることを確保するために特に重要である。検査の頻度について定める具体的な規制要件はないものの、各銀行は引き受けているさまざまな勘定関係に内在するリスクを検討し、それに応じて勘定の検査を行うべきである。検査は、必ずしも受認者委員会によって行われるとは限らないが、例外事象があれば、その解決に至るまで追跡し、特に是正措置がとられていない場合には委員会レベルまで報告して判断を仰ぐ（escalation）べきである。

信認勘定の管理における異常を発見した銀行は、検査サイクルを加速させ、影響を受けた勘定だけでなく全体的にエラーを特定・排除するためのシステムを確保する必要がある。勘定の検査は、通常、指定された投資管理者または助言者と協力している管理役員によって行われる。検査結果は、通常、適切な受認者委員会に提出され、審査される。BSA・AML 問題の検査は、勘定取引の検査の一環として行われるべきであり、特に、実際の勘定業務と想定される勘定業務とを比較検討するべきである。

(D)　裁量による分配[46]

裁量による分配権限は、受託者に対して、分配の金額および種類についての決定権限を与え、場合によっては、一つまたは複数のクラスの中から受益者を指定する権限を与える。裁量による分配を行うことは、受託者にとってリスクが高く、能力が必要とされる。この権限を行使すると、元本の分配を受けることができる収益受益者のような、ある特定の受益者が利益を受ける一方、別の受益者（通常は残存者）が利益を受けられないことになる場合がある。元本および収益の分配に適用される州法に細心の注意を払うことは、ほとんどの信託関係についてとりわけ重要である。銀行の裁量分配方針は、これらの分配をどのように処理するか、また、誰が分配を行う権限をもつかについて規定している。裁量分配の水準が高くなるにつれて、銀行の方針は、通常、適用される法律要件を確実に遵守するために追加のハードルを課すようになる。異常に大きな裁量分配、その他の新しい状況については、銀行が過度のリスクを負わないようにするため、一般的には、受認者委員会に提示される。

裁量権限を適切に行使するためには、健全な判断力、ならびに、信託条

46　*ID.* at 34.

項、委託者の意図および受益者の最善の利益に対する明確な理解が必要である。量的な分配権限をもっている受託者は、信託の合意によって定められた所得の支払基準と元本を侵害する基準を完全に遵守しなければならない。これを怠ると、受託者は公平義務に違反して信託違反を構成する可能性がある。指図型信託において、投資管理および分配の責任を他の当事者に委託する場合、受託者の問題を軽減し、場合によってはこれを排除するように設計されている。

しかし、ほとんどの信託関係において、実効的なリスク管理を行うためには、収益受益者および元本受益者の双方にとって公平な基準に基づいて裁量分配の決定が行われるようにする手順が必要である。銀行受託者は、裁量分配をさまざまな方法で処理することができるものの、通常は部門の規模や管理している勘定の種類に依存する。銀行の方針により、勘定管理者が上席の承認なしに行うことができる裁量分配の金額が制限されている場合がある。また、すべての分配が指定された受認者委員会によって承認されなければならない場合もある。裁量分配の決定については、すべて十分な裏づけをもって行い、文書を作成し、権限のある者が承認するべきである。

(E) 税務問題[47]

信託の管理に加えて、一般的に、銀行の信託部門は、毎年、信託のために、連邦および州の受認者所得税、必要とされる場合にはさらに遺産・贈与・相続税の申告書を作成する。加えて、銀行の信託部門は、信託または遺産分配の税務上の影響について受益者に助言することがある。不正確な申告書が提出された場合、銀行および信託・遺産の顧客双方にリスクが及ぶため、この分野を担当する職員（またはこの業務を行うために雇われた第三者）は、その分野の専門家であるべきである。

所得税法および相続税法は常に変更されている。これらの法律の変更の中には比較的明確なものもある（たとえば、税率や相続税の控除額に関する変更など）が、微妙な解釈を必要とするものがある。連邦税法の中で特に問題となっているのは、個人信託や遺産相続から支払われる経費の控除に関するこ

47 *ID.* at 34-35.

とである。IRSは近時、26CFR1.67-4（遺産またはグランター・トラストから支払われ、または、発生した費用）を発行し、この分野の基準をより明確にした。この規制に基づいて、一部の費用（特定の税務申告、受認者費用および多くの鑑定料など）は全額を控除することができる一方、その他の費用（多くの投資顧問料、保険加入のための鑑定料であって個人の死亡時点での資産の公正な市場価値を決定することを目的としないものなど）については２％の控除限度額が設定されている。また、費用の中には一括して計上されているものもあることから、手数料および費用を２％の限度額の対象となるものとそうでないものとに配分しなければならない。銀行は、税務上、管理している信託および遺産のそれぞれに関連する費用を追跡し、これらの費用を正確に配分できるようなシステムをもつべきである。

⒡　顧客とのコミュニケーション[48]

良い顧客サービスは、しばしば個人受認者サービス事業の成否を分ける。ほとんどの受認者は、勘定の本人（principal）、受益者および共同受託者と良好なコミュニケーションをとることの利点を証言している。消費者からの苦情および訴訟のおそれがあるという状態は、方針、責任、勘定の目的および戦略ならびにその顧客の期待に対する情報の透明性の欠如や不十分なコミュニケーションの直接的な結果であることが多い。

銀行受認者は、銀行の担当者が定期的に勘定の本人および受益者と連絡をとって彼らの経済的な目標および状態が変化したかどうかを判断するためのシステムをもつべきである。このようなコミュニケーションをとる中で、銀行の担当者は、勘定の目的と投資方針を見直し、勘定が慎重な方法で顧客の最善の利益だけのために管理されているかどうかを判断するべきである。

⒢　その他のコンプライアンス上の問題[49]

個人受認者業務は、通貨および外国取引報告法および金融犯罪取締ネットワークの施行規則としても知られているBSAの対象である。銀行は、個人受認者業務が2001年米国愛国者法（USA Patriot Act of 2001）を含むBSAおよびAML法規制に準拠していることを確保するための方針および手続を定め

48　*ID.* at 35.

49　*ID.* at 35-36.

なければならない。

特定の受認者顧客は、公開されていない消費者の個人情報のプライバシーに関する金融機関の義務について規定している（2010年ドッド・フランク・ウォール街改革・消費者保護法第Ⅹ章により改正された）1999年グラム・リーチ・ブライリー法第Ⅴ章の対象である。消費者金融保護局の施行規則である連邦行政規則集第12編第1016条「消費者金融情報のプライバシー」も、これらの受認者顧客に適用される。銀行は、対象となる信認勘定についてプライバシー規制が適用されるため、連邦行政規則集第12編第1016条の通知および開示要件に準拠するよう確保しなければならない。また、州によっては、消費者プライバシー法や憲法上の保護があり、それに従わなければならない場合もある。

消費者保護法および規制は、個人受認者業務に適用される場合がある。銀行は、受託者として職務を行う信託に適用される消費者保護法および規制に準拠するよう確保する責任を負う。これを怠った場合、銀行の受認者としての責任の不履行、管理者・受益者訴訟、銀行の財務および信用の損失につながる可能性がある。ハンドブック「資産管理」および「消費者コンプライアンス」シリーズは、個人信認勘定に適用される消費者保護法および規制を概説している。OCC は一般的に、消費者コンプライアンス検査手順を通じて、広範な消費者法令の遵守について監督している。

(H)　勘定の終了[50]

勘定はさまざまな理由で終了することがある。たとえば、個人信託は、定められた時期の到来によって終了することや、定められた事象が発生した時に終了することがある。一部の州では、信託の期間は RAP（最後の受益者の死亡から21年と加算期間である９カ月）によって規律されている。しかし、いくつかの州では、この規則を変更または廃止しており、そのような州では信託に法的な終了期限は定められていない。勘定を終了しなければならない場合、受認者は、勘定を終了し、残余財産を分配し、必要な報告書を作成・提出する責任を負う。勘定を終了するときのリスク統制の手順は、引受けのと

50　*ID.* at 36.

きと同様に強力であるべきである。

財産の分配形式および方法は、規律証書によって規律される。証書に分配形式が明記されていない場合、受託者は分配計画を作成する責任を負う。この計画は、内部で承認され、受益者に提出されるべきである。計画では、以下のような要素を考慮するべきである。

① 財産の種類および価値
② 財産を分割することの難しさ
③ 現金または現物による分配
④ 税務上の影響
⑤ 免除
⑥ 分配のタイミング
⑦ 残余権者のニーズおよび状況
⑧ 司法計算および受益者の計算

適用法により、受認者の義務を免除するために司法上の申立てが必要とされる場合がある。法律で要求されていない場合であっても、特定の複雑な勘定においては、しばしば司法上の計算が望ましいことがある。計算はすべての残余権者を拘束する。しばしば、特に小規模でありかつ複雑でない信託勘定の場合、信託勘定は財産の受取と免除の合意で閉鎖されることがある。[51]

(オ) 経営情報システム

効率的かつ実効的なリスク管理のためには、受認者組織の規模と複雑さに応じて、適時、正確性・妥当性があり、有用で適切な受認者情報システムが必要である。銀行の情報システムを維持・保護するために、適切な内部統制と財務・人的資源が提供されるべきである。取締役会および管理者は、個人信認勘定から生じるリスクを評価・統制・監視するための適切な情報システムをもつべきである。以下は、適切な情報システムの例である。

① 信託勘定の管理・運営のために設計された自動計算システムなどの財務記録管理システム
② リスク、方針の遵守および事業の財務実績を監視するための上級管理

51 *ID.* at 37.

者向け情報報告書（これらには、財務報告書、監査報告書、コンプライアンス報告書、統制の自己評価報告書、法律上の報告書が含まれる）

③　各勘定の日々の管理要件を追跡するための管理報告書（これらには、現金管理報告書、延滞報告書（delinquency reports）、取引報告書およびその他の日付のある報告書（tickler reports）が含まれる）

④　ポートフォリオ評価書および取引報告書のような投資実績報告書

⑤　投資の保有状況、取引および実績を報告するための顧客の取引明細書および説明

㈹　統制システム[52]

銀行は、個人信認勘定および業務を管理するために導入した手順の実効性を評価するために、適切な統制システムを備えるべきである。加えて、この事業に関連する潜在的な問題を予防、発見、監視およびエスカレーションするために、実効性のある監査・コンプライアンス機能と経営情報システムなどの管理システムが必要となる。

(A)　コンプライアンス[53]

銀行の個人受認者業務の性質・範囲に応じたコンプライアンス機能は、銀行のリスク管理システムの重要な要素であるとされる。個人信認勘定を管理するための実効的なコンプライアンス・プログラムには、以下が含まれるべきであるとされる。

①　個人受認者業務に関連するすべての法律および規制を特定すること

②　適用される法律、規制、規律証書および銀行の方針に対する例外事象を適切に報告・エスカレーションすること

③　法律、規制、規律証書および銀行の方針の遵守を確保するための定期的な検査

④　銀行の個人受認者業務に関連するリスクおよび統制の質を判断するための定期的な検査

銀行の経営情報システムおよびそれに関連する手順は、業務報告書を含む適切な情報を提供し、適用される法律や銀行の方針に対する例外事象につい

52　*ID.* at 37.

53　*ID.* at 37-38.

て職員に警告し、適切に役員、従業員および監督委員会に報告するようになっているべきである。

実効的な経営情報システムは、特定の個人信認勘定や業務を識別し、意味のある情報を要約して提供し、適用法違反の可能性や銀行のリスクアペタイトを超える例外事象を強調するものであるとされる。

銀行の経営情報システムおよび関連手順は、管理者および取締役会が以下のことを実効的に行うことを可能とするようになっているべきである。

① 特定の個人信認勘定または財産を引き受けることについて、それが適用法の下で許容され、かつ、銀行の方針およびリスクアペタイトと一致しているかどうかを判断する

② 個人受認者事業に関連する銀行の方針およびリスクアペタイトに一致しない可能性のある問題を監視し、適切な解決策を確保する

③ 特定の個人信認勘定または事業を新たに引き受けることから生じる銀行のリスク水準を評価する

④ 個人受認者業務に関連する銀行の総リスクを判断する

(B) 監　査[54]

銀行の個人信認勘定および業務遂行の仕事を管理するための統制と手順が適切に機能することを確保するために、実効的な監査プログラムが不可欠である。

レギュレーション 9 に基づく適切な受認者監査が実施されるようにするために、取締役会は、個人信認勘定が適用法ならびに銀行の方針および手続に準拠して管理されているかどうかを判断するために、実施されている監査プログラムが適切であるかどうかを評価しなければならない。

3　OCC のハンドブックが示唆すること

米国において、金融機関にとって民事信託は法律や税務の観点から一定の複雑さを伴う業務であるとされており、また、必要な場面では専門家の協力を得ることが求められている。この点では、リスク管理の観点からは、金融

54　*ID*. at 38.

機関が民事信託に関する事柄のすべてを引き受けるのではなく、責任を限定することや、関係者との間で役割分担をしたうえで引受けを行うことを検討することの重要性が示されている。また、金融機関が共同受託者や後継受託者に就任することについてデュー・デリジェンスの実施を求められていること、後継受託者への就任については裁判所または受益者に対して責任免除を求めるなどの対応が求められていることからすれば、民事信託には事前に想定しにくいリスクがあり、そうした事態への備えも同様に重要であることが示されていると考えられる。法制が異なる米国と単純に比較できない面はあるものの、信託制度の適正な利用および発展という視点からは、本稿で紹介したような外国の事例も参照しながら、日本における営業受託者による民事信託へのかかわり方をより具体的に検討していくことが期待される。

（工藤慶和）

第7章

米国とわが国の信託税制の概要
——民事信託を中心に

信託は、さまざまな用途に利用できるツールであり、それゆえに租税回避に利用されるおそれがある[1]としてさまざまな対応がなされてきた。一方で、当該対応によって信託本来の自由度が損なわれている点もある。そこで、日米の税制上の信託規制について概観する。

1　米国の信託税制

(1)　概　要

米国の信託税制は、その原則的ポリシーが第一に「信託と受益者の『二重課税』を排除する」ということにあり、第二に、このポリシーが「法人と出資者との『二重課税』を原則として排除しない」とされてきた法人税制と対立する結果、両者の関係が問題となるという構造にある[2]。

そのうえで、会計的取扱いは、信託条項または州法に大幅に委ねられてお

1　「アメリカ連邦所得税法において、信託は租税回避にもちいられやすい制度であった。なぜならば、これまでの歴史において、長い間、累進度の厳しい個人所得税率表を用いていた連邦所得税においては、比較的富裕な、したがって比較的高額所得者である委託者は、信託を設定することにより、自分の資産に帰属する所得を信託財産又は受益者に帰属する所得と自らに帰属する所得に分割し、高い累進税率の適用を免れることができるからである」との指摘がある（佐藤英明『信託と課税〔新版〕』（弘文堂、2020年）68頁）。

2　佐藤・前掲（注１）34頁。

り、柔軟な構造となっている。

このため、信託の所得課税に関して、租税回避を防止するための包括的な規定が必要となり、連邦所得税法643条(f)項が設けられている。そこでは、委託者と受益者が実質的に同じで、かつ、信託の「主要な目的」が連邦所得税の会費にある場合は、複数の信託が subchapter J の適用に関しては一つの信託として扱われるとされる[3]。

連邦所得税法における課税信託の基本的な原則は、①信託財産の元本の分配は受益者における所得課税の対象とならない[4]、②信託を法人課税の対象としない[5]という２点であるとされる。

そのため、信託課税において、法人課税と信託課税という観点から分類すると、以下のようになると考えれる[6]。そして、まず、信託を設定した場合に法人課税されるか否かが大きく問題となる。

(2)　信託課税関係

米国における信託課税関係[7]を大雑把に分類すると以下のようになる。

(ア)　信託課税の対象となるもの

(A)　グランタートラスト

グランタートラスト（委託者課税信託）は、信託の全部または一部が委託者の財産として扱われ、その所得は委託者に帰属して信託課税の対象となる（後記(5)参照）。すなわち、信託であることが税法上は否定されることになる。

グランタートラストは、撤回可能信託、委託者等に利益を与える信託、Clifford 事件判決（後記(6)参照）を受けて立法化された制度などに分類される[8]。

3　佐藤・前掲（注１）56頁。

4　信託課税の対象となる信託の創設は、一般に贈与・遺産税の対象となり、信託元本の移転に対する課税はそれによって行われる（佐藤・前掲（注１）54頁）。

5　佐藤・前掲（注１）54頁。

6　佐藤・前掲（注１）35頁。

7　海外信託税務研究会『国別でわかる！　海外信託による相続の財務＆法務』（第一法規出版、2018年）282頁〔矢内一好〕。

8　佐藤・前掲（注１）75頁。

(B)　グラントートラスト以外の信託

グラントートラスト以外の信託は、受益者から分離した独立の納税主体として扱われ、信託課税の対象となる。

(C)　単純信託

単純信託（simple trust）は、利益を留保できない信託をいう（米国財務省規則 §1.651(a)-1）。実際の分配がなくても、税務上は分配がある者として扱われ、信託課税の対象となる。

(D)　複合信託

複合信託（complex trust）は、単純信託を除くすべての信託をいう（米国財務省規則 §1.651(a)-3）。この複合信託の場合、米国非居住者あるいは外国法人が米国で事業を営む信託等の受益者である場合、これらの者は米国で事業を営むものとみなされ、内国歳入法典（IRC：Internal Revenue Service）（以下、「IRC」という）により信託課税の対象となる（875条(2)号）。

(イ)　信託課税の対象とならないもの

(A)　事業信託

事業信託（business trust）は、Morrissey 事件判決（後記(3)参照）以降、法人課税の対象となった。

(B)　REIT 等

規制的投資会社（RIC：regulated investment company)、不動産投資信託(REIT：real estate investment trust)、不動産モーゲージ投資導管措置(REMIC：Real Estate Mortgage Investment Conduit）について、法人課税を前提としつつも配当の損金算入を認めることで二重課税を配するというしくみがとられており[9]、法人課税を受けるがペイスルー課税となる。

(3)　Morrissey 事件判決

米国の信託課税関係（設定した信託が法人課税されるものなのか、信託課税されるものなのか）に関して、ある組織が法人課税の対象となる団体か否かの区別の基準についてのリーディングケースが Morrissey 事件である[10]。

この事件では、資金を公募してゴルフ場の解説と経営をしていた信託につ

9　佐藤・前掲（注１）88頁～89頁。

き、団体であり法人課税の対象となると判断した事案である。

この判決では、団体が法人に含まれているということは、（両者が）類似していることを意味している。しかし、それは類似しているというのであって、全く同じであるというのではないとして、類似性の判断要素として、①複数の構成員、②利益のために事業を行いその収益を分配する目的、③それ自体が財産に対する権限をもつことができること、④管理・経営を集中できること、⑤参加者の死亡・破産・無能力等にかかわらない継続性、⑥自己の存続に影響させることなく多額の資金を集めうること、⑦参加者の制限責任、⑧組織に対する利益の自由譲渡性という要件があげられている[11]。

この判決は、法人課税の限界を示すとともに、信託課税やパートナーシップ課税の限界を示す議論でもあった。

この判決を受けて、事業信託が原則として法人課税の対象となることが明らかになった。

⑷　信託と贈与税

米国連邦贈与税は、信託への移動かどうか、直接か間接か、不動産か動産か、有形資産か無形資産かにかかわらず、贈与税を課す（2511条⒜項）。また、資産が全額を下回る金銭または金銭等価物を対価（consideration）として資産が移転した場合は、その対価の額を超える資産の額は、贈与とみなす(2512条)。さらに、取消可能な信託は、委託者が信託財産をコントロールできるため、贈与税の対象ではなく、委託者の遺産に含まれる。一方、取消不可能な信託において、裁判例では、①その贈与は不完全で贈与税の対象とはならない、②贈与者が信託を変更する権限を留保した場合には、贈与税の対象ではなく、遺産税の対象となる、③委託者がその権限を行使した場合には、贈与税の対象となると判示した[12]。

また、委託者が受益者変更権を留保（cessation of donor’s dominion and

10　Morrissey v. Commissioner, 296 U.S. 344, 56 S. Ct. 289, 80 L. Ed. 263, 1935 U.S. LEXIS 580, 35-2 U.S. Tax Cas. (CCH) P9681, 36-1 U.S. Tax Cas. (CCH) P9020, 16 A.F.T.R. (P-H) 1274, 1936-1 C.B. 264, 1935 P.H. P2197.

11　佐藤・前掲（注１）38頁。

12　Estateof Stanford v. Comm., 308 U.S. 39（1939）.

control）している場合も、信託への移転は不完全な贈与（incomplete gift）となる（Reg.§25. 2511-2(c)）。委託者が変更する権限を留保しないとき、受益者に対して実際に分配されたときは完全な贈与（completed gift）となる（Reg.§25. 2511-2(b)）[13]。

(5)　グランタートラストの種類と効果

米国の委託者課税信託制度は、各種の租税回避的な行為に対応するため膨大な内容を有しているが、基本的には、ある信託がグランタートラスト（委託者課税信託）に該当するとされた場合の効果は、当該信託に帰する所得・控除・税額控除が、当該信託の委託者の所得税額の計算に含められるという点にある[14]。

現行のグランタートラストは、①連邦所得税の初期から存在していた委託者課税信託条項、② Clifford 事件判決（後記(6)参照）以降の混乱期を経て、法的関係を安定させる目的で立法されたものの二つのグループに分けられる。

このうち、①のグループには、現行の委託者課税信託のうち、撤回可能信託と委託者等に利益を与える信託の二つがあり、委託者と遺産による租税回避を防ぐために立法されたという背景がある。

この立法の背景のうち、撤回可能信託に関する Corliss 事件の最高裁判決は、ある者が「所得を他人に与える」という意思表示をする場合と「与えない」という意思表示をする場合とで課税差異が生じるのではないとし、このような撤回可能信託は、委託者が信託から所得を受け取って妻に与えると経済的な実質に変更がないことを理由に、この訴えを退けた[15]。

(6)　Clifford 事件判決

現行の委託者課税信託に大きな影響を与えた、Clifford 事件とはどのようなものであったか概観したい[16]。

13　水野恵子「『受益者化財投信託』と『受益者等が存在しない信託』との関係における検討」一橋法学14巻２号（2015年）428頁。

14　佐藤・前掲（注１）70頁。

15　佐藤・前掲（注１）75頁。

16　海外信託税務研究会・前掲（注７）301頁～302頁。

1934年６月20日、原告は、証券を信託し、受託者となった。信託からの純所得は、そのすべてが原告の妻に帰属するとしていた。信託は委託者あるいはその妻が死亡した場合を除いて５年で終了し、妻は受領した所得を申告し、信託終了時の財産は原告に帰属した。受託者である原告は、株式の議決権、株式の処分権、信託財産の投資を決定する権限、配当等の徴収権、受託者としての交渉権、信託財産の保有の権限を有していた。

課税当局は、当該所得を原告のものとして課税した。

地方裁判所は課税当局が勝訴し、高等裁判所は、本件の受託者は、復帰権の権限を有していないとして原告の主張を認めたが、最高裁判所は、原告が連邦税法の定める資産の所有者であるとして地裁判決の結論を認めた。

最高裁判所は、信託からの所得は妻に帰属したが、その期間は５年間であり、信託の期限終了後の財産は被上告人（夫）に帰属していることから、委託者が財産の所有者とみなされるか否かを争点とし、信託設定後、被上告人が財産の所有者であることを放棄するかどうかの法的解釈ではなく、信託期間が短期であること、妻が受益者であること、原告による財産の支配があることを理由に結論を導いている。

なお、Rober 判事による、反対意見がある。

⑺　Clifford 事件判決後の立法

Clifford 事件の最高裁判決の後、信託課税についての訴訟が多発したため、立法による解決がなされた（Clifford 条項）。

すなわち、受益者の同意を要せず、委託者（グランター）および受託者あるいは委託者・受託者の両者の裁量により、信託の所得が委託者に分配され、将来の分配のために保有もしくは積み立てられた場合、または、委託者の生命保険料の支払いをした場合は、IRC において、委託者が信託の一部の所有者として取り扱われるものとする（677条⒜項）。

これに該当する要件は、①委託者に財産の復帰権（reversionary interest）があって、財産価値の５％を超える復帰権がある場合、②受益者が信託からの分配を受け取るものを管理する権限がある場合、③委託者への利益の供与または委託者による信託の支配管理のために、委託者が信託に信託財産を使用させる権限をもつ場合、④信託を廃止する権限がある場合、⑤所得を受け取る権利が委託者またはその配偶者の権利である場合などである（IRC671条～678条）。

⑻ 信託の居住形態判断

信託を利用した租税回避に対する対応の典型的なものとして、外国の信託税制を利用した租税回避を防ぐため居住形態判断を行うという方法があるので、以下この点を検討する。

㈠ 規制――裁判所テストと支配テスト

IRC7701条⒜項⒇号の「米国の者」の定義規定において、内国信託は次のように規定されている[17]。

① 信託の管理について米国が主たる監督権を有していること（裁判所テスト）

② 最低１名の米国の者が信託の重要な意思決定を支配する権限を有していること（支配テスト）

そして、内国信託以外の信託は外国信託であるとされる（IRC7701条⒜項㉛号、米国財務省規則 §310、7701-7⒜⑵）。

ここで、裁判所テストを満たす場合とは、米国の裁判所が、信託の管理に対して主たる監督をすることができる場合であり、この場合の「米国」という用語に属領は含まれず、50州とコロンビア特別区が含まれる。

また、支配テストとは、１名以上の米国の者が信託のすべての重要な判断を支配する権限を有していることである。この場合、この者が受託者であるかどうかは問わない。

なお、外国信託は、非居住外国人の課税と同じルールが適用となる。

㈡ 居住性に関する裁判例

Maximov 事件判決は、米国で設立され、米国在住の受託者に管理され、かつ、米国州法の管轄下にある場合、受託者がすべて外国人であっても、米国内信託であるとした[18]。

Jones 事件は、非居住者により設定された信託で、その資産の90％が米国

17 海外信託税務研究会・前掲（注７）304頁～305頁。

18 Maximov v. United States, 373 U.S. 49, 83 S. Ct. 1054, 10 L. Ed. 2d 184, 1963 U.S. LEXIS 2626, 63-1 U.S. Tax Cas. (CCH) P9438, 11 A.F.T.R.2d (RIA) 1355, 1963 C.B. 689.

株式に投資されており、受託者は、１名の米国人と３名の英国人で、銀行勘定と秘書付きの事務所は米国にあった。この場合、すべての受益者が非居住外国人であっても、この信託は内国信託であるとした[19]。

2　日本の信託税制

(1)　概　要

現在の信託税制は、新信託法の改正に対応し、2007年度の税制改正における信託税制の大改正が基本となっている。

信託に関して、税法は、従来、「不動産・動産の管理等の一般的な信託（本文信託)」「合同運用信託、一般的な投資信託（ただし書信託)」「資産流動化法上の特定目的信託（特定信託)」に大まかに分け課税制度を構築していたが[20]、本改正によって、「受益者等課税信託」「集団投資信託、退職年金等信託または特定公益信託等」「法人課税信託」に整理された。

この概要をまとめると〔表５〕のようになる（退職年金等信託または特定公益信託等については省略)。ただし、税法には例外規定が多く設けられている点には留意が必要である。

〔表５〕　日本の信託税制の概要

	受益者およびみなし受益者	受託者
受益者等課税信託	発生時課税	課税なし
集団投資信託	分配時課税	課税なし
法人課税信託	分配時課税	法人税課税あり

以下、民事信託の設計でも関係の深い、受益者等課税信託と法人課税信託の概要を確認する。

19　B. W. Jones Trust v. Commissioner, 132 F.2d 914, 1943 U.S. App. LEXIS 3991, 43-1 U.S. Tax Cas. (CCH) P9238, 30 A.F.T.R. (P-H) 705

20　財務省ウェブサイト「平成19年度税制改正の解説」〈http://www.mof.go.jp/tax_policy/tax_reform/outline/fy2007/explanation/pdf/P247-P378.pdf〉288頁参照。

(2) 受益者等課税信託の税務

(ア) 受益者等課税信託の位置づけ

集団投資信託、法人課税信託、退職年金等信託、特定公益信託等以外の信託のことを受益者等課税信託といい、信託課税の基本的な形態である。民事信託は基本的には受益者等課税信託である[21]。

(イ) 受益者等

受益者等課税信託では、「受益者としての権利を現に有する者」と「受益者とみなされるもの（以下「みなし受益者」という。）」が、当該信託の信託財産に属する資産および負債を有するものとみなし、かつ、当該信託財産に帰せられる収益および費用は当該受益者の収益および費用とみなして、法人税法、所得税法を適用するとされている。

(ウ) 受益者としての権利を現に有する者

受益者として権利を現に有している者とは、信託行為において受益者とされている者のうち、受益者としての権利を現に有しているものをいう（法人税法12条1項、所得税法13条1項）。

(エ) みなし受益者

みなし受益者とは、信託の変更をする権限を現に有し、かつ、当該信託の信託財産の給付を受けることとされている受益者以外の者をいい、この信託を変更する権限からは、信託の目的に反しないことが明らかである場合に限り信託の変更をすることができる権限を除き、他の者との合意により信託の変更をする権限が含まれる（法人税法12条2項、法人税法施行令15条1項・2項、所得税法13条2項、所得税法施行令52条1項・2項）。

(オ) パススルー税制とその制限

受益者等課税信託は、受益者等が当該信託の信託財産に属する資産および負債を有するものとみなし、かつ、当該信託財産に帰せられる収益および費用は当該受益者の収益および費用とみなして、法人税法・所得税法を適用されるするパススルーが原則とされ、受託者段階で独立に課税されることはないという原則が定められている。

21　ただし、家族信託といえども、受益者等課税信託ではなく法人課税信託として扱われるケースもあり得、この場合、当事者の予期しない課税が発生する可能性がある。

一方で、受益者等課税信託については、受益者が信託財産を有するとみなすことから、従来、信託において発生する損失について受益者が影響することに関して何らの制限もなかったが、2006年の信託法改正により信託の利用機会が大幅に拡大すると考えられること等から、課税の中立性・公平性確保の観点で、2007年度の税制改正で、信託損失に関する法整備がなされた。具体的には、①個人受益者の不動産所得に係る損益通算の制限（租税特別措置法41条の４の２）、②法人受益者の信託損失の損金算入制限（同法67条の12第１項、租税特別措置法施行令39条の31第３項３号）等の規定が設けられている。

⑶　法人課税信託の税務

法人課税信託とは、特定受益権発行信託以外の受益権発行信託・受託者等の存しない信託・法人が委託者となる一定の信託・集団投資信託に該当するもの以外の投資信託および特定目的信託をいい（法人税法２条29号の２）、受託者段階で受託者の固有資産に帰属する所得とは区別して法人税が課税される。このため、信託のもつ課税所得のパススルー機能（前記⑶㈭参照）が使えなくなっている。

そこで、信託が法人課税信託とされた場合に、所得税法の計算においてパススルーが使えず、また法人税法の視点で考えても、小企業等に認められている税務特例が使えないといったことから、法人課税信託として取り扱われる設計をすることは避けたほうがよいことも多い。

⑷　民事信託の税務上の取扱い

㈠　所得税・相続税の課税特例の受益者等課税信託への適用

所得税法および租税特別措置法については、数々の税務上の特例があり、特例を使うことで税務メリットを得ることができる。受益者等課税信託についても、税務上の特例を使うことが可能である旨が通達により明らかにされていることも多い（租税特別措置法関係通達31・32-１の３・37の10-９の２、所得税基本通達33-１の７・67の３-１ほか）。

相続税法についても、数々の特例が設けられており、その活用によって税務メリットを受けられる。受益者等課税信託については、信託財産が居住用不動産の場合については、贈与税の配偶者控除（相続税法21の６）が適用される旨が明らかになっている（相続税法基本通達21の６-９）。

また、租税特別措置法の小規模宅地等についての課税価格の計算の特例（租税特別措置法69条の４）については、贈与または遺贈により取得したものとみなす信託に関する権利についての規定（相続税法９条の２第６項）を準用することが定められている（租税特別措置法施行令40条の２第20項）。そのうえで、「特例対象宅地等には、個人が相続又は遺贈（死因贈与を含む。以下同じ。）により取得した信託に関する権利（相続税法第９条の２第６項ただし書に規定する信託[22]に関する権利及び同法第９条の４第１項又は第２項の信託[23]の受託者が、これらの規定により遺贈により取得したものとみなされる信託に関する権利を除く。）で、当該信託の目的となっている信託財産に属する宅地等が、当該相続の開始の直前において当該相続又は遺贈に係る被相続人又は被相続人と生計を一にしていたその被相続人の親族の措置法第69条の４第１項に規定する事業の用又は居住の用に供されていた宅地等であるものが含まれることに留意する」旨が明らかになっている（租税特別措置法関係通達69の４－２）。

このように、民事信託においても、税法上の特例を利用できる場合があると考えられるが、以下みていくように、税法上の特例が使えるか否かが不明確となってしまう場合がある点にも留意が必要である。

㈣　受益者連続型信託、受益権が複層化された信託の取扱い

単純な受益者等課税信託においては、所得税法、相続税法、租税特別措置法における特例が利用できることが通達により明らかになっているものも多くある。

しかし、受益権が複層化された信託については、税務上の特例に関する取扱いが明らかであるとはいえないものもある。

(A)　贈与税の配偶者控除

すでに述べたように、受益者等課税信託については、信託財産が居住用不動産の場合については、贈与税の配偶者控除（相続税法21の６）が適用される旨が明らかになっている（相続税法基本通達21の６－９）。

具体的には、「受贈配偶者の取得した信託に関する権利……で、当該信託の信託財産に属する資産が次に掲げるいずれかのものである場合には、当該

22　集団投資信託、法人課税信託、退職年金等信託のこと。

23　受益者等が存しない信託等のこと。

信託に関する権利（次に掲げるいずれかのものに対応する部分に限る。）は、居住用不動産に該当することに留意する」とし、以下の二つの場合があげられている。

① 当該信託の信託財産に属する土地等または家屋が居住用不動産に該当するもの

② 当該信託の委託者である受贈配偶者が信託した金銭により、当該信託の受託者が、信託財産として取得した土地等または家屋（当該信託の委託者である受贈配偶者が信託した金銭（相続税法21条の6第1項に規定する配偶者から贈与により取得した金銭に限る）により取得したもので、かつ、当該金銭に対応する部分に限る）が居住用不動産に該当するもの

このため受益権が複層化された場合の、収益受益権をどう考えるか明らかでない。この点、受益者連続型信託の場合には、収益受益権が有する受益権の価額は、一定の場合に、受益権の価格は信託財産に係る権利の制約がないものとして評価されることを考えると適用が可能と考える余地はあるが、税務実務の観点から、贈与税の配偶者控除の特例の適用があると取り扱われるか、明確であるとはいえない。

(B)　小規模宅地の特例

租税特別措置法の小規模宅地等についての課税価格の計算の特例（租税特別措置法69条の4）については、これもすでにみたように、「特例対象宅地等には、……当該信託の目的となっている信託財産に属する宅地等が、当該相続の開始の直前において当該相続又は遺贈に係る被相続人又は被相続人と生計を一にしていたその被相続人の親族の措置法第69条の4第1項に規定する事業の用又は居住の用に供されていた宅地等であるものが含まれることに留意する」と定められているだけであり、受益権が複層化された信託の受益権についてどのように考えるかは明らかではない。

解釈上は、受益者連続型信託の場合には、収益受益権が特例の対象になっていると解釈できる余地はあるものの、実務上の取扱いは不明確といわざるを得ない。

(5)　信託の居住形態判断

外国の信託税制を利用した租税回避を防ぐための居住形態判断についての

名古屋高裁判決[24]が公表されているので紹介する。

本件は、原告の祖父がアメリカ合衆国ニュージャージー州法に準拠して、同国の国籍のみを有する原告を受益者とする信託を設定したところ、その信託行為につき、所轄税務署長が（2007年度の税制改正前の）相続税法4条1項を適用して原告に対し贈与税の決定処分等をした事案である。第1審の名古屋地裁判決[25]では、同信託が、信託財産を、原告の父を被保険者とする生命保険契約に投資し、その死亡保険金をもって、信託の受益者に利益を分配することを目的として設定されたものであることなど、判示の事情の下においては、原告は、同信託による利益を現に有する地位にあるとはいえず、同項の「受益者」にあたるとは認められないとして、上記決定処分等が違法であるとされた。

しかし、名古屋高裁判決では、原告は信託の設定時に信託受給権と信託監督的機能を有しているので受益者にあたるとし、信託行為時に生後8カ月の乳児で両親に養育されていたことから住所は親の生活の本拠である国内にあったと判断して国側の処分を認めた。

なお、2013年度の税制改正では、国外に居住する外国籍の相続人・受贈者が国内に住所のある被相続人・贈与者から国外財産を取得した場合にも課税対象とする改正が行われたため、本件のように外国籍を取得させて国外財産を贈与するといった租税回避的行為はできなくなっている。

(6)　まとめ

信託を租税回避の目的で利用することは妥当ではなく防ぐべきであり、日米とも、信託をめぐる租税回避には制度上かなりの労力を使っているといえる。ただし、日本型のアプローチは、租税回避の余地を狭くするために本来適正に使用されれば十分な機能を発揮する信託の魅力を減退させている（しかも、法的には窮屈な他の法形式で目的が実現されている）のではないだろうか。

そのためには、法人課税信託される信託についての税制を使いやすくすること、および、民事信託が受益者等課税信託の対象となった場合に他の法制度を利用したと比較して予測可能性や経済性を同等にする必要があるのでは

24　名古屋高裁平成25年4月3日判決（訟月60巻3号618頁）。

25　名古屋地裁平成23年3月24日判決（訟月60巻3号655頁）。

ないか。

3　教育資金等の税制上の取扱い

⑴　日本の教育資金贈与信託と米国の HEMS 規定

日本において、比較的富裕な層を中心に、教育資金贈与信託が幅広く活用されており、信託の活用方法としてなじみ深いものとなってきた。一方、米国では、HMES 規定の下で、教育資金に加え住居費用等で信託を活用することで、税務上のメリットが得られるようになっている。そこで、両者を比較してみたい。

⑵　日本の教育資金贈与信託

わが国の税法では、１年間に贈与を受けた額の合計額が110万円を超えると、贈与税が課税される。

この例外的な位置づけとして、教育資金贈与信託の要件に該当した場合、1,500万円を限度に贈与税が課税されずに子や孫に教育資金を援助することが可能になる。

教育資金贈与信託は、「教育資金の一括贈与に係る贈与税の非課税措置」（租税特別措置法70条の２の２）の適用を前提とした信託であり、2026年３月31日までの間に信託銀行等（契約できるのは一つの信託銀行等に限られる）と信託契約を締結されたものについて認められる税務上の取扱いである。

教育資金贈与信託の税務上の取扱いを受けるために、委託者は「受益者の直系尊属」であり、受益者は信託契約を締結する日において30歳未満の個人で、前年の合計所得金額が1000万円以下であることが要件となっている。なお、教育資金として使われなかった資金については、贈与税が課税される。

委託者が死亡した場合には、信託した金額から教育資金として使用された金額を控除した残額のうち、一定の計算をした金額（管理残額）に相続税が課税されることにも留意が必要である。もっとも、委託者死亡に係る相続税の課税価格の合計額が５億円を超えない場合で、かつ、贈与を受けた受益者が、①23歳未満である場合、②学校等に在学している場合、③雇用保険法に基づく教育訓練給付金の支給対象となる教育訓練を受講している場合には、委託者が死亡したとしても相続税は課税されない。

なお、2021年4月1日以降に設定された信託に相当する管理残額については、受益者が委託者の子ども以外の直系卑属（孫等）であった場合、相続税の金額が2割加算される点（いわゆる「相続税額の2割加算」）にも留意が必要である。

(3)　米国のHEMS規定

(ア)　HEMS規定

委託者・受託者の意向・希望に沿って信託財産を管理する財産管理型の信託において、財産管理の目的ないし基準としてHEMS規定を設けることが多いという[26]。HEMSとは、Health（健康）、Education（教育）、Maintenace（維持）、Support（支援）の略である。受益者に財産を分配するに際して、その金銭が、受益者の健康や教育、生活の維持と支援に結びついた特定のニーズのためにのみ使用することができるHEMS規定が設けられている場合、最終的には、受託者が、その費用の適格性を判断する裁量権を有する。しかし、裁量権濫用の問題は発生しうるし、HEMS規定には曖昧さも残らざるを得ないという点がある。

ここでは、HEMS規定の対象となる事項の例をいくつか紹介する（〔表6〕参照[27]）。

〔表6〕　HEMS規定の内訳

健　康	教　育	維持・支援
治療	全教育段階の授業料	住宅ローンまたは賃料
健康保険	大学の住宅と食事	税金
眼の診察と歯科治療	キャリア研修	保険
医療用医薬品	留学	慣習的休暇費用
精神科治療	書籍、PC、消耗品等	家族向け贈与
スポーツクラブ会員権	医学校、ロースクール等の費用	住宅の修理・メンテナンス

26　姜雪蓮「『財産管理型の信託』の課題――アメリカ法の視点から」信託研究奨励金論集42号（2021年）1頁以下。

27　But What's an Ascertainable Standard? Clarifying HEMS distribution standards and other fiduciary considerations for trustees. (INDEPENDENT TRUSTEE ALLIANCE CONFERENCE MAY 13, 2021〈https://www.trusteealliance.com/wp-content/uploads/Paper-HEMS-and-Fiduciary-Duties-2021-ITA-Conference.pdf〉参照。

⑷　HEMS規定のメリット

(A)　税務上のメリット

HEMS規定を設けることで、連邦税において、委託者・受託者の総財産に含めないようにすることができる可能性がある。すなわち、「被相続人の健康、教育、扶養又は扶養に関する確認可能な基準によって制限される被相続人の利益のために、消費し、侵害し、もしくは適切な所得もしくはコーパス、又はその双方を侵害する権限は、〔IRC§〕2041(b)(1)(A)を理由とするものであって、任命の一般的権限ではない」[28]とセーフハーバーを定めている（米国財務省規則§20.2041-1(c)(2)）。もっとも、その解釈については複数の訴訟が提起されているようであり、不安定な部分も否定できない。

(B)　信託契約一般のメリット

税務以外にも、信託契約一般に、HEMS規定を設定するメリットもある。

第一に、どのような種類の分配が許されるかを制限することによって、信託に保有されている資産が軽率に使われることがないようにすることができる。受託者が受益者でもある場合、これは特に重要であると考えられる。

第二に、受益者に資産をどのように配分すべきかについての指針を受託者に与えることにができる。HEMS規定は、受託者に恩恵を与え、受託者が信託財産を十分に活用できるような、広範な裁量権を狭めることができる。

第三に、HEMS規定はニーズに応じた設計が可能である。たとえば、大学の授業料の支払い、病気または障害のある受益者の介護にのみ資産を配分できる信託を設定できる。別の許諾者は、当該特定の言語を含まず、代わりに、受託者に、健康や教育、生活の維持と支援のための支出に資産を配分するより広範な裁量権を与えることができる。

⑷　日本の税制への示唆

米国のHEMS規定は、教育資金だけではなく、高齢者の生活費などの活用を中心に広く利用されているようである。日本においても、信託の活用を促進するような税制を開発することが、信託制度の発展につながっていく可能性があり、HEMS規定は一つのヒントになるかもしれない。ただし、そ

28　受益者が相続財産に対する一般的な指名権をもっている場合には、信託財産を自己財産から切り離せない。

の際、HEMSのように広い内容では制度の不安定性を伴うことから、税法として制度の不安定さを受け入れるかという意思決定が必要になる点を克服できるかが大きな課題になろう。

（中野竹司）

第8章

パンデミック下の米国における資産承継の実務対応

本稿は、米国における相続ないし資産承継のしくみについて、その基本的な法的性質を振り返った後、成立手続における近時の変遷、特に新型コロナウイルスのパンデミック下における対応を概観するものである。

もともと、米国における資産承継の実務が、パンデミックによっていかなる影響を受けたか、特に手続面でとられた対応について報告することを目的として調査を始めた。しかし、一時的対応といえどもその趣旨と影響を理解するためには、従来のあり方についての理解が不可欠なものである。さらには、研究会における他のメンバーの発表や、西片和代弁護士に同行した2022年9月のシアトルでの米国における信託実務の現地調査の結果など、米国の資産承継のあり方を調査していくにつれ、そもそもの成り立ちに日本とは異なるものがあること、彼の国の法制度全体や他の分野の法理が資産承継のありようにも少なからず反映していることを、あらためて認識するに至った。

そこで、米国の資産承継のしくみを理解するうえで手がかりとなる他分野も含めての法理等を概観したうえで、当初の目的であった、パンデミック下における対応と関連する裁判例や論稿を紹介することとしたい。

日本における資産承継のしくみ、特に民事信託を利用したものを発展させるにあたって、何らかの参考になれば幸甚である。

1　米国の資産承継をめぐる諸法理

(1)　プロベイトと管理清算主義

日本における民事信託の利用への示唆を得る目的での米国の資産承継の研究というと、まず思い浮かぶのは遺言代用としての信託の利用である。そして、米国で遺言代用としての信託の利用が普及している理由としては、煩雑さで知られるプロベイト回避が、まず想起される。日本においても、遺言書の検認手続や、相続財産管理人の制度など、部分的に類似するものはあるが、プロベイトと同等といえる手続はないといってよい。そのため、米国流の民事信託が参考となる素地などないと考える向きも多いであろう。

では、なぜそのような煩雑な手続が広く採用されているのか。一つには、米国の相続手続が基本的には管理清算主義であることがあると考える。相続が発生すると、被相続人の債務の弁済など、あたかも法人の清算のように資産が整理され、残った資産が相続人に渡ることになり、この清算手続がプロベイトなのである[1]。なお、プロベイトは、米国においてもすべての相続において必要というわけではなく、相続財産が不動産を含む場合[2]か、一定の資産規模以上（統一遺産管理法（Uniform Probate Code)（以下、「UPC」という）3-1201条では $25,000と定めている）である場合に義務とされる[3]。もっとも、債務の清算にあたって債権届出に法定の期限が設けられている[4]など、プロベイト手続にも一定の利便性が認められ、それを享受するべく、任意の場合であっても利用されることもあるようである。

ところで、米国の相続制度は州・地域によって異なるが、ルイジアナ州だけはもともとフランス領であったことから大陸法の影響が強く残っており、相続制度についても日本と同様に包括承継主義を採用していて、遺産承継にあたり被相続人の負債も承継の対象となる。包括承継主義下でもプロベイト

1　Robert H. Sitkoff, Jesse Dukeminier, “Wills, Trusts, and Estates” (第11版)（Aspen・2021）p.46.

2　“Wills, Trusts, and Estates” p.51.

3　“Wills, Trusts, and Estates” p.52.

4　“Wills, Trusts, and Estates” p.49.

手続の制度が採用されている理由については、上述の考えはあてはまらない。

なお、UPC も universal succession という包括承継主義の条項を設けているが、そのまま採用された例は今までない[5]。

ところで、プロベイト回避の手段も信託ばかりではない（nonprobate assets）[6]。生命保険金は日本でも相続財産の外であるのでわかりやすいが、銀行預金も Pay-On-Death 条項（証券口座であれば Transfer-On-Death 条項）により、死亡時の受取人を指定することで、プロベイト手続を経ずに相続させることができる。また、不動産共有の一形態である joint tenancy (with the right of survivorship) も、これは一方の共有者が死亡した際に残った共有者がその権利を承継することになり、プロベイト手続を経る必要はない（後記⑶参照）。

⑵　遺言者の処分権

日本と米国とで遺言の普及に大きな違いがある一因として、遺言がある場合にはその遺言が、遺言がない場合には法定相続分が、原則として強行的に適用されるということがあげられよう。米国では基本的に被相続人が自分の遺産の処分を決める（freedom of deposition）。日本では、遺言がある場合であっても、法定相続人と受遺者の全員で合意すれば、遺言の内容と異なる遺産分割方法によることができるが、米国人にその話をすると驚かれることが多い[7]。遺言がない場合については、米国では無遺言時の相続分が法定されておりそのとおりに分割しなければならないのに対し、日本では、法定相続人全員の遺産分割協議により、どのようにでも分割することができ、この差異についてもお互いに驚くところである。もっとも、制度の違いが遺言の普及の度合いについて違いを生んだというより、財産は「イエ」に属するという歴史的な感覚であったり、「あとは皆に任せる」かどうかという文化的違いが制度の違いを生んだのかもしれない。いずれにしても、法定相続分が強行的に適用されるのであれば、遺言（その代用のしくみを含む）を用意するこ

5　“Wills, Trusts, and Estates” p.53.

6　“Wills, Trusts, and Estates” p.41.

7　同旨、樋口範雄『アメリカ高齢者法』（弘文堂、2019年）223頁。

とに積極的になることは容易に想像できる。

なお、米国においても配偶者の権利には一定の保護がある[8]。配偶者の権利が遺言によって排除される場合に、米国で夫婦の財産の保有の仕方として多くの州で採用されるSeparate Property制度においては、ほとんどの場合（例外はジョージア州[9]）、わが国の遺留分請求権に類するelective (forced) shareが認められている（典型的には総相続財産の3分の1[10]）。他の九つの州（アリゾナ州、カリフォルニア州、アイダホ州、ルイジアナ州、ネバダ州、ニューメキシコ州、テキサス州、ワシントン州、ウィスコンシン州）、人口にして米国の約3分の1を占める地域では夫婦共同財産制（community property）が採用されている（婚姻期間中に得た財産は基本的に共有とされるためその半分は当然に生存配偶者の保有とされる[11]）。またアラスカ州、フロリダ州、ケンタッキー州、サウスダコタ州、テネシー州の五つの州ではこれらのどちらかを選べるといったようなハイブリッドな制度となっている[12]。

ただし、日本では当たり前のように思われている子の遺留分は、米国ではルイジアナ州以外では認められていない[13]。

⑶　時間軸でとらえる不動産に関する権利

古今東西、資産承継の対象資産というとまず、不動産が思い浮かぶであろう。英語ではかつて不動産の相続とその他資産の相続では用語が異なっていたくらいである（deviseとbequeathなど[14]）。そこで、米国の不動産法についてみてみる。

米国法（コモン・ロー）における物権、特に不動産法上の権利は、古く英国の中世に起源を発し、数も多くて名称もわかりにくいため覚えるのも一苦労であるが、そもそも、日本の不動産に関する権利とはかなり概念を異にしている。日本の不動産に関する権利は、基本的には物権と債権とに峻別さ

8　“Wills, Trusts, and Estates” p.530.

9　“Wills, Trusts, and Estates” p.33, p.531.

10　“Wills, Trusts, and Estates” p.33, p.529.

11　“Wills, Trusts, and Estates” p.564, p.565.

12　“Wills, Trusts, and Estates” p.565.

13　“Wills, Trusts, and Estates” p.576.

14　“Wills, Trusts, and Estates” p.43, “Black‘s Law Dictionary,” 2nd Edition.

れ、物権には占有権や地役権、入会権なども含まれるものの、相続等で承継の対象となる権利としては主に所有権である。賃借権についてはその物権化により境界的な性質が認められるが、物権と債権とに二分して考える枠組みは維持されている。

米国法においては、不動産の権利は権利の束（the bundle of rights）[15]と言われ、完全所有権（fee simple absolute）[16]であっても、さまざまな権利に分解可能な「束」を有していると喩えられる。中でも難しく感じられることとしては、時間軸によって権利が分類して概念されることである。不動産を所有する現在の権利 (present possessory interests) として、完全所有権（fee simple absolute）や生涯不動産権（life estate）[17]（権利者の存命中のみ有効な権利）などがあり、また、将来の権利 (future interests)[18] として executory interest[19] など将来一定の条件（譲渡時に課した譲受人属性や用途制限への違反等）が成就した場合には権利が変動する（譲渡人の元に戻る場合も含まれる）ものがある。たとえば、アルコールを製造・販売しないという条件付きでの譲渡などが考えられるが、わが国の民法に慣れ親しんだ視点からは、とても物権とは思えない権利の譲渡といえよう。

なお、その条件がいつ実現するかわからないままの法的に不安定な状態が長く続くとさまざまな不都合が生じうるということで、コモン・ロー上、永久拘束禁止則（rule against perpetuities）[20]（ある関係者の死後一定期間内に権利が確定することになっていない場合は、そのような権利は設定当初から無効とするルール）がある。その内容は複雑であり、このルールの適用を回避するための文言のテクニックも発展し、州によって立法により要件はまちまちとなり、中にはこのルール自体の排除が明言されたり、解釈を間違った弁護士が弁護過誤に問われたが免責された訴訟があったり、このルールをトリックと

15　“Wills, Trusts, and Estates” p.33, Jesse Dukeminier, James E. Krier, Gregory SS. Alexander, Michael H. Schill, “Property”（第 7 版）（Aspen・2010）p.193.

16　“Property” p.192.

17　“Property” p.202.

18　“Property” p.253.

19　“Property” p.264.

20　“Property” p.285.

して使ったサスペンス映画が製作されたり[21]等、米国の不動産法を学ぶ者にとってなかなかの関門ではある。

また、共有の一形態として joint tenancy (with the right of survivorship) があるが、これは一方の共有者が死亡した際に残った共有者がその権利を承継するというものであり、時間軸による変化を内包する権利の種類だということができよう（これに対して、日本の共有に類似する権利形態として tenancy in common がある）。

これらの時間軸による不動産に関する権利の数々は、日本でも、契約や負担付き遺贈などの形態によって類似の権利関係を構築することは可能と思われるし、中には life estate のように、相続法の改正により配偶者居住権として類似の権利が創設されたものもある。また、永久拘束禁止則（rule against perpetuities）についても、ずいぶんと位置づけと形は異なっているものの、現行信託法91条がその系譜に連なっているようである。もっとも、life estate を例にとれば、これは物件の一種であって、配偶者に限定されるわけでもなければ、相続のタイミングで設定されるとも限らない。そもそも物権と債権という峻別も、ここでは深く踏み込まないものの、日本法と米国法ではそのニュアンスも線引きも異なるように思われる。

興味深いことに、このような時間軸により成り立つ権利は本来遺産の承継を場面として発展してきたものであるが、これらの権利を長い期間にわたって管理・実現する手段として信託が使われるようになった。信託が米国において遺言の代用として使われ出して半世紀余りであるが、その何世紀も前から、信託と相続は切っても切れない関係があったということである[22]。

そして、米国においては、時間軸により定義される権利を、管理・実現する手段として信託が機能してきたものであり、日本においては、時間という概念を本来内包しない所有権を、信託を使うことによって時間軸に沿った権利関係に構築することができるようになった、といえよう。

いずれにしても、米国法と日本法では、結果として類似の権利関係ができる場合であっても、それが不動産法の一端なのか、相続法あるいは信託法の

21　“Wills, Trusts, and Estates” p.241.

22　“Property” p.202, p.275.

一端なのか、体系の中での位置づけと系譜は異なっている。

(4)　相続と Gift――将来の単純贈与は enforceable でない

日本で贈与というと契約の一形態であるが、米国のロースクールでは一般に、Gift については Contracts のコースではなく、Properties のコースの中で、動産法として学ぶ。そもそも契約と翻訳されることの多い contract であるが、実は日本でいう契約のすべてが該当するわけではなく、consideration（約因、対価）[23]がなければ裁判によって履行を強制する（enforce）ことができないものを指す。したがって、将来何かを単純に（対価や反対給付などなしに）譲渡されることを約束したとして、その履行を求めて訴訟を提起しても、履行を命ずる判決は得られないわけである。もっとも、この理屈をそのままあてはめるとさすがに不合理な事案が多いということなのか、consideration の該当性を広く認めたり、contract ではないが約束的禁反言であるとか、判例法の蓄積の中で修正がなされてきた。

それでは贈与に対応する概念はなにかというと gift であり、現在において所有権を譲渡する法律行為であり、intention と delivery によって実現される[24]。

さて、そこで、将来の一定の時点での贈与を決めておきたい、あるいは日本における死因贈与に類することを行いたい場合に、米国には遺言のほかに方法はないのかという疑問が生じる。それを可能にする一つの方法として信託の利用を考えることができる。日本では当たり前にできることを米国では信託を使って実現しているという、先に不動産の権利について考察したことと逆の現象がみられるようにも思われる（もっとも、日本の実務においては、遺言の形式的欠陥を補うべく予備的に死因贈与が主張される場合があり、贈与契約の成立等、それはそれで立証すべきことがあるので、「当たり前にできる」というのは語弊がある）。

23　樋口範雄『アメリカ契約法〔第3版〕』（弘文堂、2022年）84頁。

24　“Property” p.165.

2　有効な資産承継の要件

⑴　遺言の形式的要件

米国の遺言の成立の形式的要件は、州によって成文法あるいは判例法により、内容も形式も異なるが、代表的なものとして UPC 2 -205条(a)項においては、書面であること、遺言者自らの署名または遺言者がその場で指示した署名があること、２名以上の証人または公証を受けることなどが必要とされている。これらは、attested will（witnessed will とも。証人を用いた遺言）あるいは notarized will（公証による遺言）と呼ばれる日本における公正証書遺言に対応するものの形式要件である。また、UPC 2 -205条(b)項にあるとおり、全米で半数強の州が採用している holographic will（自筆による遺言）といわれるものがあり、日本の自筆証書遺言に近いもので、証人・公証は不要とされている。

⑵　宣誓供述書と証明文言

ここで self-proving affidavit[25]（宣誓供述書）（UPC 2 -504条）についても押さえておきたい。似たものとして attestation clause[26]（証明文言）（UPC 3 -406条(3)号）があり、違いは宣誓の有無である。これらはどちらも遺言の成立要件ではないものの、適式に作成されたことが推定される根拠になる。宣誓供述書はより強力な証拠能力をもつもので、遺言の成立について裁判所であらためて証言する代わりとして機能する。詳細は証拠法の分野に入るものであるが、後記４でパンデミック対応の裁判例検討において触れることから、言及するものである。

ここでは、self-proving affidavit（宣誓供述書）に関する UPC 2 -504条の定め、attestation clause（証明文言）に関する UPC 3 -406条の定めを紹介した

25　“Wills, Trusts, and Estates” p.159.

26　“Wills, Trusts, and Estates” p.150. 例として ‘We certify that the above instrument was on the date thereof signed and declared by JOHN DOE as his will in our presence and that we, at his request and in his presence and in the presence of each other, have signed our names as witnesses thereto, believing JOHN DOE to be sound mind and memory at the time of signing’.

い。

UPC 2 -504条では、証人を用いて作成される遺言は、同時に証人による宣誓供述を付すことができるとし、その要件とともに宣誓供述文言の雛型も示されている。

また、UPC3-406条では、作成された遺言に異議が出された場合に、その遺言がUPC2-504条に従って宣誓供述されたものであれば、詐欺や偽造等が認められない限り、原則としてその遺言を執行するにあたってあらためて証人が証言する必要はないことが定められている。

⑶　書面要件と電子的に作成された遺言

遺言の形式的要件の筆頭に、文書（“writing” または ”document”）であることがあげられる。紙に書かれたものが典型ではあるが、必ずしもその必要はなく、特に自筆による遺言は遺言者が死に瀕している場合に手にとれる物であれば何にでも書くことができる。1948年のカナダの事例であるが、トラクターのフェンダーにナイフで引っ掻かれた記載が自筆による遺言として認められた例（The Estate of Cecil George Harris）がある[27]。

なお、有体物ではない書面が遺言として認められるかについては、パンデミック対応についてとあわせて後記４を参照されたい。

⑷　遺言能力と遺言成立に対する異議

遺言の形式的要件が揃っていても、その成立に対する異議（will contest）を申し立てる道はある。

まず、遺言時において、判断能力（mental capacity）についてが問題になりうる。意思能力の「有無」とはよくいわれるが、実際にはあるかないかというよりも、その程度が問題となる。法律行為の種類によっても必要となる判断能力の程度は異なるとされ、多くの裁判例において双務的契約（contracts）や生存中の贈与（lifetime gifts）に比べ、遺言のための能力はそれほど高く求められていない。死後においては本人の権利を守るよりも本人の意思を実現させるほうがより尊重されるべきということであろう。ちなみに、遺言のためには婚姻のためより高い判断能力が求められるとされている[28]。

27　“Wills, Trusts, and Estates” p.210.

28　“Wills, Trusts, and Estates” p.276.

さて、遺言のための能力があったとしても、妄想ないし思い違い（insane delusion）によってなされた遺言による処分は、その効果が否定されうる。[29] なお、思い違いといっても、単なる mistake とは異なるものとされる。

さらにやっかいな法理が、不当威圧（undue influence）である。[30] 基本的なルールとしては、遺言などの寄付的移転が、不当な影響が寄付者に及ぼされ本人の自由な意思を凌駕したことによってなされたことが主張・立証されると、その移転は覆される可能性があるというものである。

第3次財産リステイトメント8.3条(b)項（遺言及びその他の無償譲渡）[31] では、移転者の自由意思が不当な影響により凌駕され、もしその影響がなければ無償譲渡は行われなかったはずである場合には、その無償譲渡は不当威圧によってなされたものである、と定めている。

また、そのコメントでは、これを主張する者が示すべき4種の状況証拠があげられ、裁判例の中で次のような七つの兆候[32]なども論じられている。

① 遺言によって受益する者が遺言作成の場に立ち会うこと
② 遺言によって受益する者が遺言者が遺言を残したいと表明した場面に居合わせること
③ 遺言によって受益する者が、遺言を書く弁護士を紹介すること
④ 遺言により受益する者が、遺言が正式に作成される前にその内容を知っていること
⑤ 遺言によって受益する者が、遺言を書く弁護士へ準備を指図すること
⑥ 遺言によって受益する者による証人が確保されていること
⑦ 遺言によって受益する者が、正式に作成された後の遺言書を保管すること

このほかにも、強迫（duress）、詐欺（fraud）、期待に対する不当な干渉（tortious interference with an expectancy）[33] などが主張・立証されて、遺言の一

---

29 "Wills, Trusts, and Estates" p.281.

30 "Wills, Trusts, and Estates" p.289.

31 Restatement (Third) Property: Wills and Other Donative Transfers §8.3.

32 In Re Estate of Carpenter 253 So. 2d 697 (1971).

33 Restatement (Second) of Torts §774B; "Wills, Trusts, and Estates" p.325.

部または全部が無効ないし効果が否定されることがある。

(5)　不争条項

遺言の成立に異議を唱える者は、(その異議が不成功に終わった場合に) その遺言による分配にあずかることができないとする条項を設けて、円滑な遺言の執行に備えることもよく行われている。このような条項を不争条項 (no-contest clause または in terrorem clause)[34] という。少数の州では不争条項の効力を認めないが、一般的には、条件付きで認められている。

UPC 2 -517条および3 -905条においては、利害関係人のうち遺言に異議を唱えた者、あるいは遺産に関し異なる手続を開始した者に対して、ペナルティを課すことを遺言に定めることは、相当の理由がない限り有効でない、と定めている。

こうした条項がその法域で有効と認められたとしても、当該遺言によってもともと何も遺産の分配に与れない者にとっては失うものがないということになり、遺言に対する異議の申立てを牽制する効果は限定的である。

3　米国の遺言代用信託の成立要件

(1)　法的要件

(ア)　信託の3要素

一般に、信託の3要素として、① intent to create a trust、② trust property、③ ascertainable beneficiaries があげられ、成立に係る文書に "trust" という用語は必ずしも使われている必要はなく、また設定者が信託法理を知っている必要もないとされる[35]。裁判所により認定される場合もあったようである。

裁判例として、遺言中の文言に信託の3要素が認められるとして testamentary trust (遺言による信託設定) の成立を認めたものがある[36]。

この点、シアトルの現地調査の際のヒアリングによると、裁判所が信託という言葉を使わない遺言を解釈することによって遺言信託を認めることは、

34　"Wills, Trusts, and Estates" p.311.

35　"Wills, Trusts, and Estates" p.411.

36　Lux v. Lux, 288 A.2d 701 (R.I. 1972).

当事者からそのような主張がなされない限り、少なくとも今のワシントン州の実務では考えにくいとのことであった。仮に当事者からそのような主張がなされて裁判所がその文言が信託であると認定したとしても、信託として運営するためには、受益者・受託者が特定される必要があるし、特定された資産を以降どのように運用し分配するか、それらのタスクを誰にいくらで依頼するのか等、おそらく元の文言では不足するこまごましたことを定める必要があるので、結局は新しく信託を設定することになるのではないか。

なお、擬制信託と訳されることがある constructive trust は、本稿で検討する信託とは全く別のものであり、不当利得のような状況を是正する法理として裁判所に用いられる法技術である[37]。この場合、当事者に信託の意図は不要とされる。

また、equitable charge は、遺言者が第三者への支払い義務を課したうえで資産を遺すという日本でいう負担付き遺贈に似たものであるが、これもまた信託とは異なる法律関係である[38]。その場合の受遺者すなわちその資産の保有者と、支払先である第三者との関係は、債務者と債権者（引当資産付きの）であって、そこに信任関係は存在しない。

⑷　書面要件

書面要件（statute of fraud）とは、契約締結後1年以内に履行を完了することができない契約、土地に関する権利の譲渡を目的とする契約等、一定の契約について、書面によることを必要とするコモン・ロー上の法理である[39]。

生前信託の場合も、土地を信託財産とする等の場合、statute of fraud が適用される[40]。

⑸　遺言代用信託と判断能力・成立に対する異議

遺言について検討したように、信託についてもその成立時に設定者における判断能力（mental capacity）や不当威圧（undue influence）等が問題となり

37　“Wills, Trusts, and Estates” p.134, Restatement (Third) of Restitution and Unjust Enrichment §55(1).

38　“Wills, Trusts, and Estates” p.418.

39　樋口・前掲（注23）141頁。

40　“Wills, Trusts, and Estates” p.413.

うる。たとえば、第３次財産リステイトメント8.3条(b)項（遺言及びその他の無償譲渡）[41]では、どちらも寄付的移転の形態として、同様の規定を設けている。

(2)　信託と債権者・配偶者の権利

ここで、遺言についての債権者と配偶者を守るための政策的限界が信託に適用されるかについて、簡単に押さえておきたい。

(ア)　債権者と生前信託[42]

そもそも、前提として、米国においては相続人の債務は、遺産によって清算され、相続による承継はされないものである。財産の大部分が信託に移され、残った遺産では相続人の債務が生産できない場合の債権者の扱いについて、裁判例等を見てみたい。

古い裁判例だが、被相続人に対する債権者は、被相続人が委託者・受益者としてコントロールしていた生前信託の信託財産について、被相続人の相続財産（固有財産）によって回収できない限度において、利用することができると判示したものがある。[43]

また、この裁判例では、判示の中で、債権者は、Restatement (Second) of Trusts 156条(2)号（1959）においてサポート信託・裁量信託における委託者兼受益者が得られる利益について捕捉することができるとされていることに言及している。

UPC 6 -102条（1998）においては、プロベイトされる相続財産が債権者への返済に不足する場合、合有不動産を除き、撤回可能信託や銀行の共同預金口座などのプロベイト外（nonprobate）資産について捕捉することができるとされた。配偶者の法定の権利については次に触れるが、同様に定められている。

(イ)　配偶者の権利とプロベイト外資産[44]

現在、多くの Separate Property を採用する州では、UPC 2 -202条（1969）を採用するなどにより、被相続人により設定された撤回可能信託は生存配偶

41　Restatement (Third) Property: Wills and Other Donative Transfers §8.3.

42　“Wills, Trusts, and Estates” p.469.

43　State Street Bank and Trust Co. v. Reiser 389 N.E.2d 768 (Mass. App. 1979).

44　“Wills, Trusts, and Estates” p. 529.

者の法定配分を判定する際に含まれるとしている。UPC 2 -202条（1969）は、プロベイト外資産移転（nonprobate transfer）を含む遺産をaugmented estateとして、その配偶者法定配分（elective share）である３分の１について生存配偶者の権利が及ぶとしたものである。2008年における修正においては、婚姻期間の長さによって配偶者法定配分のパーセンテージが増えることとされ、その結果、夫婦共同財産制の州との差が縮まっている。

なお、わが国では配偶者の遺留分の潜脱であることを理由として、信託を公序良俗違反で無効にした裁判例がある[45]。米国でも、遺言や信託が人種差別や人権侵害的である場合などには、public policyにより無効とされることがありうるものの、こと配偶者の権利の侵害という文脈ではそのような議論は見当たらない。

4　パンデミック対応

(1)　隔地間における証人署名・公証手続に関する緊急措置

以下では、米国における資産承継の実務について、新型コロナウイルスのパンデミックに対してどのような対応がとられたか、どのような影響があったかを報告する。

まず、パンデミック期間の臨時的対応について概観し、一例として、ニューヨーク州の場合のルール変更と裁判例を紹介することとしたい。

(ア)　ニューヨーク州のルール変更

パンデミックの期間中のソーシャルディスタンスの要請に対応し、全米のほとんどの州で、隔地間における遺言の形式的要件を満たすための工夫が施された。相続に関しては連邦税を別として基本的には連邦法ではなく州法の領域であり、また司法・立法・行政の三権分立も州レベルでみられるところ、パンデミック対応としては、州によりこれら三権のうち、ある州は行政の長である知事によるexecutive order[46]が、ある州では州最高裁判所からの

45　東京地裁平成30年９月12日判決（金法2104号78頁）。

46　例としてNew York Executive Order 202.7 (Mar.19.2020).

standing order[47]が、またある州では立法府による temporary legislation[48]が、ビデオ会議ソフトウェアによる公証手続や証人の立会いを容認するといった緊急措置を講じたものである。

これらは、もっぱら従来の遺言の方式を極力維持したものであり、後記(2)の電子遺言のように遺言書の物理的形態を変更するものではなく、また、パンデミックの一応の落ち着きをみて停止された、臨時的な対応ではあったものの、事態に即応したものとして、記録と記憶にとどめておくべき偉業であると考える。

ニューヨーク州の場合、隔地間証人署名に関するニューヨーク州知事による executive order（Executive Order 202.14）が2020年４月７日に発出され、以降、2021年６月25日にかけてたびたび更新された（遺言に関しては７月５日に最終更新された）。本来は、遺言者は少なくとも２名の証人のいるその場で、自ら署名するかまたは遺言者のその場での指示による署名をする等の法令上の要件があるところ、“presence”（その場で）という要件が緩和されているものである。

具体的には、ビデオ会議により“presence”（その場で）という要件を満たすためには、証人はもし遺言者を個人的に知っていなければ遺言者から有効な写真付き ID をビデオ会議中に示されなければならない、ビデオ会議は遺言者と証人の間で直接の対話が可能でなくてはならない、証人は署名のページのコピーを署名された日と同日に受領しなければならない（電子的送付で足りる）等が定められた。

詳しくみる前に、まず、ニューヨーク州のもともとの遺言の形式要件を押さえておく。成文法[49]によりおおむね以下のように決まっている。

① 遺言は末尾に遺言者によりなされた、または遺言者のいる所で（presence）指図によりなされた署名があること

② 遺言には最低２名の証人が必要であること

47 例として Matter of Emergency Procedures for the Witnessing of Wills Relating to the 2019 Novel Coronavirus (COVID-19), No.20S-MS-237 (Ind. 2020).

48 例としてKentucky Revised Statutes Ann. Tit. XXXVIII, CH. 421, Refs. & Annos. (2020).

49 New York Consolidated Laws, Estates, Powers and Trusts Law§3-2.1.

③　遺言者は証人に対しその書面が自分の遺言であることを宣言すること

また、遺言の成立の際に self-proving affidavit（宣誓供述書）を作成することで、遺言者死亡後のプロベイト手続の際に証人があらためて裁判所に出向いて証言する代わりとなるとする成文法[50]もある。

これらはニューヨーク州の従前からの遺言成立に係るルールであるが、それでは、緊急措置によってどのような工夫がなされたか。2020年４月７日付けの executive order では、"personally known" でない場合には写真付き ID により遺言者を確認すること、遺言者が署名した同日中に署名ページの写しを受け取ることなどの方法によるビデオ会議ソフトウェアを使った証人の立会いが認められた。

(イ)　ニューヨーク州の裁判例

ニューヨーク州知事による前記(ア)の executive order に関連する裁判例を二つ検討する。いずれもプロベイト手続である。

一つ目の裁判例は、遺言成立の際には本人が入院中であり、証人（法律事務所のスタッフ）も作成に関与した弁護士もコロナ禍により病院を訪問できなかったため、病院職員が携帯電話を videographer として使用したものである[51]（遺言成立は2020年６月１日、プロベイト手続は2021年１月25日）。なお、弁護士は発出されたばかりの executive order に精通しておらず、必ずしもこれにより推奨されている手順が忠実に踏まれてはいなかったようであるが、遺言の成立に異議を申し立てた関係者がいなかったこともあり、遺言は有効に成立したものと認められた。

二つ目の裁判例は、遺言書に添付された self-proving affidavit（宣誓供述書）が、遺言が適式に成立したことを証明するには不十分であるとされたものである[52]（遺言成立は2021年６月22日、プロベイト手続は2022年２月23日）。写真付き ID が不要となるための "personally known" の要件を本件で使われた "acquainted" という語は満たさないこと、使われた電子機器が正常に機能し

50　Surrogate's Court Procedure Act (SCP) CHAPTER 59-A, ARTICLE 14 SECTION 1406.

51　In re Ryan, 71 Misc.3d 217, 140 N.Y.S.3d 682 (N.Y. Surr. Ct. 2021).

52　In re Holmgren (N.Y. Surr. Ct. 2022).

直接の対話が可能であったかについて述べていないこと、署名ページが証人に署名された日と同日に交付されたことについて述べていないことなどが理由である。結果として、遺言のプロベイトが保留された（遺言が無効とされたわけではない）。

⑵　電子遺言

㋐　電子的に記録された遺言

パンデミックに対応して各州でとられた対応は、いずれも従来型の遺言の成立要件を前提としつつ、隔地間において“presence”（その場で）をどのように確保するのかについて工夫がなされたものであったが、電子的に記録されている遺言を認めるものではなかった。

それでは、有体物ではない電子的に記録された遺言は遺言として認められるか。

まず、コロナウイルスのパンデミック以前においても、すでに、電子的に作成された記録の遺言としての効力について判示された裁判例があるので紹介する。2件とも、結果として、遺言は有効と認められているが、どちらも本人が死を目前にして記録したものであることが結論に影響している可能性はあり、また、次々に現れる電子的なコミュニケーションツールによって、一般的に遺言が有する、証拠的・儀式的また保護的な機能を省略してよいものかどうかについてまで射程に入っているといえるのかとの疑問も呈されているところである[53]。

一つ目の裁判例は、2013年のオハイオ州における事案で、入院中の病室において、兄弟がタッチペンでタブレットにアプリケーション“S Note”を使用して手書きした記録に本人が署名した遺言について、証人として兄弟2名と友人1名が立ち会ったとされる。遺言の成立に異議を申し立てた関係者はおらず、遺言は有効と認められたものである[54]。

裁判所はこのような電子的に作成された文書について“writing”の要件を満たしていると明言した。なお、本件の文書にはattestation clause（証明文言）を欠いていたが、裁判所は無害な誤り（harmless error）であるとして遺

53　“Wills, Trusts, and Estates” p.201.

54　In re Estate of Javier Castro, No.2013ES00140(Ohio C.P. 2013).

言は有効に成立したことを認めた。

二つ目の裁判例は、2018年のミシガン州における事案で、21歳の本人が自死するにあたり、別れの言葉をアプリケーション "Evernote" に書いたことやパスワードなどを手書きで日記に書き遺していたところ、参照先のアプリケーションにタイプされた電子的記録には、本人の資産を叔父に託し、叔父と妹等に配分してほしいということ、母親（遺言なしであった場合に本件の唯一の法定相続人となる）にはいっさい財産を遺さないことなどが記載されていたものである[55]。なお、ミシガン州は holographic will（自筆による遺言）を認めており、また、本件の手書きの日記が本人の自筆であることについては異議は出ていない。

プロベイト裁判所は本件の電子的記録を有効な遺言と認め、母親が控訴したものの、控訴審でも、当該記録が本人の遺言であることについて明白な証明がなされたとして、判決は維持された。しかし、裁判所は、一般的に電子的記録が書面という遺言の要件を満たしているかについては、特に判示はしていない。

⑴　電子遺言書法

電子遺言書法[56]（Electronic Wills Act[57]）は、統一州法委員会（Uniform Law Commission）により2019年７月に承認されたモデル法であり、遺言の文章の作成・記録と署名、証人・公証手続を、すべて電子媒体で行うことができるとするものである。ただし、文章であることは依然として求められており、口頭で発言された内容を書き起こした記録は要件を満たしうるとしても、口頭で発言しているところを録画したものは認められない[58]。

統一州法委員会のウェブサイトによると、2024年８月現在、施行に至っている州・地域が九つ（アリゾナ州、コロラド州、アイダホ州、ミネソタ州、ノースダコタ州、オクラホマ州、ユタ州、ワシントン州およびワシントン D.C.）、採用済みだが施行前である州が七つ（ジョージア州、ミシガン州、ミズーリ州、

55　In re Estate of Horton, 925 N.W.2d 207(Mich. App. 2018).
56　三輪壮一＝住田哲也『海外相続ガイドブック〔三訂版〕』（きんざい、三訂版）129頁。
57　"Wills, Trusts, and Estates" p. 202.
58　"Wills, Trusts, and Estates" p. 203.

ニュージャージー州、ニューヨーク州、ノースカロライナ州およびヴァージニア州）である。統一州法委員会が電子遺言書法のモデル法を発表したのは、新型コロナウイルスが流行し始める以前という点が興味深い。

(ウ)　州法による電子遺言の認知

アリゾナ州、フロリダ州、インディアナ州およびネバダ州は、電子遺言を認知する法を定めているが、電子的に記録された遺言のための適格保管機関（qualified custodian）の設置についての規定があることなど、電子遺言書法のモデルとは異なるものになっている[59]。

(3)　米国の資産承継プランニングにおけるパンデミック対応から示唆されること

各州の緊急対応として認められた電子的立会いによる遺言の成立であるが、異議が申し立てられる余地を減じる効果は疑問であるといえよう。すなわち、画面越しでは、判断能力（mental capacity）や不当威圧（Undue Influence）等の問題の有無を確認することには、実際に対面する場合と比べて、より困難であろうと考えられるからである。

電子遺言書法などによる電子遺言についても、物理的遺言書の不便さを克服するという利点が加わるとはいえ、同じ限界がある。

また、遺言の代わりとしての信託が、パンデミックを機会に普及するかどうかについても、時期的にすでに答えは出ている頃だろうが、考察したい。ニューヨーク州などリモートでの遺言の成立を一時的にしか認めなかった州では、今となっては現実の面会を避けるためだけに遺言でなく信託を選ぶインセンティブはないといってよい。また、リーガル・コストについては、少なくとも成立時には、遺言のほうが信託を設定するよりも、まだまだ手頃であろう。さらには、遺言の形式的要件こそ信託にはそのまま適用されないものの、判断能力（mental capacity）や不当威圧（Undue Influence）等の問題は同様に存在しうることから、利用者によっては従来型の遺言の形式を踏むことのほうが確実なものとして好まれるかとも思われる。

こうした手続面での選好よりも、やはり信託はシンプルにも複雑にも柔軟

59　“Wills, Trusts, and Estates” p. 203.

に設計ができること、設定から分配まで長い期間を予定する資産承継に適していることなど、遺言との本質的な差異によって選ばれるのではないかと考える。

5　パンデミックを振り返って

以下では、米国の雑誌 “Trust and Estates Magazine” から、新型コロナウイルス関連の記事をいくつか紹介したい。いずれも2020年から2021年にかけてのものであり、2024年である今現在の感覚はまた異なるであろう。もっとも、いまだパンデミック時代として総括するには尚早でもあり、年を追って記憶と記録を整理しておくことが、将来何かの折に参考となることを期待して、今できることであろう。

(1)　資産承継プランニング業界の専門家を対象とする調査結果

同誌を発行する WealthCounsel は、2021年第２四半期の初めに、500人を超える資産承継プランニング業界の専門家に対し、彼らと彼らの顧客が直面している状況の理解のための調査を行った[60]。同誌に広告として一部発表された調査結果が大変興味深い。

まず、実務の仕方に関してパンデミックによる変化という設問に関しては、最も多くあげられたのが、リモートで仕事をするようになったことである（76%）。続いて、オンラインサービスによる顧客の増加がみられたこと（43%）、顧客にオンラインサービスを提供するようになったこと（41%）であった。執務時間の減少や報酬の減少の報告は極めて少数であった。

パンデミックに関連した顧客要望についての設問では、遺言および信託（Wills and Trusts）、ヘルスケア文書（Healthcare Documents）（終末医療を含む医療に関する意思を表明するもの等）の見直しニーズについて、増加したという回答が半数以上であり（どちらも54%）、パンデミック以前と変わらないという回答がどちらも44%、減少したという回答はどちらも２%であった。

顧客が懸念している資産承継プランに関する変化としては、所得税の増税（71%）が一番であり、続いて遺産税の免税額の減額（67%）である。

60　Wealth Counsel, Estate Planning Trends Online Survey April 2021, Trust & Estate, June.2021, at 6.

調査結果のまとめとしては、資産承継プランニング業界は顧客のニーズの増加によりさらなる成長が見込まれ、調査対象者の多くは、そうしたクライアントの要望に応えるべく、リモート環境を工夫して対応しているとのことである。

(2)　パンデミックに対応する実務家の実感

テキサス州の法律事務所の経営パートナーであるMarvin E. Blum氏は、同誌の2020年6月号において、今こそ顧客にエステート・プランニングの絶好の機会であることを助言すべきであり、また、リモートで集まって語り合うツールが普及したことも、家族の絆を深め、資産承継計画を円滑にする一助となるであろうと書いている[61]。

Brad Dillon氏（senior wealth strategist at UBS in New York City）、Shaina Kamen氏（senior counsel at Holland & Knight in Miami）、Jinsoo J. Ro氏（director and wealth planner at Citi Private Bank in New York City）は、同誌の2020年9月号において、病気と死のリスクへの備えとして、遺言と撤回可能信託、任意代理（Power of Attorney）、終末医療に関する事前指示（advance health care directive）等を備えることはもちろん、パンデミックによってその内容にも工夫の必要が増していると指摘している。一例として、伝統的遺言によるか、注ぎ込み遺言と撤回可能信託の組み合わせによるかの選択にも、パンデミックによるプロベイトなどの手続の遅延・滞留を考慮すべきであるとし、また、パンデミックに対する政府の税制上また財政上の判断が、資産価値の評価にどのように影響を与えるのか、それによって誰に何を残すのか、複数世代にわたって存続する信託の資産価値が予想以上に減少する可能性にどう備えるのかなどを検討課題としてあげている[62]。

James I. Dougherty氏（partner at Withers Bergman LLP in Greenwich, Conn.）は、同誌の2021年2月号において、パンデミックに伴う直接会って話すことを回避する実務の進展によって、顧客にとって本当に必要なものは

61　Marvin E. Blum, Practicing During the COVID-19 Pandemic, Trusts & Estates, June. 2020, at 24.

62　Brad Dillon, Shaina Kamen & Jinsoo J. Ro, Core Documents to Review During a Pandemic, Trusts & Estates, Sep. 2020, at 22.

未来的にデザインされたオフィスであったり、事務所のロゴ入りの土産物あるいは食事の接待などではないことが明らかとなり、的確な助言と適切な書類作成に集中できるようになったと書いている[63]。

Luis S. Harrison 氏（partner at Harrison & Held LLP in Chicago）は、新型コロナウイルスのパンデミックについて、あたかも資産承継プランニングの目覚まし時計のようなものだとして長く記憶されることになるとし、今やこの分野を専門とする弁護士は、医師たちのように24時間待機を求められているようなものだとしている。そして、相続発生後の事務手続も現に増えているとのことである。しかし、信託の設定において留意すべきことの本質は変わらず、節税、配偶者の保護、不法行為の回避、子孫への激励と並べて、受託者側に適切な投資と分配、評価を行う体制をつくることをあげている[64]。

6　まとめ

まず、米国の資産承継のしくみについて、わが国とのそもそもの成り立ちの違いから検討し、米国における遺言とわが国における遺言とは、それを使って実現できることが同じではないので、日本における遺言代用信託は、日本における遺言をそのまま代用するものではなく、米国において不動産法に基づいて時間軸による権利があることと同様の効果を実現できるという、遺言よりはるかに柔軟で可能性のあるしくみであるという理解に至った。

次に、米国のパンデミックによる遺言と信託への対応と影響の調査においては、手続面についていえば、多くの州においては対応は一過性のものであった。一方で、電子遺言法の採用など、テクノロジーの進展による時代の変化がパンデミックと相まって進行した様相も見受けられ、この点は資産承継プランニングに限らない社会一般の変化と軌を一にしているように思われた。なお、パンデミックによって、従来的遺言からその代用たる信託への移行が促進されているのではないかとの期待もあったものの、そのような証左

63　James I. Dougherty, Practicing During the COVID-19 Pandemic, Trusts & Estates, Feb. 2021, at 56.

64　Louis S. Harrison, Practicing During the COVID-19 Pandemic, Trusts & Estates, Feb. 2021, at 56.

は発見できなかった。

内容面の変化については、パンデミックにより自らの仕事を見つめ直した専門家たちによる雑誌記事が興味深かった。米国においては遺言ないし遺言代用信託はわが国よりはるかに普及していると聞いていたが、パンデミックにより、その重要性が利用者側にも専門家の間にもあらためて認識されたとのことは示唆に富むものである。そのような現象は、わが国では顕著にみられたとはいいがたいが、人生設計にかかわる常識というものは、非常にゆっくりではあるものの確実に変わっていくものであろう。

パンデミックの残したものについて語るにはもう少し時間が必要なのかもしれない。忘れないように、時々思い出し、引き続き注目していきたいと考えている。

（堀田あずさ）

第9章

中国民事信託法の発展と転換

本書では、ここまで主に、信託が広く活用される米国の実情を調査し、利用の動機の特徴、利用が促進される環境・要因、担い手としての専門家の役割といった観点から、わが国の民事信託のさらなる可能性を探ってきたが、本章では、同様にわが国信託法の発展にとって示唆に富む中国における信託制度について、その理解を深めたい。

1　中国の信託業の発展と転換

(1)　中国の信託業の発展

中国の信託制度の始まりは、北洋政府時代に日本が大連で設立した大連取引所信託株式会社にさかのぼることができる[1]。その後、中華人民共和国（新中国）の信託業は1979年中国国際信託投資有限公司の業務から始まり、現在まで40年以上の歴史をもっている。中国の信託業は、荒っぽい発展、制度の整備、急速な成長、そして、転換と調整という四つの段階を経て現在に至った。2023年の第１四半期末時点で、中国の信託業は整理・調整を経てなお21.22兆元の資産規模をもち、中国の資産管理、さらには金融業全体の重要な一翼を担っている[2]。

1　何旭言「信託業が中国で興隆する――『信交風潮』の中の信託会社について」近代史研究2005年４号188頁。

2　中国信託業協会ウェブサイト「2023年第１四半期の中国の信託業界の発展に関する

荒っぽい発展の時期において、中国は信託を外国資金の利用および貸付けの補足手段として導入した。しかし、法制の未整備、監督の不足、市場主体の無謀な拡大などが原因で、信託業界の管理に混乱が起き、貸付けの無秩序な拡張や監督の不行き届きなど多くの問題が生じ、中国の経済の安定的な発展に悪い影響を与えてしまった。この問題を対処するために、1982年から1999年にかけて、中国政府は信託業界を５回にわたって整理・調整した。長年の整頓・調整を経て、中国はわずかながら大規模で優良な資質をもつ信託会社のみを残した。これらの信託会社は、分野ごとに業務を運営するという基本原則に基づき、信託業務に専念することになった。このように、中国の信託業の基本的な構図が築かれた。

2001年、中華人民共和国信託法（以下、「中国信託法」という）が制定・施行され、中国の信託業は規範的な発展へと進展していった。その後、中国は、信託会社管理弁法、信託会社集合資金信託計画管理弁法、信託会社純資産管理弁法を次々と制定し、信託業界の「一法三規」という基本的な法的枠組みを形成した。しかし、中国の信託業は、もともと改革開放後の社会的資金需要に調達するために生まれたものであり、そのため、中国の信託制度は立法の面においても実践の面においても資産管理または融資のツールとして位置づけられた。そのため、商事信託を中心とし、専門的な信託会社を受託者とする中国信託業界の特性が形成された[3]。

中国信託業の発展を急速に促進したのは、2008年の金融危機後、中国政府が４兆元の景気刺激政策および緩和的な通貨政策を導入し、経済に巨大な流動性を与え、市場での資産管理と資金融通の需要を急激に膨張させたことである。中国の信託業はこの市場機会を迅速につかみ、黄金の10年を迎えた。2008年から2018年までの10年間で、中国信託業界の規模は持続的に拡大した。中国信託業協会が公表したデータによると、2008年末時点で信託業界の

分析（作者：简永军）」〈http://www.xtxh.net/xtxh/statistics/48528.htm〉。

3　幅広い意味で、信託活動に従事するすべての活動や部門は信託業と呼ばれる可能性があるが、中国の文脈では、分業経営と契約によるものとして、通常、信託業は信託会社によって行われる業務信託活動を指す。証券投資信託などの他の信託業務は同様に信託法の原則が適用されるが、信託業の意味範囲には含まれない（王道远ほか『信託の論理』（中信出版社、2019年）16頁）。

信託資産管理の規模は約1.2兆元であるが、2018年末時点でこの数字は22.07兆元に増加し、銀行に次ぐ二番目の大きな金融分野となった[4]。

この期間中、信託会社は「信託ライセンス」によって付与された融資資格を活用し、中国経済の大規模インフラ建設時代において、「地方政府－銀行－不動産」の関係の中で隠れた架け橋になった。その結果、信政協力（信託会社と地方政府の協力）および不動産信託などの業務モードは爆発的な成長を遂げ、信託会社にとって最も収益性の高い業務になった[5]。信託業関係者の間では「中国信託業の三つの柱」と呼ばれ、すなわちチャンネル、不動産、プラットフォームのことである[6]。この過程において、信託会社は不動産やインフラ建設の資金調達に向けて「事務管理型信託」を発展させ、チャンネル業務とも呼ばれている。信託のチャンネル業務において、委託者は実質的に信託商品の運用をコントロールし、一方受託者は積極的に管理責任を負わず、信託商品を単なる資金チャンネルとして委託者に提供するにすぎない[7]。それに、チャンネル業務において受託者は契約によって自身の主要責任を免除し、同時に相当のチャンネル費用を受け取ることができるため、すぐ各信託会社の「看板商品」になった。中国信託業協会の統計データによると、2018年末時点で、事務管理型（チャンネル型）業務は中国の信託資産の58.36％を占めている[8]。

信託会社はチャンネル業務を通して資金の実際の流れを一部隠蔽することができるため、事実的に市場主体が規制を回避するための「影の銀行」（シャドーバンキング）になった。信託会社の業務は金融機関と地方政府の簿外債務を拡大し、金融業が実行する監督を妨害し、金融業の安定および国家の産業政策の実施に影響を及ぼした。さらに、チャンネル業務は受託者の権限と義務を極限まで圧縮し、信託会社は「金融ライセンス」を提供するツールに

4　中国信託業協会ウェブサイト「2018年４季度末信托公司主要业务数据」〈http://www.xtxh.net/xtxh/statistics/45159.htm〉参照。

5　龚先念『中国の信託業の比較制度研究』（新星出版社、2015年）177頁～188頁。

6　王文韬＝付伟『信託の未来』（中信出版社、2022年）２頁。

7　杨秋宇「信託チャネル業務の民法構造と規制ロジック」北京理工大学学報（社会科学版）2021年３号117頁。

8　前掲（注４）参照。

変質し、徐々に「委託を受け、資産を管理する」という制度的な意義を失ってしまった。また、信託会社は収益モデルが単一であり、マクロ政策に深く依存し、プロジェクトを中心とする指向があり、商品類型が単一であるなどが原因で広く批判を受けている[9]。

さらに重要なのは、前述の業務モデルは経済環境および政府の投資に強く依存することである。中国の経済成長速度が遅くなり、政府の投資が減少し、投資収益率が低下した後、信託会社が急速な成長期間に蓄積した投資リスクと償還プレッシャーが次第に顕在化し、市場リスクが初めて現れた。これに対し、中国政府はリスク拡大を防ぐために、金融機関資産管理業務の規制に関する指導意見（以下、「資産管理新規」という）を公布した。資産管理新規の公布の後、二圧一降[10]という監督政策の実施に伴い、中国の信託業は新たな調整期に入った。このような背景の下、中国の信託業は高速成長期に依存してきた発展ルートを離れ、転換を求め、民事信託という本源に回帰する必要があるというのが業界全体の共通認識となった[11]。

⑵　本源回帰への転換

2018年に公布された資産管理新規では、信託を含む資産管理業界に対し、剛性な償還を打破し、チャンネル業務を制限し、資金プール操作および期間の不一致を禁止し、適格な投資基準を引き上げるなどの要求が規定されている。したがって、中国信託業は過去の急速な成長期に頼ってきた発展モードを続けることができなくなった。新たな政策と監督環境の下、中国信託業は本源回帰への転換を開始した。

ここにいう「本源回帰」とは何か。信託制度は、その創設時から財産管理制度として存在し、主に民事領域に適用されてきた。一方、現在中国で主流となっている商事信託は、商工業が急速に発展し、社会の富が速いスピードで蓄積された後に、受託者の専門化とともに進化してきたものである。したがって、中国の信託業が本源に回帰するというのは、すなわち「委託を受

9　龔・前掲（注４）188頁～194頁。

10　二圧一降（二つ押さえ一つ下げ）とは、信託チャネル業務を押さえつけ、違法融資業務の規模を縮小し、表内外のリスク資産の処理を強化することである。

11　資料「信託十年——本源に回帰し、転換を遂げる」金融時報2022年９月１日版。

け、資産を管理する」という基本的な位置づけに戻り、リスク防止、高齢化社会の問題への対応や実体経済への貢献などの面において業務転換と革新を図ることである。

2018年以来、中国の信託会社は業務調整に努めていた。主な変化は次のとおりである。まず、業務の構造について、昔チャンネル業務を中心とした単一の資金信託の割合が減少し、集合資金信託と資産管理信託の割合が着実に増加し、信託会社の主要業務となっている。中国信託業協会の公開データによると、2023年第1四半期末まで、中国信託業の集合資金信託が占める割合は52.79%に達し、資産管理信託が占める割合も28.01%に増加した。一方、単一の資金信託は2017年末時点で50%超えのピークに達した後、規模も割合も持続的に減少し、2023年第1四半期には20%未満になり、「チャンネル離れ」の効果が顕著である。次に、資産的機能からみると、信託会社が積極的に管理する投資型信託が主流になり、融資型と事務管理型信託の割合が持続的に減少している。また、2023年第1四半期まで、投資型信託業務が占める割合は45.13%に達し、2017年末と比べると20%以上増加した。一方、融資型信託と事務管理型信託が占める割合はそれぞれ14.44%、40.43%まで減少した。これらのデータは、中国信託業が転換発展の過程において自発管理能力を高めるために努力し続けてきたことを表明している。最後に、資金の流れをみると、政策指導の下、2018年以降商工業会社は常に信託業資金の主な投資対象であり、同時に証券市場などの標的商品業務への投資も着実に増加している。一方、インフラと不動産への投資が占める割合は徐々に減少しており、信託業がリスク防止や実体経済に貢献するための転換に努力し続けてきたことを示している。

同時に、監督機関も中国信託会社の転換のためにより明確な指針を提供した。2023年3月、監督機関は、信託会社の信託業務の分類に関する通知を公布し、中国信託業の将来の発展についてより明確なガイドランを定めた。この通知によって、信託会社が従事する信託業務は資産管理信託、資産サービス信託、公益／慈善信託に分類されている。新しい分類基準に基づき、資産サービス信託は家族信託、家庭サービス信託[12]、保険金信託、特殊ニーズ信託、遺言信託などの民事信託類型を含めている。それに、資産サービス信託は優先順位に位置づけられ、信託業が転換の過程に民事信託を重要な発展方向にすべきという監督機関の指針を示している。

⑶　中国社会における民事信託への需要

中国は2000年前後から全面的に高齢化社会に入り、高齢化の進行が早い発展途上国の一つである。最近の人口調査の結果によると、中国の65歳以上の人口が占める割合は13.5％に達し、深刻な高齢化社会に突入した[13]。中国の医療水準と社会福祉の向上に伴い、平均寿命も延び続けており、高齢人口の割合は長期間にわたり高いレベルを保ち続けるであろう。人口高齢化はすでに中国社会の基本的な国情となっている。

高齢化は中国社会に対して新たな課題を提起している。日本と同様に、中国は高齢化が進行していると同時に少子化問題も伴っている。高齢化に少子化を重ねた結果、中国社会の扶養比率が高まっている。したがって、中国の高齢者向けの社会保障体制は厳しい試練に直面している。社会全体からみると、中国の年金制度の負担が徐々に重くなり、良好な運営が難しくなりつつあり、個々の中国人は自分の老後の経済保障問題を真剣に考慮しなければならない。信託は専門的な資産管理ツールとして、高齢者が資産価値を維持・増加して老後のニーズに応えることを期待できる。比較法の経験からみると、企業年金、職業年金または個人年金の場合においても、そして高齢者が退職前の蓄積を投資・管理する場合においても、信託は不可欠な役割を果たすことができる。

さらに、高齢者は常に身体機能と認知能力低下などの問題を抱えており、それに都市化による大規模な人口流動の影響を受け、中国において高齢者の孤立化と一人暮らしの問題が現れ、介護が必要な高齢者および認知症を患う高齢者の人数が増加している。中華人民共和国民法典（以下、「中国民法典」

12　中国語では家族は親子を超える大家庭を指し、家庭は親子を中心にした小家庭であるとして理解する。

13　中央人民政府ウェブサイト「第七次全国人口普査報告（第五号）人口年齢構成状況」〈http://www.gov.cn/guoqing/2021-05/13/content_5606149.htm〉参照。

という）は任意後見制度を導入したが、人身関係に関連する問題の解決にとどまり、財産管理に関する法律関係には触れなかった。したがって、日本の経験を参考に、民事信託と任意後見の組合せを導入することを通し、高齢者に専門的な受託サービスを提供し、高齢者の生活ニーズに応え、生活の品質を向上させることが望まれる。

民事信託の中国におけるもう一つの発展機会は、中国の資産をもつ富裕層の人数が急速に増加していることにある。改革開放以来、中国の国民は経済の急速な発展において一定の富を蓄積し、その結果、かなり大きな規模の富裕層が現れた。現在、高齢化社会の背景の下、一部の豊かな階層はすでに歳をとり、その資産をどのように管理・継承することがますます重視されるようになってきた。同時に、中国の最初の起業家たちもすでに退職したり、または退職が近づいてきたりして、多くの家族企業は経営者交代の問題に直面している。このような背景の下、信託は安全で秘匿性が高く、世界的に流行っている財産継承のツールとして、ますます注目を浴びている。家族信託の例をあげれば、近年、中国の家族信託業務は急速に拡大し、中国信託登記有限責任公司の統計データによると、2022年９月まで、家族信託の現存規模は約4700億元に達し、2021年末と比べて34％増加した[14]。家族信託はますます富裕層の中にブームになっているといえる。

要約すると、高齢化の加速および社会の富の増加という背景の下、高齢者または高資産者の財産管理・運用・継承のニーズが急速に増えているため、民事信託がその独自のメカニズムを通じて財産管理、優良な家風の継承、特殊ニーズがある人たちへのケア、地域社会のガバナンスの改善などにおいて重要な役割を果たすことが期待されている[15]。民事信託の発展は、中国信託業の転換と発展と一致しているのみならず、中国の現実の社会問題を有効的に解決することもできる。したがって、中国が民事信託を発展させる展望はよいであろう。

14　钟源「我国の家族信託事業の急速な拡大」経済参考報2023年７月21日版。

15　李宪明「民事信託の社会ガバナンス機能の発展に向けて」当代金融家2022年５号113頁。

2　中国民事信託の制度上の可能性――法的基礎

(1)　中国信託法の基礎

(ア)　信託の定義

2001年、中国信託法を施行し、信託関係を調整する基本法になった。中国信託法２条は「信託とは、委託者が受託者への信頼に基づき、その財産権を受託者に委託し、受託者が委託者の意向に従って自身の名義で、信託受益者の利益又は特定の目的のためにその財産権を管理又は処分する行為をいう」と規定している。他の法域における信託に対する定義と比べると、上述の規定の最も特徴的な点は、中国の立法者は「……に委託し」という表現を使い、意図的に信託財産権の譲渡があるか否かという問題を曖昧にしたことである。

中国信託法３条は、信託を民事信託・営業信託・公益信託の三つに分類する。この点について、学界の一般的な見解とは明示されてはいないものの、中国信託法はまず信託の目的に基づいて信託を私益信託と公益信託に分類し、私益信託の中でまた民事信託と営業信託に分けている。民事信託と営業信託の分類基準については、学界では議論があり、主体説・行為説・身分説などそれぞれ異なった理論が存在している[16]。立法者は行為説を採用し、営業信託と民事信託の分類基準は、具体的にいうと財産価値の増加を目的として財産経営を行うかどうか、すなわち「営業」を展開するかどうかということである。この基準に即し、営業を展開する信託は営業信託であり、営業を展開しない信託は民事信託であると判断できる[17]。このような分類の意義は、中国が営業信託に対してライセンス管理を実施しているため、営業信託の業務を展開するには監督機関の承認が必要であるのに対し、民事信託の業務を展開するにはそれを必要としないことになる。

(イ)　信託の設立

中国信託法には、信託の設立について以下の規定がある。信託は合法な目

16　施天涛＝周勤「商事信託――制度特性、機能の実現と立法の調整」清華法学2008年２号350頁。

17　卞耀武編『中華人民共和国信託法解釈』（法律出版社、2002年）51頁。

的がなければならない（6条)。明確な信託財産があり、その財産は委託者が合法的に所有しているものでなければならない（7条)。それに、形式的な要件も必要とされており、すなわち信託の設立は書面形式をとらなければならない（8条)。信託書類については以下の具体的な規定がある。まず、信託書類の形式は、信託契約、遺言または法律・規則で定められたその他の文書を含めているため、遺言信託などの民事信託の適用のために制度的な可能性を確保した。また、信託書類に委託者、受託者、受益者または受益者の範囲および信託財産の範囲その他の内容を明確に記載しなければならない（9条)。最後に、中国信託法の規定によって信託契約をとおして信託を設立する場合には、信託契約が締結された時点で信託は成立するのに対し、その他の形式をとおして信託を設立する場合には、信託は受託者が委託を受けた時点で成立する（8条3項)。信託設立に関する上述の規定は学者から批判を受けている。一方、中国信託法の規定は信託と信託契約の概念を混同させ、両者を同一視していると指摘される。また、民事信託の領域において、信託の成立は受託者の承諾に左右されるべきではないといわれている。現在のやり方は、中国信託法の「信託は受託者の不在で無効になるべからず」という法理に一致しないし、遺言信託の実践にも一致しないというふうに指摘された。[18]

また、中国信託法は信託登記の要求についても定めているところ（10条)、実際には信託登記というメカニズムが存在していないのは現況である。実務において、不動産財産権の譲渡は登記を必要条件とされているが、中国の財産権登記システムには信託登記に関する規定および手続はない。2016年12月に、中国信託登記有限公司が設立されたが、主に信託会社が運営する商事信託業務に向けて信託商品の登記を行っているため、第三者に対抗するという法的効果を実現することができない。

(ウ) 信託財産

信託財産の範囲について、中国信託法は「受託者が委託を受けて取得した財産および受託者が信託財産の管理利用、処分又はその他の状況によって取

18　赵廉慧「信託法の解釈に関する考察」（中国法制出版社、2015年）92頁～128頁。

得した財産」（14条）と規定し、信託財産に関して最も核心的な問題である信託財産の独立性について、信託財産が委託者（15条）および受託者（16条）から独立しているため、法定事由がない限り強制執行されることは認めない（17条）。また、信託財産は受託者の固有財産または他の委託者の信託事務を処理している間に発生した債権債務と相殺することができない（18条）。

㈣　信託当事者

信託当事者には、委託者、受託者および受益者が含まれ、中国信託法はそれぞれの権利と義務について規定している。

委託者に関しては、その資格を制限しておらず、完全な民事行為能力のある自然人、法人およびその他の組織も委託者になることができると規定している（19条）。その中で注目すべきは、他の法域と比べ、中国信託法が委託者に広範な信託監督権限を付与している点である。たとえば、委託者は、信託の知る権利（20条）、受託者に資産管理方法の調整を求める請求権（21条）、特定の状況において受託者の行為を取り消す権利（22条）および受託者解任の請求権（23条）を有する。

受託者は信託関係において核心的な存在であるため、中国信託法は、受託者について細かく規定している。まず、受託者の資格に関して、完全な民事行為能力のある自然人および法人は受託者になれると規定している（24条）。外国の信託実務において、個人が民事信託の受託者になるのは最も主流かつ適切であることに対して、中国では、受託者は主に法人、特に信託会社が担当し、自然人が受託者になることは非常に稀である。これは中国の民事信託の発展が遅いことの重要な兆候および原因の一つでもあるといえよう。次に、受託者の信義義務に関する内容も、中国信託法の焦点である。中国信託法は、受託者信義義務の一般的原則（25条）、忠実義務の具体的な要件（26條～28条）、分別管理義務（29条）、自己執行義務（30条）などを規定している。ただし、受託者に対する要件も、中国信託法が調整する対象は民事信託ではなく商事信託であり、主な規制対象は個人ではなく法人受託者であることを反映している。受託者は分別して信託を管理し、分別して帳簿を作成しなければならず（29条）、また、受託者は信託事務の処理状況を完全に記録しなければならない（33条）。これらの要求は、信託会社にとっては比較的に容易であるが、個人受託者にとっては難しすぎるため、個人受託者が知らないうちに、これらの規定に違反する可能性がある。

受益者は、信託関係の中で信託受益権を有する者である。自然人、法人またはその他の組織のいずれも受益者になれる。委託者および受託者も受益者になれるが、受託者がその信託の唯一の受益者になれない（43条）。中国信託法は、信託受益権についても詳細に規定しているが、受益者の利益を保護するために、受益者は委託者が有する一連の権利を行使することができると明記している（49条）。

(2) 信託会社への法的規制

1990年代のアジア金融危機の影響を受け、20世紀末から21世紀初にかけて、中国信託立法は比較的に保守的な姿勢をとり、商事信託は金融業とみなされ、厳しい規制がかけられた。中国信託法は、信託機関に対して単独に規制法を制定する権限を政府に付与した。これに基づき、中国の国務院と金融監督機関は信託会社を規制するために、一連の行政法規を制定した。これらの規制法規は、中国信託法とともに、現在の中国信託業を規制する枠組みを創り上げた。

2007年、中国の金融監督機関は信託会社管理弁法を公布し、中国信託業の基本的な枠組みを確立した。

まず、信託会社管理弁法は、信託業の「ライセンス制度」を確立し、中国において信託会社を設立するには監督機関の承認が必要であり、承認なしにいかなる団体または個人も信託業務を展開することはできないとしている（7条）。中国の監督機関は新たに設立される信託会社に対しても比較的に慎重な姿勢を取るため、信託会社の数は長期間にわたり68社にとどまった。

次に、信託会社管理弁法は、信託会社の業務範囲を明確に設けている。信託会社は各類型の信託業務を展開できるのみならず（18条）、信託財産の管理利用においても固有資産の管理利用においても、投資、販売、同類型会社への預金、貸付け、賃貸などの方式を採用することもできるため、信託会社の異なる分野にまたがる優位性が確立された（19条・20条）。

最後に、信託会社管理弁法は、信託会社の経営と監督に関する規則をより明確化し、信託業に対して一元的な管理を行っている。その後、中国の金融監督機関は信託会社の活動を規範化するためにさらに一連の監督規則を制定し、信託会社が経営する集合資金信託を規範する信託会社集合資金信託計画管理弁法（2007年）、信託会社のリスク管理を強化する信託会社純資産管理弁法（2010年）および信託登記管理弁法（2017年）などが含まれている。

信託会社管理弁法による厳しい資格管理と広範な業務権限の授与が組み合わされた結果、中国の信託会社は「ライセンス優位」を活用して簡単に高利益を得ることができるようになった。しかし、信託の他の価値が軽視されてしまい、民事信託などの領域へかける資源と関心が不足していたため、民事信託業務の展開を間接的に抑制してしまった。

2018年頃、監督機関はようやく中国の商事信託がチャンネル業務を展開することによって金融リスクが拡大され、中国の金融安全が脅かされていることに気づき始めた。したがって、中国政府は、金融機関資産管理業務の規制に関する指導意見を制定し、信託会社の従来の業務モードを制限し、中国の信託会社の業務転換を促す方針を打ち出した。これをきっかけに、中国の信託会社は民事信託の業務を探り始めた。2023年３月、監督機関は、信託会社の信託業務の分類に関する通知を公布した。新たな業務分類は、資産サービス信託（家族信託、保険金信託、特殊ニーズ信託などを含む）を信託会社の重要な発展方向と位置づけ、市場のニーズに応える各種の民事信託業務を展開することを促進しようとした。

⑶　民事信託の発展における制度的障壁

㈠　信託登記

大陸法系の国々において、財産権の譲渡および公示は登記制度に頼っている。したがって、信託登記は、信託財産を信託当事者の固有財産から分別させ、委託者の債権者による求償から守り、第三者取引の安全を確保することができる。それに、信託登記は受益者が取消権を行使する前提条件でもある。しかし、信託の「二重所有権」の特殊な構造がどのように大陸法系の厳密な民法体系と調和するかという問題について中国の学界ではまだ合意していないため、立法者もこの問題に対しては回避的な態度をとり、中国の財産権登記制度は信託登記の機能を有しなかった。中国の金融監督機関は、中国信託法の要求を実現するために信託登記の詳細な規則を制定し、専門の信託登記機関も設立したが、その機関が行う信託登記はあくまでも信託会社が発行し、経営する信託商品についての登記にすぎず、財産法上の効力を有しない。実際に、中国の民事信託は専門の登記ができず、民事信託に基づく物権の譲渡は中華人民共和国の一般的な規定に従って行わなければならない。実務上、不動産登記機関は信託財産の譲渡を売買、相続あるいは贈与とみなし、不動産登記簿に専門な登記をするまたはしるしをつけることはない。したがって、信託財産の独立性要件を満し、信託財産をリスクから守ることができず、信託の最も重要な制度的価値が失われてしまった。

(イ) 信託税制

同様に、中国の基本法律が信託財産所有権を曖昧に扱っているため、さらに具体的な税法レベルで、信託税制についての専門的な立法が存在しない。現段階では、信託財産の譲渡に関する明確な税制規則がないため、実務上、税務機関は信託財産の譲渡に対して「取引とみなす」という一括の税制を適用し、すなわち一般的な財産譲渡取引の規則に則して課税する[19]。その結果、受託者が信託財産を取得する際に一度課税され、受益者が信託利益を取得する際には再度課税され、重複課税が発生することになった。さらに、課税主体が不明確であり、課税対象も特定しづらいなどの問題も存在しているため、民事信託の適用と発展を制限してしまった。

(ウ) 信義義務規制

中国信託法が制定された際、受託者は主に信託会社であったため、異なる受託者の信義義務に対して個別の規制がされていない。特に個人受託者の責任に対して適切な軽減がなく、事実上に適格な受託者の範囲を狭めた。たとえば、中国信託法の規定によって、受託者は信託財産と固有財産を分別して管理し、分別して記帳する必要がある（29条）。しかし、中国の個人受託者が信託財産の分別管理を実現するには制度的に困難である。たとえば、金銭信託の場合、個人は銀行で信託専用の口座を開設することができないため、信託財産を現金の形で管理し、または受託者の個人口座に預けるしかない。したがって、有効な分別管理が実現できない。同様に、証券などの金融商品

19　高皓＝罗钧「中国の民事信託の課税問題——法学的観点からの分析と対応」税制法治2020年5号98頁。

においても個人の信託専用口座を開設することが認められないため、個人が民事信託の受託者になる場合には、中国信託法の規定に違反することが避けられない。個人受託者の積極性が抑えられ、民事信託の発展が制限された。

3　中国の民事信託の現状

中国の信託立法は、初めから信託投資会社の違法行為を是正し、集合投資ファンドの発展に法的ツールを提供することを目的としていた[20]。そのため、信託法の立法は商事分野以外の信託の価値に気づくことができなかった。中国信託法は、民事信託という信託の類型を規定したものの、法制度が足らず、社会には民事信託の文化的基盤が欠如しているため、中国の民事信託は長らく「萌芽」の段階にあった。

具体的にいうと、中国信託法が公布された後、中国信託業の主体である信託会社は長きにわたり民事信託の業務を大規模に展開することはなかった。一部の信託会社はビジネスイノベーションとして、養老信託商品または高資産顧客向けの個性化財産管理サービスを提供しているが、大多数の信託会社は長くこのような商品の開発と発展を力を入れずに、会社業務全体の中で非常に小さい規模にとどまっている。

また、社会の意識において、舶来品として、信託というのは中国の一般国民にとってはまだなじみのないものである。さらに、中国の民事分野において、伝統的な家庭または家族文化はまだ広く受け入れられており、中国人は遺産と養老などの家族内事務を他人に任せることを観念的に受け入れがたく、信託の独特な法的構造と財産関係を理解することも難しい。したがって、信託会社以外、個人が受託者になる民事信託は極めて少なく、その発展も遅い。

しかし、中国では、高齢化社会の到来と富裕層の拡大に伴い、信託のメカニズムを通じて、個人向けの資産管理制度の創設と高齢者社会の問題を対応する動きもみられるようになった。

2018年の資産管理新規の公布は、中国の信託制度の発展における重要な転

20　何锦璇＝李颖芝編『アジア大陸法系諸国および地域の信託法』（法律出版社、2020年）82頁。

換点である。それ以降、上述のとおり、中国の信託業は本源回帰への業務転換を始め、民事信託が一定の発展を遂げた。信託会社は民事信託業務に焦点を当て、商品開発を行い、一定の進展を遂げた。具体的には以下の点があげられる。法律の面においても、裁判所は第三者が資産管理と運用した際に積極的に民事信託の法律関係を認定するようになっている。

⑴ 財産継承分野での民事信託の適用

㈠ 家族信託（家庭信託）

家族信託とは、委託者が、家族財産の管理、継承および保護を目的として設立する信託である。広義の家族信託は財産規模に対する要求はないが、管理の便利性のため、中国の監督機関は信託財産の規模と資金投資の対象に基づき、この種の業務を家族信託と家庭信託に分類している。家族信託は資産規模が高く（1000万人民元）、資金投資の対象が比較的多様である。一方、家庭信託は初期資産規模が低く（100万人民元）、同業預金または標準化債券と株式などにしか投資できない。

過去10年間の中国経済成長のおかげで中国人の富は急速に増えた。その結果、家族信託業務は徐々に広く知られるようになり、富裕層から認められ、業務の規模は拡大し続けた。2013年に平安信託が初の家族信託を成立させて以来、10年間、中国の家族信託は爆発的な成長を遂げた。2022年９月までに中国の家族信託の存続規模は約4700億元に達し、家族信託の数は2.4万個である。ほとんどの信託会社は家族信託業務を展開しており、それに多くの信託会社は家族信託を将来の発展の重要な方向に位置づけている。[21]

㈡ 遺言信託

遺言信託は、委託者が遺言を通じて信託を設立し、遺言の効力が生じたときに信託財産は受託者に譲渡され、受託者が遺言の内容に基づいて財産を管理・分配・運用・支給する信託である。中国信託法は遺言信託について規定しているし、2021年に公布された中国民法典にも正式に遺言信託を財産継承の方法の一つとして加えられた。これは立法者が遺言信託が民事分野でより大きな役割を果たすことを期待していることを示している。しかし残念なが

21　毕马威中国「2023年信託業報告書」〈https://assets.kpmg.com/content/dam/kpmg/cn/pdf/zh/2023/07/kpmg-trust-industry-report-2023.pdf〉参照。

ら、中国の遺言信託の発展は遅く、実際に成立した遺言信託はあまり多くない。[22]信託業界では、2018年に北京信託会社が全国初の遺言信託を成立させて以降、五矿信託会社、中信信託会社などの会社も異なるモデルで多くの遺言信託を成立させたが、業界全体で広く認められることはなかった。中国の司法判例も、遺言信託がまだ広く認知されていないことを示している。2019年には、上海の法院で中国初の「遺言信託」に関する判決が出された。中国における遺言信託の発展にはまだ長い道が残されている。[23]

⑷　保険金信託

保険金信託は中国の信託業において急速に発展している業務の一つである。保険金信託は保険と信託両方の機能をもち、保険金の再分配の柔軟性不足を補うことができ、リスクのある債務の分離、合理的な節税および資産価値の保全と増加に役立つため、中国の富裕層にとって財産管理と継承の重要なツールとなっている。[24]2013年に中国信託公司が初めて保険金信託商品を発表して以来、10年間の発展を経て、保険金信託の業務は持続的に成長してきた。中国信託登記有限責任公司のデータによると、2021年６月までに、中国の保険金信託の顧客数は約１万人に達し、2023年１月だけで、保険金信託の規模は89.74億元、前月比で67.05％増加した。[25]保険金信託の発展は一定の進展を遂げたが、実践では監督政策が不明確であったり、信託財産の定義が難しかったりする問題もあり、さらなる改善が求められている。

⑵　民事信託と任意後見制度の併用

高齢化社会に対処するため、中国民法典は初めて任意後見制度を規定した。しかし、この制度は「人身関係重視・財産関係軽視」と思われている。この問題を解決するため、中国の理論界と実務界は、民事信託と任意後見制度を併用し、人身ケアと財産管理の分業と協力を有機的に統一することを提案した。中国信託会社も試みている。たとえば、万向信託会社は日本の後見制度支援信託を参考に、中国初の複合型後見支援信託を開発し、「信託－後

22　张永「遺言信託の規範的構成と体系効果」法学2022年10号113頁。

23　上海市静安区人民法院（2020）沪0106民初30894号民事判決書。

24　任自力＝曹文泽「保険金信託の法的構造」法学2019年７号83頁。

25　前掲（注21）参照。

見－遺言」という新しい複合的モデルを通じて資源を統合し、当事者により全面的なカスタマイズサービスを提供し、当事者自身の老後計画の実現を支援する。

(3) 養老信託

養老信託とは、高齢化に対処するために高齢者のさまざまな養老ニーズに応じて提供する信託サービスの総称である。一般的にいうと、養老信託には年金信託と養老消費信託などが含まれる。年金信託は国民の年金価値の保全と増加を主な目標とする信託商品であり、社会年金制度を補足する重要なサービスである。中国社会では高齢化と少子化が重なり、社会扶養比率がますます高まり、年金制度の負担が重くなっていることから、中国政府は、基本年金以外に第二支柱年金（職業年金など）および第三支柱年金（個人年金）を積極的に発展させ、国民年金の不足を補足しようとしている。現在、中国の信託会社は主に企業年金、職業年金などの第二支柱年金に関与しているが、その参加度は限られている。たとえば、中国の企業年金基金管理は政府の認定によって資格をとる必要があり、今は上海の華寶信託を含む二つの信託会社しかその資格をもっていない。一方、第三支柱である個人年金は導入されたばかりである。比較法からみると、信託会社は個人年金分野で大きな役割を果たす可能性があるが、現実に商業銀行が主導するのがほとんどである。養老消費信託は、高齢者が退職前に貯蓄した財産を活用して養老サービスへのニーズを満たし、個人養老目標の実現を保障するために利用する信託である。2015年以来、一部の信託会社は養老消費信託業務を始めたが、現在の発展は予期に達しておらず、極めて少ない商品しか出していない。たとえば、2018年に、安信信託会社が養老信託計画を発表し、商品を購入する投資者に在宅・コミュニティ・施設養老および各種の健康医療専門サービスを提供している[26]。

要約すると、中国は民事信託を発展させる大きな潜在能力をもっているが、現在中国の民事信託は、いまだ初期段階にとどまっているといえる。個人受託者と比べ、信託会社が展開する一部の民事信託業務は速く発展してお

26　中国信託業協会編『中国信託業発展報告（2020-2021）』（中国金融出版社、2022年）299頁～313頁。

り、家族信託、保険金信託などがあげられる。しかし、民事信託はまだ国民生活において制度的機能を発揮していないといえよう。

4　未来に向けた中国民事信託の発展

2001年に中国信託法が施行されて以来、20年以上の歴史をもっている。この間、中国経済が急速に成長し、世界第二の経済体になり、社会の富も急速に増加した。国民の資産管理へのニーズも増え続けてきた。中国信託法制定時と比べて社会の経済基礎が根本的に変化した。同時に、過去の20年間は中国の法治が急速に発展する時期でもあった。中国民法典などの基礎法律が制定・改正され、民事・商事の法体系は更新・進化し続けている。したがって、中国民法典の特別法として、中国信託法が運用される法的環境も大きく変化した。さらに、近年信託業の監督政策の方向が転換し、国民の信託に対するニーズも変化したため、現行の法律による民事信託発展への制約を取り除く必要がある。したがって、中国が民事信託を発展させるには、中国信託法の改正が急務である。中国の信託業協会は、業界内の専門家と学者を召集して、施行後の評価を行い、法律実施中に現れた問題について研究している。

未来の中国信託法の改正に際しては、民事信託の発展を制約する肝心な問題に焦点を当てる必要がある。まず、信託財産の所有権の帰属を明確にしなければならない。信託の定義は信託制度における根本的な問題であり、信託の基本的な法的特徴を決めるものであり、信託財産の独立性の基礎でもある。次に、信義義務の原則と要件をより明確かつ具体的に規定する必要がある。多様な信託類型には多様な受託主体が必要であるため、異なる受託者が担う信義義務の内容も当然に異なる。最後に、信託の濫用を防止する規則を設置するべきである。たとえば、委託者の債権者に、特定の状況下における信託の取消権を付与することをとおし、信託の濫用を防ぎ、民事信託の発展に対する立法者と国民の懸念を払拭できる。

また、民事信託を発展させるには、中国信託法の改正だけでなく、信託登記および信託課税など一連の附帯措置を講じる必要がある。信託登記に関して、中国は信託の「登記効力主義」の原則を放棄し、信託登記は民事信託の成立・効力が生じるために必要な要件ではないと規定することが求められよう。そして、信託登記後に信託財産は第三者に対抗することができ、金銭信託は銀行で信託専用口座を開設したり、信託設立は取引とみなされないなどの法的効果が生じる。中国が専門の信託登記機関を創立し、信託登記を統一的に行うことも考えられる。[27]信託課税に関して、「実質課税」の理念を取り入れ、専門な信託課税ルールを制定し、受益者を実際な納税主体とする民事信託税制を構築し、信託財産の形態変更に伴う二重課税を防ぐことができる。同時に、必要な脱税防止制度を構築し、信託制度の濫用を防ぐべきである。[28]

さらに、中国民事信託の発展には、信託文化の構築を強化する必要もある。信託制度は舶来品であり、まだ広く認知されておらず、国民が民事信託を積極的に選択することも当然にない。高齢化の社会背景において民事信託の制度的価値を発揮するために、まずは法律の宣伝普及に力を入れ、国民が民事信託を理解し受け入れるように努力し、信託制度に対する懸念を払拭し、民事信託が広く社会生活に浸透することを促進するべきである。もう一方で、信義文化を確立する必要がある。信義義務は信託制度の生命力の源であり、他人の信頼を得ることによって信託の発展は持続可能になれる。したがって、信託業者は「人の委託を受け、その人の事を忠実に執行する」という要求を厳守し、自身の行いで社会の模範を示すべきである。そうすることによって、社会全体において信託文化の構築をリードし、民事信託の全面的普及を推進することができるであろう。

（丁相順）

27　中国信託業協会編『2022年信託業特別研究報告』（中国財政経済出版社、2023年）52頁～53頁。

28　韓良「中国の民事信託税制法体系の構築」政法論壇2023年３号181頁。

あとがき（謝辞）

本書は、公益財団法人トラスト未来フォーラムの助成を受けて、2021年11月から2023年５月まで16回にわたり開催された研究会「わが国の民事信託に活かす、米国信託の理論と実務からの示唆」の成果をまとめたものです。

米国および日本の信託法を専門とする気鋭の学者と、信託実務に造詣の深い法律・金融の専門家とが、日本の民事信託のさらなる可能性への期待を込めて、コラボレーションしました。

民事信託にかかわる法と実務については、「答え」の見つからない課題が山積みであり、答えを見つける前に、日々、新たな「問い」にぶつかります。しかし、このように終わりのない「問い」を探し続ける道程は、決して暗く孤独なものではありません。幸いなことに、信託は、歴史や文化の異なるさまざまな地域で人々の生活と長らく共にあり、私たちが学べる対象はいくらでもあるからです。本書で紹介した、先行する米国、「本源回帰」する中国、それぞれの法と実務が、日本における民事信託の行く先を照らす明かりとして、信託の利用を通じたわが国の社会課題の解決の助けになることを願ってやみません。

本書が世に出るまでの約３年間にわたって、この研究会に注いでくださった熱意と、惜しみなく提供してくださった最先端の知見に対して、執筆者の皆様、およびオブザーバーとして参加してくださった一般社団法人信託協会の河西遥さんに、心より御礼申し上げます。

また、米国ワシントン州シアトルで行った現地調査（2022年９月）にあたっては、同州のエステートプランニング分野で活躍する鈴木あかね弁護士（Perkins Coie LLP）が、自ら信託設定の実務や同州での信託利用の現状を解説してくださったことに加え、現地の法律・金融の専門家とのインタビューをセッティングしてくださいました。

- 信託に関する訴訟を扱う Teresa Byers 弁護士（Ogden Murphy Wallace）からは、代表的な紛争類型や受託者を実効的な監督することの難しさについて
- 信託会社のチーフトラストオフィサー Christopher Walcott 氏（Perkins

Coie Trust Company）からは、信託組成に関与した弁護士が所属する法律事務所が設立した信託会社ならではの顧客側のメリットや受託者側で利益相反を回避する工夫について

・信託法の Karen Boxx 教授（University of Washington）からは、資産規模の小さな信託についての受託者確保の課題やワシントン州で新たに導入された信託業法規制について

・個人で信託会社を経営し受託業務に専従する Elaine Adams 弁護士（Weyburn Fiduciary Services PLLC）からは、弁護士が受託者・POA になる場合の意義や留意点について

・ワシントン州最大の信託会社の信託サービス部門最高責任者 Carla Wigen 弁護士（Laird Norton Wealth Management）からは、富裕層の資産管理にあたってのプルーデントインベスタールールの具体的な運用や課題、家族との共同受託について

以上のように、それぞれ最新の実務と法理論に関する生の知見をいただきました。米国と日本に共通する社会課題の解決に向けて実務家として果たすべき役割を自覚させ、私自身、大いに鼓舞されました。

ここにあらためて、鈴木弁護士および Perkins Coie 法律事務所の多大なるご協力に最大限の感謝を申し上げます。

最後に、この研究会の立ち上げから運営・出版に至るまで、常にご助言・ご指導くださった財団研究主幹の田中和明さん、本書の刊行にあたってお世話になった民事法研究会の南伸太郎さんに、この場を借りて厚く御礼申し上げます。

2024年11月

研究会の責任者として

弁護士　西片　和代

執筆者紹介

（執筆順）

西片和代（にしかた　かずよ）
神戸パートナーズ法律事務所　弁護士
担当：序章・第２章[1]・第４章[2]

田中和明（たなか　かずあき）
三井住友信託銀行株式会社法務部
公益財団法人トラスト未来フォーラム研究主幹
担当：第１章

長屋　忍（ながや　しのぶ）
三井住友信託銀行株式会社信託開発部主管
担当：第２章[2]

楊　林凱（YANG Linkai）
青山学院大学法学部法学科准教授
担当：第２章[3]

後藤　出（ごとう　いずる）
シティユーワ法律事務所　弁護士
担当：第３章[1]

冨田雄介（とみた　ゆうすけ）
岩田合同法律事務所　弁護士
担当：第３章[2]

溜箭将之（たまるや　まさゆき）
東京大学大学院法学政治学研究科教授
担当：第４章[1]

松田和之（まつだ　かずゆき）
三井住友トラストグループ株式会社統括主任調査役
担当：第5章

工藤慶和（くどう　よしかず）
一般社団法人信託協会調査部主任調査役
担当：第6章

中野竹司（なかの　たけし）
奥・片山・佐藤法律事務所　弁護士・公認会計士
担当：第7章

堀田あずさ（ほった　あずさ）
株式会社ゆうちょ銀行本社法務部次長
ゆうちょキャピタルパートナーズ株式会社監査役
担当：第8章

丁　相順（DING Xiang-Shun）
中国人民大学法学院教授
担当：第9章

10年先の日本の民事信託の姿を見据えて

2024年11月26日　第1刷発行

編著者　西片　和代
発　行　株式会社　民事法研究会
印　刷　藤原印刷株式会社

発行所　株式会社　民事法研究会
〒150-0013　東京都渋谷区恵比寿3-7-16
〔営業〕　TEL 03(5798)7257　FAX 03(5798)7258
〔編集〕　TEL 03(5798)7277　FAX 03(5798)7278
http://www.minjiho.com/　info@minjiho.com

落丁・乱丁はおとりかえします。　ISBN978-4-86556-634-5
カバーデザイン：不二紙業株式会社

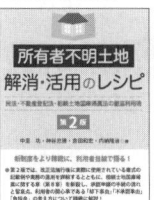

最新実務に必携の手引

実務に即対応できる好評実務書！

2024年11月刊 最新の法令等の改正と判例・実務の動向を収録して大幅改訂増補！

詳解 特定商取引法の理論と実務〔第５版〕

３段階に分けて施行された特定商取引法やそれに伴う政省令・通達・ガイドラインの改正に対応し、ネガティブ・オプション（送り付け商法）の保管期間の廃止、通信販売におけるいわゆる定期購入商法の抑止と救済のための規定などの改正内容を大幅に加筆して大改訂！

圓山茂夫　著

（Ａ５判・815頁・定価 8,580円（本体 7,800円＋税10%））

2024年11月刊 元執行官が、現場の経験を基に紛争解決で役立つ原理・原則をわかりやすく解説！

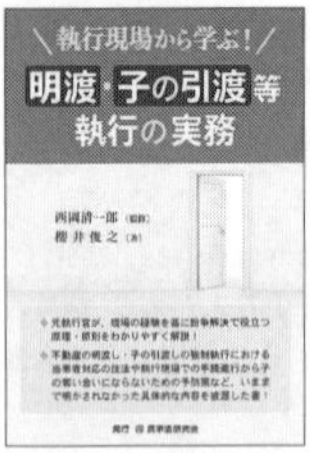

執行現場から学ぶ！ 明渡・子の引渡等執行の実務

長年執行官を務めた著者が、不動産の明渡執行、動産執行、子の引渡執行等の執行現場で培った経験を基に、紛争解決に役立つ原理・原則を中心に、利用者の立場に立ってわかりやすく解説！　元執行官だからこそわかるノウハウを披瀝した待望の書！

西岡清一郎　監修　　櫻井俊之　著

（Ａ５判・274頁・定価 3,300円（本体 3,000円＋税10%））

2024年９月刊 消費者の立場に立った解説で保険法の全体像をつかむ！

消費者のための保険法ガイドブック

保険にかかわる法令・判例・学説を、消費者側の視点から解説するとともに、法律実務家・消費生活相談員による事件対応の指針を明示！　解説する内容について重要だと考えられる判例を豊富に紹介したほか、図表を豊富に用いることで重要事項を視覚的に理解できる！

今川嘉文・内橋一郎　編著

（Ａ５判・379頁・定価 4,290円（本体 3,900円＋税10%））

2024年８月刊 この１冊でメンタルヘルス不調者対応の「出口」が見えてくる！

職場におけるメンタルヘルス不調対策の実務と書式
―未然防止・不調の気付き・休職・復職への対処法―

社員のメンタル不調の気付き、初動対応、休職させるための手続、休職中の賃金・連絡、社会保険料の請求、復職判断やリハビリ勤務など予備知識なしでは厳しいメンタル不調者への対応をわかりやすく解説！　令和５年「心理的負荷による精神障害の認定基準」に準拠！

根本法律事務所　編

（Ａ５判・250頁・定価 2,970円（本体 2,700円＋税10%））

発行 民事法研究会
〒150-0013　東京都渋谷区恵比寿 3-7-16
（営業）TEL. 03-5798-7257　FAX. 03-5798-7258
http://www.minjiho.com/　info@minjiho.com